叢書・ウニベルシタス　1149

カウンターセックス宣言

ポール・B. プレシアド
藤本一勇 訳

法政大学出版局

モニク・ウィティグ（アリゾナ）のために

petit Q（ラスベガス）のために

ナタリー・マニャンの思い出に[*1]

目次

前書き

私たちは革命だ！　あるいは補綴の力

ジャック・ハルバースタム[*1]

ポール・プレシアドのカウンターセックス契約に署名するとき、あなたは自然な男／女としての地位を放棄することに同意し、「自然化された異性愛体制の枠内で」あなたに与えられるかもしれないすべての特権を放棄する。あなたが結ぶ新しい契約、自然の前後にやって来るカウンターセックス契約は、あなたを「アヌスとアナルワーカー」として位置づけ、あなたをディルドの秩序のなかに記入する。この補綴《プロステシス》の秩序、すなわち、権力、快楽、知、欲望の代替的《オルタナティヴ》な方向性は、その時代がまだ到来していないシステムなのではなく、私たちがすでに住んでいる世界を構造づけている条件である。プレシアドは、彼が異なるジェンダーをもった若者として書いたマニフェストの言葉をさらに強化した新しい序文のなかで、こう述べている。「革命を呼びかけることから始まるのではなく、自分たちがすでに起きている革命であるという自覚をもつことから始まるのだ」と。

私たちは、すでに起きている革命なのだ！　文章そのものがもつエネルギーが、読みながら自分のなかに波紋を広げていくのを感じる。陣を張れ、バリケードを築け――いや、バリケードを二元化するな、バリケードをトランス[*2]せよ――ああ、もう全部撤去してしまえ。革命は私たちのなかにあるのだから、私たちが革命だ。私たちゆえに、革命は将来私たちとなり、私たちの後も生き続けるだろう。この「私たち」は無邪気な一人称複数形ではない。それはプレシアドが「身体的《ソマティック》コミュニズム」と呼ぶ新しい秩序の文法であり、「配慮と増殖、接続と多数多様化」の能力のなかにある、存在・運動・変化の方法なのだ。

モニク・ウィティグの『女ゲリラたち』[*3]から彷徨い出た変な《クィア》キャラクターのように、プレシアドが描くディルドを装備したカウンターセックスのブッチ[*4]は、「異性愛契約」を超えて実存し、自然なと言われる世界に公開戦争をしかける。これは兵士や戦車で戦う戦争ではなく、一種の認識論的な戦争である。そこではブッチは、時代錯誤や失敗作、男性の悲しい模倣などではなく、戦後の新しい産業風景――すなわち、兵士、主婦、ハリウッド俳優のすべてが自然な世界の砕けた風景を覆い隠すための補綴技術となる、そうした産業風景――の一部として認識されなければならない。この世界では、堅固なものはすべて接着剤でくっつけられ、きらめくものはすべて金色に塗られている。ブッチが不自然さという祭壇で生贄にされる一方で、兵士は義肢をつけ、主婦は食洗機を買い、テレビは哀れな運命にある美しい人々のありえない映像を流している。カウンターセックス者とは、目隠しを拒否し、みずからの可塑的《プラスティック》な現実をさらけ出す人物《フィギュア》のことである。

二〇世紀が終わらんとする年月に書かれ、現在ようやく英語に翻訳されたプレシアドのこの初期の作品は、本質主義vs構築主義、遂行発話性《パフォーマティヴィティ》vs現実性、代理性vs生産性をめぐるきりのない議論をショートカットする道を見つけている。本書が見事な簡潔さとウィットと洗練とをもって読者に提示するのは、フーコー[*5]よりもドゥルーズ[*6]に依拠しながらも、ドゥルーズとの正統的な関係に落ち着くことを拒む、クィア理論の折衷版である。実際、『カウンターセックス宣言』のある一章では、ドゥルーズに対するかなり辛辣な批判が展開されている。ガヤトリ・スピヴァクが『サバルタンは語ることができるか』[*7][*8]でドゥルーズとフーコーを批判した伝統に倣って、プレシアドも、ドゥルーズが「同性愛は愛の真理である」と書いたときに、実際に何を言わんとしていたのかを問いただしている。スピヴァクは、ドゥルーズとフーコーがポスト構造主義の知的言説のなかで、労働者やプロレタリアを、彼ら自身に語らせることなく召喚していると指摘した。一九九〇年代のフランスでは、アイデンティティ・ポリティクス[*9]が左翼的で単純なものとみなされ、分子論的な言葉が優勢であったが、そうしたコンテクストのなかでプレシアドは、フランスの理論的言説のなかで同性愛やトランスセクシュアリティがメタファーとして何の疑問も抱かれずに使用されていることに待ったをかけたのである。プレシアドは、自身のテクストが依拠する性の実践を抽象化することを拒否し、同性愛やトランスセクシュアリティの空間を──とくにフランスの学界の超家父長制的なシステムのなかで──単に批判的に呼び起こすのではなく、そこにさまざまな利害関係や賭金があることを認識し、それらを名指したのだった。ドゥルーズは、ノマドのいないノマディズム、つまり実際の女性や動物にかかわらない女性生成や動物生成のプロセスを描いたが、同じように、ドゥルーズは実際に同性愛の行動をとる必要のない同性愛の横断的な経験を呼びかけた。プレシアドは、このようなアイデンティティ・ポリティクスのごまかしに対する批判を、アイデンティティそれ自体の泥沼にはまることなくおこなっている。しかし、バトラー[*10]やドゥルーズ以上に、そしてさらに明瞭にフーコー以上に、プレシアドは、クィアのアイデンティティとコミュニティと集団性を召喚し、それを称えてそこに住みつき、クィアを主張し、名づけ、参加する。彼はクィアについて、クィアとともに書く。そうしたクィア主体には、本書でははっきりとブッチが含まれるが、「インターセックス者、不具者《クリップ》、ジェンダークィア、非白人、トランス」も含まれる。

プレシアドは、フーコーやドゥルーズの仕事と取り組むことによってマニフェストを構築しつつ、しかしまたジュディス・バトラー、ダナ・ハラウェイ[11]、そしてとくにモニク・ウィティグらの思想がもつ活動力を介して、これらの理論家〔フーコーとドゥルーズ〕への批判を提起し、核心に切り込む。母系制から想像されるようなレズビアン・フェミニストのユートピアの純粋性を拒否し、しかしまた権力についての純粋に抽象的な説明がはらむ主人的支配力をも拒否するプレシアドは、生政治的なセックスということをいち早く提唱し、異性愛が自然の秩序として現れる認識体制がいかにすでに崩壊しているかを明らかにする作業を開始する。その跡地には、衰退したシステム――死にながらも死んでおらず、ただ作動しているだけという印象を与えるような、規則正しく回路の光を点滅させ続けるシステム――の残骸が散乱する、イデオロギー的な風景が広がっている。これが、「性の制度が一度も変化を被っていないかのように見えるゆっくりとした時間性」ということで、プレシアドが言わんとしていることである。ここで、『二〇〇一年宇宙の旅』[12]のＨＡＬを思い浮かべてほしい。スタンリー・キューブリック[13]の古典的なテクノホラー映画で、宇宙飛行士をアシストするコンピューターは、きちんと機能しているときは目に見えず、円滑《シームレス》で、宇宙船の構造や植民地探検の装置にすっかり溶け込んでいる。しかし故障によってシステムが混乱し始めると、ＨＡＬは冗長性[14]へと移行してみずからをオフにするのではなく、探索や欺きや破壊のエージェントとして新たな役割を担っていく。つまり異性愛のマトリックスは、不可視のままであることで支配し、その正体がばれると暴力に訴えるのである。もちろん、私たちカウンターセックス者は、その誤作動なのだ。

異性愛のマトリックス――ウィティグに倣ったバトラーによる命名である――は、人間の持続性の中心を占領することから追いやられ、人間の身体的創造力の周縁部に沿って位置づけられるようになると、関係性やジェンダー化された力へ向かうもっと良い脱出路を塞いでしまう。そんなときには、ディルド術の、反去勢的、非同一主義的、カウンターセックス的な力を主張するこの簡潔なマニュアルに立ち返るがよい！ 結局のところプレシアドは、私たちを抑圧するシステムの名をはっきりさせるだけでなく、それを破壊したいのであり、あるいは少なくとも、私たちがその破滅的な衰退を目の当たりにしていることを確認したいのである。いわゆる物事の自然な秩序なるものを瀬戸際まで追い詰めるために、彼はジェンダー・システムの用語を道具として再利用し、作り変える。そして、モニク・ウィティグがレズビアンとして自分は女ではないと主張できたように、プレシアドも、ブッチやトランス＊の人物は「出来事」だと主張するのである。本書のブッチや『テスト・ジャンキー』[*15]におけるトランス＊は、国家に承認されるのを待つ最新の身体などではなく、破裂、歓喜、「テクノロジー泥棒」、ディルドの運び屋、義足のヒーロー、「カウンターセックスの背進経済」のトランス主体である。彼女の男らしさのうちに石のような冷淡さと性の激しさをもつブッチは、何も欠いていないのであり、サイボーグ的なカウンターフィクションなのである。

身体をディルドに見立てた可愛らしい漫画で描かれたプレシアドの傑作は、その理論的な漂流を映し出している。新しい序文で彼が書いているように、「みずからをディルドの側に置き」、「この本もまたディルドである」ことを思い出させることによって、プレシアドのマニフェストは、身体に関する西洋哲学の支配的な語り《マスター・ナラティヴ》との和解を拒否する。その代わりに、彼はそうした語りを（従来のフェミニズムとともに）引き裂きつつ剝ぎ取り、一方でアヌスの普遍性を軸にした、他方でディルドのプラスティック／シリコン的な組織化の論理を軸にした、新しい身体論を私たちに提供するのである。

堂々とした大胆なひとが事をなすとき、遠慮したり、控えめなフレームを使うことは決してない。プレシアドは、「異性愛－資本主義－植民地主義という三つの近代的な物語《ナラティヴ》、すなわち、マルクス主義、精神分析、ダーウィン主義」を崩壊させるという精神で、マニフェストを提供している。どうしていけないことがあろうか？　崩壊させるがいい。このような型崩れし、鈍重で、よぼよぼの知識生産の要塞を追い詰めるのに、これ以上の人材はいない。プレシアドはいつもフェミニストの役を与えられてきたわけではないが、彼はディルド兵器を携えて登場する。一九八〇年代にゲイル・ルービン[*16]が親族と資本の物語に介入し、一九九〇年代にバトラーがフロイト[*17]とラカン[*18]に致命的ともいえる攻撃を加えて始まった仕事を、彼は満を持して完成させる気なのである。ルービンの「女性の売買」は、フロイトが――そしてある程度までレヴィ・ストロース[*19]も――自分が描出した搾取と不平等のシステムを批判しなかったことを槍玉にあげたし、もう一方で、バトラーの「レズビアンのファルス」は、フロイトとラカンが彼らの去勢理論において、自然化された異性愛的な男らしさとの関係を説明しなかった責任を問うた。フロイトもラカンも、非男性的な男らしさのみじめ《アブジェクト》ではない姿を想像もできなかったので、女性やクィアのもつ男らしさは、ファルス権力と女性の去勢に関する彼らの仕事において、一種の思考不可能な限界だったのである。フロイトはファルス権力を転覆する可能性に戸惑い、「女性は何を欲しているのか」と訝しむことしかできなかった。もちろんフーコーもラカンも、この問いの答えを知らなかった。

　ゲイル・ルービン、シルヴィア・ウィンター[*20]、ジュディス・バトラー、ロッド・ファーガソン（Rod Ferguson）、カーラ・キーリング[*21]、そしてダナ・ハラウェイが登場する。クィアの、脱植民地主義の、フェミニストの学者たちの世代が登場する。この学者たちは、「女性たち」が何を欲しているのかを正確に知っている。すなわち、女性が男性との関係で定義される文化の終焉である。この文化のなかでは、女性の身体はあらゆる人間が経験する欠乏を表し、黒人の身体は白人性から逸脱した異常な影であり、植民地化された身体は模倣と従属によってのみ自己実現しようと渇望するものであり、結局のところ、ファルスは依然として（白人の）ペニスなのだ。プレシアドは、バトラーの後で、しかし有色人種たちによるクィアな批判以前に執筆しているが、彼もまた、クィア／黒人／被植民者／女性／障害者といった者たちの身体が何を欲しているかを知ろうとする。これらの身体が欲しているのは、補綴の拡張、ディルド的代替性であり、非救済的で反資本主義的な、身体による反乱暴動に至る非権威的なルートである。ラカンにとって、人間は欲望する者であり、それで終わりだ。フロイトにとっては、人間の身体は、死、死ぬこと、非生成へ向かうものだ。マルクスにとっては、革命は、白人男性労働者の身体とその解放への志向に依存している。それに対して、プレシアドにとって、私たちが欲しているものは天秤にかけられた未決定状態にある。その輪郭は、「セックスとセクシュアリティの新たな政治的組織化」のために、異性愛の振り付け《コレオグラフィー》と彼が呼ぶものが克服されたときに初めてわかるだろう。

私たちを日々串刺しにしている武器を名指し、さらにそれに対する防御策や、それを回避する発明的な道を作ることがますます難しくなっている時代において、前に進むための新しい方法がどこかにあると考える人の声を聞くことは、新鮮というか、解放された気持ちにしてくれる。この小さいが、危険で、推進力をもった本が二〇年近くも前に書かれたものだという事実は、現在におけるそのインパクトを減じるものではない。実際この本が英語で出版されることは、英語を世界共通語とする学問世界の植民地主義的なあり方に注意を促す。他の言語（フランス語やスペイン語など他の植民地主義的な言語も含む）で書く学者の研究は、それにふさわしいインパクトを得るまで翻訳されるのを待たなければならないという植民地性について、私たちは考えさせられるだろう。二〇年の時を越えて残響し、順番待ちの列に並ばされて「遅れて」読まれるにもかかわらず、『カウンターセックス宣言』は緊急かつタイムリーなテクストであり続けている。実際、虐待やハラスメントや暴力の家父長制的なシステムに対する大いなる苛立ちを示す多様な文化表現が近年増えていることを考えると、「男」の終焉をあからさまかつワイルドに祝福し、「男」に代わるディルド・システムのパンクな賛歌となっているこの本は、クィア理論を書きなおし、ある理論的な作戦行動を先取りし、前途を導いているように思われる。

プレシアドの本のなかで最初に書かれ、しかし最後に翻訳された『カウンターセックス宣言』は、時空の試練に耐え、バイアグラ依存症のファルスの海のなかに立つシリコン製の不思議なペニスのようにたたずんでいる。本書は、公認や認証など求めないし、また到来しなかった未来への予言として岸辺に打ち棄てられているのでもなく、執筆された一九九〇年代、そして最初に出版された二〇〇一年の「我が愛しの義体」と同様に、今もなおじつに多くの点で正鵠を射ている。

私はこの本の単なるファンではない。私はカウンターセックス転向者だ。私もプレシアドと同じように、「快楽そのものはもはやマルクーゼ[*22]が期待した解放的な力ではありえない」と思う。プレシアドは続けて言う。「むしろ、まだそのいかなる快楽も定義されていない新しい器官や欲望を発明するための、すなわちアイデンティティ・ポリティクスの手段では表象しえない新しい主体性を発明するための、革命的な地盤を切り拓かなければならない[*23]」と。プレシアドの進む道は、突然変異、多数多様化、そして詩である。帰り道などわからないし、後戻りはできないだろう。カウンターセックス宣言に署名しよう！　署名し、署名し続けよう。この革命は今であり、あなたは断片化と脱統合のこの革命の著者である。ディルドを手に取り、歴史から抜け出すあなたの道を書こう。——惑星規模の身体的コミュニズムの多数多様なものたちが、あなたの到着を待っている。

カウンターセックス宣言

たしかに、冷めた科学研究を長く続けていると、対象が無関心なものでなくなり、なにか刺激的なものになることがある。これは危険なことだ。実際、私が眺める沸騰、世界を活気づける沸騰は、私の沸騰でもあるのだ。したがって、私の研究の対象を、対象そのものと区別することはできない。しかし、もっと正確に言うと、沸点にある対象と区別できないのだ。このように、私のプロジェクトは、思想のパノラマのなかに居場所を見つけることの難しさに遭遇する以前に、さらに内奥にある障害に遭遇したのであり、しかもその障害はこの本に根本的な意味を与えるものだったのである。

ジョルジュ・バタイユ*1
『呪われた部分』一九四九年

アダムとイヴという最初の小説は、何度も出版されすぎている。

ナタリー・クリフォード・バーネイ*2
『あるアマゾネスの思想』一九二〇年

『カウンターセックス宣言』への新しい序論

『ソドム一二〇日』の手稿は、小さな紙片を糊で貼り合わせた、長さ一二メートルの巻物で、両面に墨で書かれており、現在、フランス国立図書館で見ることができる。一七八五年、バスティーユに幽閉されていたドナティアン・アルフォンス・フランソワ・ド・サド[*1]は、ほぼ完全な暗闇のなかで、想像できるかぎり最も小さな字で、わずか三七夜で、この作品を書き上げた。彼が書いたものはすべて厳しい捜査の対象となり、すぐに新たな告発の種にされてしまうため、没収されることを恐れたサドは、牢番に見つからないように中身をくり抜いた木製のディルドのなかにこの原稿を隠した。この呪われた侯爵は日記に、投獄されているあいだ——つまり、彼の人生の大半を占める一一の監獄のなかで——読書と執筆、食事とマスターベーションに時間を費やした、と書いている。自慰行為は、彼自身の証言によれば、一日六回以上だったようだ。このマスターベーションをするために、彼は妻のルネ＝ペラジ（Renée-Pélagie）に頼んで、黒檀か紫檀でできた周囲一六センチ、長さ二一—二四センチのディルドをサン＝タントワーヌ街[*2]の職人に作らせた。「ポケットに入れるのではないよ。どこか別の場所に、それも小さすぎる場所に入れるんだ」と、ドナティアンはルネ宛の一七八三年のある手紙のなかで書き、さらにディルドがなければ「生きて」いけないとも告白している。そして、サドが原稿を隠したのは、まさに革の鞘で保護されたこの中空のアナルケースのなかにだった。牢獄の石壁の穴に押し込まれ、金庫に姿を変えた木製のディルドは、バスティーユの略奪から原稿を守ったのである。この秘密の物体とその中身は、バスティーユ襲撃の三日前にアルヌー・ド・サンマキシマン（Arnoux de Saint-Maximin）が偶然発見し、その後長年にわたって秘匿されていた。『ソドム一二〇日』は一九〇四年まで出版されなかった。ドイツの精神科医イヴァン・ブロッホ[*3]は──彼自身もウジェーヌ・デューレンという偽名で身元を隠したが──極端な倒錯の例としてこの本の内容を明らかにした。『ソドム一二〇日』は、異常な環境下で書かれ、保存され、その後も性的想像力を刺激し続けている。

サドの最も挑発的なテクストの生き延びが教える教訓は、中身が空っぽのディルドが秘密を隠すのに有用であることや、ディルドが場合によっては本を内包することができるということだけでなく、逆に本がディルドとして機能し、時代の思想を貫き、規範的な言説を揺るがし、別のセクシュアリティの可能性を想像する技術となりえることである。欲望と想像力は、革命の最も強力な武器である。

ディルドと同じく、本も、読者や使用者の身体や主観性を改変する文化的なテクノロジーである。ヴァルター・ベンヤミン[*4]は「蔵書の荷解きをする」[*5]のなかで、本を手に入れる最も輝かしい方法の一つは、自分で本を書くことだと述べている。ディルドを入手する最も真正な方法の一つは、サドのように職人に作ってもらうことだろう。今日では、3Dプリンターがあれば事足りる。ベンヤミンにとって、作家は何よりも自分の本の最初の読者であり、最初のユーザーである。そして言うまでもなく、私は長いあいだ、この『カウンターセックス宣言』の最初の読者であっただけでなく、唯一の読者でもあった。私はこの『宣言』を作家としてではなく、むしろ本やディルドの「ユーザー」として書いた。しかし次にこの本は、最初の読者＝ユーザーを変容させることのできるフィクション技術として機能し始めた。『カウンターセックス宣言』は、しばしばマッチョで同性愛差別的だった近代の芸術的前衛が正典《カノン》＝規範に立ち向かうために用いた仰々しい切断のスタイルを、セクシュアリティに投影するという想像的なプロトコルとして書かれたものである。それは身体の使用法の対抗マニュアルであり、後に――そのときはわからなかったが――別の人間になる、いやむしろ複数の他のものになるプロセスを私に切り拓いてくれたのであり、このプロセスは今も別の手段で続いている。

この本を書いたとき、私は行政的な意味でも法律的な意味でも、別人だった。別の生けるフィクションだ。私は二八歳だった。法律上の名前はベアトリス。女性に割り振られていたが、レズビアンであると自認していた。さらに言えば、フェミニストの主流のクローゼットに対して、私は急進的《ラディカル》レズビアンだった。「急進的《ラディカル》」という言葉は、セクシュアリティのある種の政治化、自己言及と反逆のある種の指標であり、それは異性愛的家父長体制にだけでなく、ゲイカルチャーとそれを後期資本主義の支配的なライフスタイルの一つとして異性愛社会へと統合しようとする企てに対して、活動をもって敵対する立場を示したものだった。この本の著者は急進的レズビアンだったが、この本の最初の女性読者〔著者自身のこと〕は、男と女、異性愛と同性愛というカテゴリーを捨て、カウンターセックス者として自分を主張していくことになる。

それは前世紀の最後の十年間のことだった。ジョージ・ブッシュが湾岸戦争[*6]のサイクルを開始し、私の友人たちはまだエイズで死んでいた（抗レトロウィルス薬の三剤併用療法が病院や薬局に届くのはようやく一九九六年になってであった）。私は毎日、ニューヨークのレズビアン&ゲイセンター（西一三丁目二〇八番地）[*7]から、ニュースクール・フォー・ソーシャルリサーチ[*8]のある一四丁目と五番街が交わる一角へ行き、そこでジャック・デリダ[*9]とアグネス・ヘラー[*10]の指導のもと、博士論文を書き始めていた。私の異様な作業仮説は、『告白』についての、いかれたとは言わないが、明らかに正統的ではない読解にもとづいて、ヒッポのアウグスティヌス[*11]の改宗を「性転換」のプロセスとして分析することを目指していた。アウグスティヌスは回心することによって（当時私は、自分自身の転換と改名のプロセスを開始するずっと前からこの回心のことを考えており、私がこの教父の読書を通してすでに、思いがけない仕方でこの突然変異を反復していなかったかどうか、誰にわかるだろうか）、官能の欲望と旺盛な性活動から、貞節と性の自己放棄という倫理的要請へと移行した。アウグスティヌスは彼なりに、またギリシア－ローマ時代の性教育との関係において、「トランスセクシュアル」だったのである。彼は欲望の一つの経済から別の経済へ、身体の一つの認識論から別の認識論へと移り、神学による欲望の取り込み、情動のコントロール、身体の脱エロス化によって支配される新しいセクシュアリティ（これは後にキリスト教とともに広まる）の発明に貢献したのである。こうして私は、性の可塑性とは、二〇世紀のジェンダー・ポリティクスを超越した何かであり、異なる身体の製作や異なる欲望の体制を（規範や抑圧を超えて）可能にする何かだと考えるようになった。

ジャック・デリダに励まされ、建築分野における「脱構築」言説の成功に触発され、そして奨学金に魅かれて、私はニュースクール・フォー・ソーシャルリサーチからプリンストン大学建築学部へ移った。建築の世界に入ったことは、私の哲学的な実践の根本的な転換を意味した。二〇世紀末のフェミニズムの中心的なテーゼは、ジェンダーとは性差の文化的・言語遂行的《パフォーマティヴ》な構築物であるというものだった。しかし建築家たちは、私の仕事をややこしくしてしまう。「ジェンダーが社会的に構築されていると言うけれど、どんな構築のことを言っているのか？」と、彼らは構築こそ我が本業と断言しつつ、私に尋ねるのだった。「ジェンダーの構築」とは、実際のところ何なのか。私はわからないと認めざるをえなかった。言語学や精神分析を着想源とする多くのジェンダー構築理論は、身体や性の問題を脇に置いてしまう。身体の物質性は、文化的な構築物には解消できない生物学的な残滓と見なされ、すべての議論から排除されており、「本質主義」と当時呼ばれていた保守的な命題においてのみ称揚されていた。

かくして私は自分のディルドを、牢獄のなかのサドのディルドと同じように、フェミニストたちの集会でも秘密にしていたが、それが一転して、私のコンセプトにおける最高の味方になったのだ。ディルドが身体と性を構築しては脱構築する様子から、私は何を学ぶことができるだろうか。私は、バイオ文化が性差を構築するプロセスや、ジェンダー・テクノロジーの物質性に注目するようになった。建築家や都市の歴史家が都市を見るように、身体や性を見ようとしたのだ。建築は、身体や性の文化的・政治的な構築に対する視覚的・建造学的なテクノロジーの影響について、私が考えるのを助けてくれた。ジェンダーやセクシュアリティの文化コードやもろもろの器官について、それらの裁断、割り付け、コラージュ、複製、模倣、寄せ集め、標準化、分配、断片化などは、いったいどのようになされたのか。流体（血液、乳液、精液、水だけでなく、インク、電気、油……）の循環や保存は、どのように調節されていたのだろうか。異なる身体が異なる技術を規範にも反逆にも使用するとは、どういうことなのか。身体を私有化したり集団化するプロセスは、どうなっているのか。透明性と不透明性は、公共空間における性の主体の生産と正常化において、どのように機能したのだろうか。建築が社会空間を作り上げる政治的なテクノロジーであるとすれば、身体、性、セクシュアリティは、生と死、生殖と途絶、結合と分離などの諸条件が権力装置によって媒介された、有機的な構築物として理解することができるのである。

ニヒリズム、ポスト構造主義哲学、クィア・フェミニズムは、言語領域で作用するほとんどすべての形而上学的な審級を爆破した。神は死んだ、作者は面目を失った、ジェンダーは脱構築された……。しかし、身体（とりわけ男性の身体、ペニス、あの数センチの小さな垂れ下がった器官）は、批判的に触れることができないように思われた。性差を管理する医療技術、概念のテクノロジーとしての性差の病理学化と割り当てのプロセス、そして政治的補綴の埋め込みプロセスや生の建築物の構築プロセスとしてのジェンダーの規範的生産（これは社会空間における性的身体の技術的製造とその管理という、さらに広い歴史のなかに書き込むことができる）――ディルドと身体との関係は、こうしたものを私が理解する助けとなった。

ニューヨークでの生活は、それまでとはまったく異なる性文化に私を放り込んだ。カスティーリャ北部のカトリック都市の、超保守的で厳格なアウグスティヌス派の環境で子供時代を過ごした私は、いまやクィア文化のなかで、もっぱらフェミニストと反人種差別のテクストを糧に生きており、ホルモン剤を投与したかどうかにかかわらず、男性としてのみあるいは女性としてのみ識別することが容易でも適切でもないような、クィア、レズ、トランスの男、女、彼らたちに囲まれていた。ジュディス・バトラー[12]、モニク・ウィティグ、ダナ・ハラウェイ、イヴ・コゾフスキー・セジウィック、スーザン・ソンタグ[13]、ジューン・ジョーダン[14]、アンジェラ・デイヴィス[15]、オードリー・ロード[16]、ケイト・ボーンスティーン[17]といった人たちの本と、私の最初のシリコンディルドとが、ナイトテーブルの上で交じり合っていた。ちょうどその頃、クィア理論と反植民地研究が、ストリートや闘争の場でリハーサルされてから数十年経った後で大学界に闖入し、西洋近代哲学の基礎を揺るがし、私たちが生きている生について考えるために必要な批判的ツールを生み出した。二〇世紀の最後になって、ある分子の組み合わせが発見され、それが薬となって、ようやくHIV陽性者の命を守ることができるようになった。一方、いわゆる「性」ホルモンがカウンターカルチャー界で容易に流通し始め、それまで男らしさと女らしさ、同性愛と異性愛の境界をなしていたものを掻き乱し始めた。私は、それまで夢にも思わなかったセックスとジェンダーの自由を吹き込まれた気がした。陶酔的な楽観主義に満ちた私は、二〇世紀の終焉のなかに一つの認識論的・政治的体制の終焉を見たと思った。家父長制的・植民地主義的な近代が支配した地球と歴史が、避けられない変異のなかに、すなわちクィア生成のなかに、没したのだと思った。

かくして、私は哲学的な思弁から移動し、世紀の転換期にセクシュアリティに起きていた変化の想像力へと移った。つまり、そのなかで私自身が身体を構築する術《すべ》を学んでいた急進的フェミニズム、クィア、インターセックス、トランスなどの運動が生み出していた脱自然化と発明のプロセスを想像することに行き着いたのだ。別の主体性を発明すること。この反逆するセクシュアリティと反体制の欲望から、この無許可の身体から、ディルドとポスト構造主義哲学とのこの近さから、この『宣言』は生まれたのである。

革命の二十年

私がこの本を書いたのは、二〇〇〇年の冬のあいだ、ニューヨークとパリのあいだを旅しながらだった。私の意図は、ジェンダー言語の遂行作用性《パフォーマティヴィティ》に関するジュディス・バトラーの理論とダナ・ハラウェイの怪物たちのテクノ政治とがもたらす帰結を、性の問題へ拡張することだった。ただ一つ問題だったのは、この本がフランスとスペインで出版されたとき、ジュディス・バトラーとダナ・ハラウェイの本がまだ翻訳されていなかったことである。そのため、この本の初版はある人にとってはUFOだったし、ある人にとっては地獄から這い出てきた奇妙な虫のようなものだった。そこで語られていたのがディルドや性器であり、男／女の二元論や異性愛と同性愛の序列的な区分を克服することだったのだからなおさらだ。フランスやスペインでは、同性愛者たちによる最初のアイデンティティ・ポリティクスが制度的な枠のなかで組織され始めていたが、それとは対照的に、この『宣言』が主張していたのは、カウンターセックス政治の目的は同性愛者たちを異性愛の社会へ統合することでも、彼らのアイデンティティを肯定することでもなく、むしろ性規範を問いなおすこと、そして反逆的主体化の新たな実践を発明すること、これにあるということだった。

この本が書かれてから、あまりにも多くのことが起こった。若き『宣言』は、バスティーユが陥落するのも見たし、王国が再建されるのも見た。フランス語で出版されてから一年後、ニューヨークで九月一一日の同時多発テロが起こった。一九五五年のバンドン会議[*18]で脱植民地化を始めた国々は、経済的・政治的・文化的に従属した立場を逆転させるべく、止めのようない前進を続けていた。西洋は、みずからの覇権を軍事的・人種的に主張する最後のサイクルに突入していた。

この本が書かれた当時、フェミニズムは流行っておらず、フランスやスペインでは「クィア」という言葉は何の意味ももっていなかった。同性愛をめぐる公共の言説としては、エイズの病理化と予防というダブルバインドしかなかった。シリコン製のディルドを買うには、ロンドンやニューヨーク、サンフランシスコのフェミニストのセックスショップに足を運ばなければならなかった。インターネットはといえば、百数十のウェブサイトと、You Got Mail！と喋る変てこなコンピューターの機能にすぎなかった。フェミニスト・ポルノ[19]もポスト・ポルノ[20]もなく、人々はパーティーやミニテル[21]で、あるいは私のように図書館で相手をひっかけていた。そうこうしているうちに、白人の中流階級のゲイ運動が、一九七〇年代の終わりにゲイやトランスの運動がもっていた革命的な力を吸収し、かすませ、そして無力化させてしまった。欧米のほとんどの大都市にはゲイの居住地区ができたが、そこで可視化されたのは白人中産階級の同性愛であり、その消費だった。しかし、同性婚や同性愛者たちによる養子縁組を合法化している国はなかった。スペインが同性婚を合法化したのはようやく二〇〇五年であったし、フランスは一九九九年に市民連帯協約（PACs：結婚と並び、フランス法で認められた市民結合であり、この場合、同性婚に開かれている）[22]をおずおずと決議したが、二〇一三年まで合法化しなかった。トランス女性たちの姿はほとんど見えないままであるか、パフォーマンス文化の領域に押し込められ、ヨーロッパでは、トランス男性、インターセックスの人々、セックスワーカー、ノンバイナリーの人々に公共的な声は与えられていなかった。たしかに、フェミニズムがまだ流行っていない時代だった。

二〇〇八年、アメリカのサブプライム・ローンに起因する金融危機が世界的な影響を及ぼし、公的債務危機と中産階級・労働者階級の不安定化を誘発することになる。また同時期に、イラク、イラン、アフガニスタン、シリア、そしてアフリカ大陸の多くの地域で戦争が激化し、第二次世界大戦後最大の大量難民が発生する。そしてヨーロッパは国境を封鎖し、反移民政策を強化した。それまで自由資本主義の拡大は代表民主制モデルの拡張をともなうように見えていたが、危機の後に登場したのは、極端な経済的新自由主義を、一九世紀の帝国形成の特徴だった性植民地主義的なナショナリズムの言語と組み合わせた、新保守主義的民主主義の新しい政治モデルだった。

二〇一〇年以来、新自由主義の論理を支配する非政治化《ノンポリ》と無関心《アパシー》が広がるとの予測に対抗して、何十万もの身体たちがストリートに出て、世界中の広場に集まった。フェミニストとクィアの実践、彼らの身体の置き方や言説の位置づけ方が、タハリール占拠[*23]からM15占拠[*24]に至るまで、広場での集会を形作った。フェミニズムとクィア・ポリティクスは新しい行動様式を発見していたわけだが、フェミニズムの言語は旧態依然としていた。

しかし、それも二〇一七年までの話である。この年、#MeToo、#BalanceTonPorc[*25]というハッシュタグがSNSで広がり、アメリカ、フランス、イギリス……そしてあっという間に世界中の女性たちから、男性による（しばしば職場における）性的虐待に対する訴えが寄せられ、連鎖していった。最初はアメリカの映画界で告発が起こり、次に文化圏へ広がっていった。メディアは大規模な抗議行動に呼応した。この運動は、まさに社会的な地震を引き起こした。新しいグローバルなフェミニスト運動の形成が進行していた。そして、ボリビアの活動家マリア・ガリンド[*26]が警告するとおり、覇権主義的な白人リベラル・フェミニズムの声が、人種差別された女性、プロレタリア女性、セックスワーカー、トランス女性といった人々の声や身体や名前を消し去ってしまう恐れがあることはたしかだが、メディアや大衆文化においてフェミニズムの言葉が見えるようになってきたことは、本書が最初に出版された二〇〇〇年当時とは根本的に異なる状況を作り出している。

フェミニズム（白人のリベラル・フェミニズム）が流行となった。するとそれに直面して、家父長制的で植民地主義的な理性の語る古風な言語が、新しいネオ・ファシストの戦線を立ち上げるようになる。しかし、リベラル・フェミニズムや植民地主義的なテクノ家父長制の支配的な声と対話しつつ、またその緊張のなかで、セックスとジェンダーの実践領域では深い地下革命が起こっている。性差の認識論を問いなおす革命。二一世紀の最初の二〇年間、前例のない闘争形態と政治表象とが明確に打ち出されたのであり、生ける身体とか社会的権利を有する政治主体とかいうことで私たちが理解するものもまた変わっていくだろう。

トランスセックスとトランスジェンダーの運動は、文化と法の両面において認知されつつある。性的反抗の実践は、規範的な異性愛からも、男らしさ・女らしさの支配的なコードからも漸近線的に離れた立場を生み始めている。子供たちや若者たちのあいだで、流動的なジェンダーの美学が広まり、二元的でない性自認の法的認知を求める声が高まっている。一夫一婦制という伝統的なモデルに同調することを拒否し、複数恋愛《ポリアモール》を肯定する新しい世代が現れている。ソーシャルネットワークやアプリが最初の関係空間になる。数多くのインディペンデンス系の作品が、フェミニストとクィアの新しい視聴覚的なポルノ言語の発明を探究している……。もしかしたら、この『宣言』の実践はもう必要ないのかもしれない。それはいまや、何十万という声の中の一つなのだ。

クィアの大いなる健康——カウンターセックスの臨床学へ向けて

前世紀末のフェミニズムやクィアの理論は、西洋哲学全体を貫く家父長制的な理性、植民地主義的、異性愛的な言語を解体するために巨大な努力をおこなった。この『宣言』は、その批判的な仮説を身体と性の領域に拡張することによって、最も公認されざる補綴（ディルド）を使って、家父長制的かつ植民地主義的である資本主義の三つの近代的な物語《ナラティヴ》——すなわち、マルクス主義、精神分析、ダーウィン主義——を解体しようと試みた。マルクスに対して、カウンターセクシュアリティは再生産を政治経済の中心に置く。フロイトに対しては、どんなつまらない物体〔身体〕をも至高の〔主権をもつ〕性的物体〔性的身体〕へと作り上げる文化テクノロジーとしての「フェティッシュ」を脱植民地化し、その機能を回復《リハビリ》させることを目指す。ダーウィンに対しては、進化においていわゆる「哺乳類」部門が共有するとされる性の二元性や動物／人間の分断に疑問を投げかける。カウンターセクシュアリティは、資本主義の歴史的進歩や人間主義的な惑星の救済といった物語に対して、アンチ・オイディプス的であり漸近線的である。

今日この『宣言』は、二〇世紀後半の哲学、ジェンダー論、人類学の言説を独占し麻痺させたと言ってよい本質主義／構築主義のジレンマに対するコミカルな応答として読むことができよう。また性と政治解放について考える学術や治療のフォーラムを支配した、規範的な精神分析[*27]と精神医学とに対する反応としても読むことができる。この『宣言』はそれらすべての言葉を話す。しかし『宣言』は、カルラ・ロンツィ[*28]のように、ヘーゲルの顔に唾を吐きかけ、ときにはフロイトやラカンの顔にも唾を吐きかけながら語るのである。[*29]

フェミニスト的転回やクィア的転回の航跡のなかで、この『宣言』に含まれる訓練《エクササイズ》は、カウンターセックスの臨床実践として理解することができるだろう。精神分析は、男性の身体を「潜在的に貫通能力をもつペニスを具えた身体」と捉える心理的・性的体験から出発する。ペニスがファルスと呼ばれることは重要ではない。問題なのは、精神分析の身体的・政治的モデルが、ペニスをもつ異性愛者の白人男性であることだ。この身体モデルに向き合った精神分析は、ディルドをファルス審級に還元してしまう。すなわち、去勢コンプレックスを回避し、絶対的かつ存在論的な性差を否定できるという幻想を維持させてくれる物体《オブジェ》に還元してしまうのである。フロイトやラカンに反対して、ドゥルーズとガタリ[*30]は去勢コンプレックスという観念を精神分析の「思想的構築物」の一つとして理解した。近年、クィア運動やトランス運動によって練り上げられた政治的・理論的な経験は、『アンチ・オイディプス』[*31]の提言を拡大し、先鋭化させている。

精神分析における去勢という観念は、異性愛規範的かつ植民地主義的な身体の認識論、すなわち二つの身体と二つの性だけが存在するという二元論的な解剖学の地図に依存している。(多かれ少なかれ)張り出した生殖器であるペニスとの関係で定義される男性的な身体と主体性、そしてペニスの欠如と陥没によって定義される女性的な身体と主体性。これは、挿入という異性愛的な公準と生殖〔再生産〕という家父長制的な公準によっている。規範的な精神分析は、陥没したもののうえに張り出したものという、性差の美学にもとづいている。ペニスをもつかもたないかというこの弁証法は、互いに排除しあう二つの可能性のあいだのジレンマとして提示される。精神医学や精神分析の規範的な言語にとって、この二項対立の外側にあるのは病理と障害でしかない。

この『宣言』は、どんな身体にも可能な欲望と快楽がもつ根本的な多様性と無限な生産形態を、家父長制的かつ植民地主義的に去勢してしまうことに対する怒りからくる不遜な反応であった。私たちは、暴力的な性別診断が現代のすべての病院で合法化され、二元論に従った強制的なジェンダーの割り振りがおこなわれる世界に住んでいる。一九六〇年代以降、ピルによって異性愛と生殖が技術的に分離されたにもかかわらず、あいかわらず異性愛こそが正常で自然な有性生殖の形態であると宣言されている世界。ホルモン剤、補綴具、外科手術によって肉体的な性別移動を経験できるにもかかわらず、性の規範化が性のあらゆる指定のやりなおしの政治的な前提条件となっている世界。皮膚や臓器の3Dプリントの実験がすでにおこなわれているにもかかわらず、あいかわらず覇権主義的なジェンダー規範や人種規範の枠組みのなかにある世界だ。しかしそれでも、私たちは、インターセックスの身体、不具の身体、クィアの身体、人種差別された身体、トランスの身体……そうしたさまざまな身体として、実存し、話し、行動するのだ。私たちの身体と主体性は、政治的にも解剖学的にも実在しないのかもしれないが、それでも私たちは実存し、セックスとジェンダーの二元論的な体制のなかで、それに抗して生きているのだ。

去勢とは、精神分析の単なる物語の綾ではない。一九五〇年代以降、性の配分にかかわる「マネー・プロトコル」[*32]のグローバル化にともない、去勢は、医療－薬学－産業の複合体が展開する、性別化された身体製造の中心的な技術の一つとなった。私が「去勢」と呼ぶのは、次のような外科手術と内分泌学における手続きや規範の総体のことである。すなわち、医学が「インターセックス」と診断する、セックスの発達に差異を示すいわゆる赤ちゃんを、技術的に性差を生み出すために切除手術にかけ、そうすることで、さまざまな身体の還元不可能な形態的・性的な多様性を性的二元論（ペニスあり／ペニスなし、張り出し／陥没）に還元する作業である。

精神医学と精神分析の支配的な物語とその二元論的な性器経済は、植民地主義的な異性愛体制のお供をする臨床装置として機能している。それは病理学の事例に定義を与え、性差の認識論とその権力や知の体制が生み出す不安や精神的苦痛を利用して、治療を正常化しようとする。「自分が男であること、女であることを受け入れなさい」と精神分析や薬理学的精神医学は言う。「あなたの異性愛や同性愛を受け入れなさい」、「性転換はしてもいいが、どちらか一方の性別を選びなさい」と言うのである。私たちを病理化し、レイプする同じ家父長制が、私たちに手術を施し、治療するふりをするのだ。支配的な精神医学と薬理学は「治療《セラピー》」部屋として機能し、そこでは私たちは二元論的な異性愛家父長体制の暴力を受け入れ、それをエロス化し〔それを愛し〕、そして昇華するように教えられる。これは、異性愛的植民地主義体制が生み出した苦悩や精神的苦痛を私たち自身が変容させる可能性を絞め殺そうとする臨床テクニックであり、この変容可能性が政治的な反逆というかたちで顕在化し、批判的主体化の集団的プロセスにならないよう予防するのである。

精神分析的解釈学と本質主義／構築主義論争の袋小路から戻った私は、ディルドを手に取った。この器官は私にとって馴染み深いものであったが、しかし同時にあいかわらず奇妙なものだった。それはまるで理論的フェティッシュのようであり、突然変異の反去勢兵器のようであった。このどちらかといえば平凡な人工物は、女性やレズビアンのセクシュアリティを何か別のもの、つまり、最も洗練されたフェミニストのサークルのなかでさえ秘密にされなければならないほど耐え難く言いようのないものへと変換するように見えた。面白いことに、ディルドは、私のラカン派の精神分析家にもフェミニストの友人たちにも同じように不評だった。精神分析もフェミニズムも、私たちがディルドの政治性を小さな紙片に書き記し、それを同じディルドのなかに入れて、リベラル・フェミニズムのバスティーユ牢獄の壁に密かに隠すよう強いたのだ。どちらにとっても、ディルドは下劣なシニフィアンであり、去勢されていないあるいは去勢できない全能欲望の病的症候であり、支配的でファルス的な男らしさのレプリカであった。

しかし、私のディルドの経験は、精神分析の憶測や保守的なフェミニストの仮説とは根本的に違っていた。私は、ディルドが身体や性に導入しうる非同一性《アイデンティティ》の文法に興味を抱いた。ディルドは、持つことと持たざることとの分離を廃棄し、それをさまざまな様式の現実態と潜在態から織り成される連続体に置き換えたのだ。ディルドは本質の存在論にも、所有権《プロパティ》〔固有性〕の秩序にも属さない。ディルドは臓器であって臓器でないのだから、たとえ誰かのものであったとしても、完全に所有されることはありえない。ディルドは、多数多様性、接続、協働、移転、使用といったものの経済を身体にインストールした。ディルドは、アイデンティティや有機的な統合のために身体に刻まれることを拒んだ。それは革命の同盟者として、脱所有とノマディズムの味方だった。

ディルドは一見脆弱なローテクツールだが、非常に強力な認識ツールである。ディルドがセックスや性器表象の規範システムととりもつ関係は、サイボーグが自然／文化の分断に対してもつ関係と同じである。サイボーグと同じく、ディルドも男性優位の資本主義的・植民地主義的伝統の末端に位置している。ペニスがこの覇権主義的な伝統を有機的に体現しているとすれば、ディルドはその他なるサイボーグである。ディルドは、自然の表象と本来化の論理に従って製造されてはいるが（ときにはペニスを模して）、サイボーグと同じく、この伝統を超え、この伝統をパロディと侵犯によってその限界にまで押しやるのだ。ディルドの存在論は、ポスト自然主義であり、またポスト構築主義である。ディルドの政治は、ポスト・アイデンティティ・ポリティクスである。生と死、有機的なものと機械のはざまで、補綴はセックスとセクシュアリティのなかに、生成と脱所有の存在論を、そして身体的な変装の政治学を導入するのである。

この宣言は、セクシュアリティを性差や性同一性《ジェンダー・アイデンティティ》に還元することはできないと主張する。ここではセクシュアリティとは、身体の政治、身振りの美学、関係の倫理として定義される。セクシュアリティは言語のようなものだ。コミュニケーション、発明、生命の再生産などから織りなされる複雑なシステムである。言語と同じように、セクシュアリティも、特定の系譜や生文化《バイオカルチャー》の刻印をもつ歴史的な構築物である。言語と同じように、セクシュアリティも学ぶことができる。複数の言語を話すことができるように、複数のセクシュアリティをつむぐことができる。単一の言語を使用している場合と同じように、幼少期にある特定の性が押しつけられると、そうであることが自然な欲望のように思われてくる。私たちは、性の単一言語使用《モノリングイスモ》で育てられているのだ。性の単一言語とは、私たちが社会的な工作物として知覚できない言語、つまりそのアクセントやメロディーを十分に聴き取ることができないまま理解している言語である。私たちは、医療や法律による性別の割り当て、教育や処罰、読み書き、イメージの消費、模倣や身体的反復、苦痛や快楽を通して、単一セクシュアリティに入り込んでいく。しかしそれでも私たちは、認識や権力や欲望の異なる体制のもとで、他のどのようなセクシュアリティにも入っていくことができたはずなのだ。私たちは、多少の疎外感や距離感をもちながらも、自由、喜び、充足を感じながら、他のどんな性の言語をも学ぶことができる。別のセクシュアリティ、欲望と快楽の別の生産体制を学び、発明することは可能である。この宣言は、セクシュアリティを言語と美学として考え、性の形式主義、再生産の機能主義、二元的な物の見方の規則などを乗り越えるよう呼びかける。カウンターセクシュアリティとは、私たち自身のセクシュアリティの異邦人となり、私たち自身の性のモノリンガル状態を脱自然化し、性的な翻訳作業のなかで自分自身を失い、自分自身を発明しようとする試みなのである。

現実主義 VS カウンターセックス

ピアニストのグレン・グールド[*33]は、音楽家には二つのタイプがいると言った。ピアノ自体が目的になっているヴィルトゥオーゾと、楽器は単なるインターフェースだと考える者である。後者にとって、ピアノは、私たちの身体の感覚物質が音楽の領域にアクセスし、音を出し、演奏される前には聞いたこともなかったメロディーを生み出すための道具である。名人芸の音楽家が、カノンの見事な再現を実現することは稀であり、身体の老化や病気はどうしようもなく失敗につながる。しかし、第二のタイプの音楽家にとって、身体と楽器との関係がたえず変化することは、美の可能性の更新をもたらすものにほかならない。

グールドにならって、性の政治にも二つのタイプがあると言える。性活動の目的が、自分のジェンダーやセックスのアイデンティティ（男性あるいは女性、異性愛あるいは同性愛）の譜面を、器官や身体の機能（勃起、射精、オーガズム、生殖など）の一定の定義に従って巧みに繰り返す人々、そして他方では、器官とは（それが生物学的であれ合成的であれ、生体であれ技術－記号論的に具現化されたものであれ）、性差やジェンダー／セックスのアイデンティティでは表すことのできない快楽や情動生産に身体がアクセスするためのインターフェースにほかならないと考える人々、この二つのタイプである。前者を「現実主義者」あるいは「性器主義者」と呼ぶ。これは「自然主義」的な異性愛者や同性愛者が、意識的か否かにかかわらず、医療的－法的な性差の美学や支配的なポルノ娯楽産業に従うことによって実践しているありようである。現実主義や性器主義の実践に対して、後者を「カウンターセックス主義者」と呼ぶことにする。

現実主義は性の自動化を促進する。医療的－法的システムと薬物的－ポルノ的技術に支えられた現実主義は、社会的な再生産プロセスに決定論を注射することを可能にする政治テクノロジーである。現実主義者は、異性愛者であれ同性愛者であれ、生体ペニス－生体ヴァギナの組み立てラインのなかでセックスする。彼らの美学は、ノーマルものから変態ものに至るまで、異性愛かゲイの支配的なポルノである。ペニスの勃起、生体ペニス－生体ヴァギナにおける挿入、射精などのコードの組み合わせである。現実主義には二つのモードがある。家父長制的な性器主義と母系制的な性器主義である。どちらも資本主義体制のなかで共存している。家父長制的な性器主義の美学では、（勃起した）ペニスはヴァギナよりも、手よりも、足よりも、アヌスよりも、ディルドや他のあらゆる器官（生体的なものであれ技術的なものであれ）よりも優れている。何よりも（勃起した）ペニスは（弛緩した）ペニスより優れているのだ。近代の哲学者、心理学者、社会学者、人類学者、小説家、芸術家……（ルソー、カント、ヘーゲル、ショーペンハウアー、ハイデガー、メルロ＝ポンティ、サルトル、ペーター・スローターダイク……）のほとんどは、はっきりと口に出していようといまいと、意識していようといまいと、性の現実主義者であったし、今もそうである。母系論的性器主義者という第二のタイプは、シス女性（出生時に女性の性を割り当てられた女性）が遂行する生殖能力、子宮、性的再生産が、セクシュアリティの唯一の存在論であるとする。この論理では、性差とは、何よりも子宮とそれを授精させうるすべてのものとの差異である。もちろん、ここでは、ディルドやすべての弛緩したペニス、クィアのペニス、貫かないペニス、精子を生産しないペニス、トランスのクリトペニス、あるいは単に不妊精子のペニスは、不用品であり、存在論的にも政治的にもサバルタンと見なされる。[*34]

　性植民地《セクソコロニアル》主義的な資本主義は、セクシュアリティを自動化し、セックスワーク（ほとんどが無報酬の）と生産性とを高めるが、そればかりではなく慣習的な性アイデンティティをも生産し、このアイデンティティが政治や経済の統治の標的となる。性の自動化に対抗して、ディルド造成術は、ポストセックスの主体、ポスト性同一性障害の主体のセクシュアリティを作り出す。カウンターセックスの実践の真の目的は、肉体の快楽（それはつねに利益に変換されうる）でもアイデンティティの生産でもなく、心身の創造性と自由の発明とを促進する、溢れんばかりの蕩尽と実験にある。

性器とは、性差の美学に従って、ペニスやヴァギナ、男性や女性として同定されるような、あらかじめ決められた形態学的な器官ではない。性器とは、すべての生物に内在する喜びの力（potentia gaudendi）を誘導する能力をもつあらゆる器官（無機的なものであれ有機的なものであれ）のことであり、身体と外界をつなぐ神経系を通して、身体と機械が相互に連結する喜びのネットワークを作り出す能力をもつ器官のことである。

セクシュアリティの領域における家父長制のヘゲモニーと性差の体制（これらは政治的には優勢だが、科学的には少なくとも一九五〇年代から危機的状況にある）のあり方は、西洋神学の領域における一神教のあり方に似ている。中世の西洋において神の存在や聖書神学を疑うことが不可能（むしろ冒瀆的）であったように、今日、性二元論や性差の形態美学を疑うことは不可能（むしろ不自然、病的）である。しかし、性二元論や性差の美学は、私たちの欲望の規格外の発育を枠にはめ、制限し、正常化し、階層化する、歴史的に縛られたカテゴリー、認識地図、政治地図にすぎない。性二元論の論理も、同性愛と異性愛との差異も、各自の特異な身体がもつ喜びの力（potentia gaudendi）が生殖〔性的再生産〕の産業化プロセスに従属させられている効果である。身体たちは、卵子や精子の潜在的な生産者としてのみ人間として認知され、家族、ひいては国家や企業といった地上のヒューマニズムの生産と再生産のフォーディズム的な鎖のなかに位置づけられているのだ。[*35]

私たちの政治的課題は、欲望の生産力を資本主義の異性愛的で植民地主義的な捕縛から解放することである。あなたが自分の欲望だと認識しているものは、あなたの不可侵の特性《プロパティ》〔固有財産〕などではなく、それはすでに権力の機械的な工作物なのであり、この工作物が、あなたの器官の一部をリビドー[*36]の余剰生産のために自然化された用地として占領しているのである。ペニス、ヴァギナ、ディルド、手、舌、脚、眼、アヌス、胸、鼻、腕、卵巣、睾丸、卵子、精子……。全身の細胞を解放しなければならない。剰余価値——すなわち固定資本の充当によって構成される潜在力の生産と発展における付加価値——は本質的に生産の社会的な協働関係から派生すると労働主義《オペライスモ》は主張するが、であればカウンターセクシュアリティは、性的剰余価値もまた性的協働関係から派生し、欲望の集団的生産から派生するのだと主張しよう。ここで私たちの関心をひく唯一のセックスは、集団的で異他的なセックスであり、すなわち、個人の欲望が、自分自身とは根本的に異質な何か、性差の認識論では認識できない何か、性同一性に還元できない何かへと変容し、社会的な場を横断し、社会的な場を非生産的な震動で満たすに至るようなプロセスである。

　二〇世紀と今日の二一世紀の左翼の失敗は、西洋的、白人的、男性生命的、家父長制的な身体以外の言葉で主権を再定義することができないところにある。この『宣言』は、政治転換が急務であることを認識し、リバタリアン的身体による惑星規模の協働主義、すなわち、地球のふところで地球とともにある（すべての）生ける身体の協働作業の構築を提案する。近現代の植民地主義的・異性愛的な資本主義の分業制の核心にある生産と再生産の区別（両者は男らしさ・女らしさという観点から自然化されている）を克服する必要がある。労働の新たな政治的組織化は、セックスとセクシュアリティの新たな政治的組織化なしには達成できない。当然これは、再生産〔生殖〕機能や異性愛の規範的な振り付け《コレオグラフィー》（貫く者／貫かれる者）に結びついた、私たちがいま知っている性器のあり方が変容しなければならないということを意味する。まず、再生産〔生殖〕機能を生物学的な器官から引き離し、引き抜き、脱領土化しなければならない。私たちの生殖細胞の使い方は集団で決定され、私たちの多様なDNAの鎖は、何百万年にもわたる突然変異、学習、変容の結果として、集団的な共有財産として扱われるだろう。セクシュアリティの全面的な変容は、制度の転換を要求する。家族、結婚、パートナーシップといった伝統的な制度において、安価なあるいは無報酬の労働力として機能してきた、慣習的で自然化された性の組織構造は取り除かれなければならないだろう。

一九五〇年代に異性愛者の規律訓練《ディシプリン》体制から薬物ポルノ体制への移行が生じたが、この移行によって、地球の物質とエネルギーを抽出し変換する経済や、工場において過去四世紀にわたり展開されてきた抽象化、自動化、消費のプロセスが、身体、セクシュアリティ、欲望のなかにも侵入した。短期間のうちに、性の器官と性の実践の機能（あらかじめ決められた脚本と生産的な成果をともなう性の振り付け）は、ますます商業的なコード化とデジタル化に従属させられるようになった。ポータブル・コンピューターのように作動する半技術的でサイバネティクス的な補綴装具たち、合法的な薬として販売されている化学的な人工物たちなど、私たちは主体の義体化の時代に生きている。二〇世紀半ばまでは、規律訓練型の機関（家族、学校、病院など）が、そしてそれらを通じて家父長制的 - 植民地主義的な国民国家が、セックスとセクシュアリティの定義のヘゲモニーを握っていたが、一九五〇年代以降、これらの機関は、人工装具の生産手段をコントロールする新興の薬物ポルノ巨大企業（グーグル、フェイスブック、ノヴァルティス、ロッシュ、ファイザー、サノフィ、ユーチューブ、ユーポーン、ティンダー、等々）と、このヘゲモニーを共有し、ときには争うようになったのである。この二〇年間で、私たちはベッドの上で身体とプライベートなセックスをすることから、公衆の人目につくスクリーン上で物質とセックスするようになった。セックスは、いまやデジタルでのコミュニケーションとオンラインでの消費を意味する。

カウンターセクシュアリティが命名した現代の闘争は、右の二つの道のどちらかを選ぶというような選択を意味するのではない。もちろん、規律的なベッドへの回帰や異性愛的家父長制の政治解剖学への回帰を提唱しているのではない。しかし、私たちは身体の脱デジタル化のために戦うのでもない。性的な身体をミクロ政治的に再利用する作業は、身体から表現の手段を奪ったり、身体を維持するバイオテクノロジーを取り除くことでは成り立たない。私たちはメディア的、バイオ文化的な生命体である。私たちは、私たちを構成している性的主体化の補綴物を批判的に再利用しなければならない。この二つの勢力のどちらにも、正面から頑なに反対することはやめよう。両者（規律訓練的なものと薬物ポルノ的なもの、建築的なものと化学的－デジタル的なもの）が、身体をその製作において捕獲しようとする争いのなかで互いに破壊しあうように仕向けるほうがよい。そのあいだに、第三の道を発明しなければならない。二つの立場から批判的な距離を置くことで、私たちは新しい言語を発明し、既存のコードをショートさせ、新しい性器や性の機能を公準として立て、集団的な再生産や欲望するコミュニケーションのための他なる制度を実験しなければならない。

LGBTIQ＋のアイデンティティ運動が一九八〇年代以降に展開してきたリベラルな改良主義と統合主義の法的アジェンダとは対照的に、カウンターセクシュアリティは、欲望、身体、性のあいだの関係について、テクノロジーと意識との関係について、新しい環境構成《コンフィギュレーション》を提案するのであり、この新しい環境構成は、性差の認識論を問いなおし、二元論的な性同一性を超えていくのである。伝統的な民主的な手段（投票、法律の改正、違法化など）によるアイデンティティの承認と代表を求める闘いとは対照的に、私たちはここで、集団的な性の解放と性の自己統治について、新しい実践をラディカルに実験することのほうを好む。薬物ポルノグラフィーの時代、すなわち身体のさまざまな力が分子生物学的かつサイバネティクス的な視聴覚テクノロジーによって捕獲されるようになった時代において、快楽そのものはもはやマルクーゼが期待した解放的な力ではありえない。むしろ、その快楽にまだ名も定義もない新しい器官や欲望を発明するための、すなわちアイデンティティ・ポリティクスでは表象しえない新しい主体性を発明するための、革命的な地盤を切り拓かなければならないのである。

生殖細胞の協働的外部化と性制度の変革という課題は、国家とそこから降ってくる指令・統御に委ねることはできない。国家は家父長制的であるだけでなく、いまや新自由主義の民営化プロセスによって活力を奪われ、非効率的になっている。また、新自由主義的な協力関係や、拡大し続ける企業の水平的ネットワークに委ねることもできない。私たちの目標は、自律的な手段による、器官と主体性の全面的な発明である。革命も生産も計画することはできない。未踏のオープンプロジェクトとしての「変異」こそが望まれる。

新しい身体の発明は、伝統的には自己に固有のアイデンティティとして理解されてきたものの限界点で生じる経験の、その寄せ集め《アサンブラージュ》とハイブリッド化を通してのみ可能となる。もろもろの器官、機能、身体が塑造されなおすのは、同性愛と異性愛との敷居においてであり、これまで、トランスとバイオ、有効性と無効性、白人と被差別者、動物と人間、生物と機械として理解されてきたものの敷居においてである。これらのアイデンティティ（自然としては存在せず、家父長制的－植民地主義的体制における権力と言語の結節《ノード》としてのみ存在したもの）は、次第に廃れていくだろう。ポスト・ヒューマニズムの超能力幻想に触発され、伝統的な生体文化的アイデンティティの限界を超えた実験が、商業的な医療の分野ですでにおこなわれている（これは、ヒトへの移植を目的とした動物とヒトのハイブリッド臓器の製造が証言している）。しかし、これらの実験は、政治的抑圧の対象であった身体の解放を求めるものではなく、身体支配階級が身体たちを、それらのエネルギーにおいて捕獲する領土の中に完全に還元するものである以上、私たちのリバタリアン的な身体協同主義の理想とは対極にある。

カウンターセックス社会の原理は、生けるものの還元しがたい多数多様性を認める新しい社会契約に合意する必要性から生まれた。カウンターセックス社会は、性差の規範的な認識論を修正し、カウンターセックスの認識論に置き換えることを要求する。そのパラダイムは、身体間の解剖学的あるいは染色体的な差異は、ジェンダーやセックスの認証の根拠ではないし、またあらゆる種類の特権、抑圧、暴力を正当化する論拠でもない、というものである。『カウンターセックス宣言』は、権力と知を再分配し、集団生活のかたちを変革するために、私たちの政治制度・社会制度を脱家父長制化し、脱植民地化することを求めるアピールである。

私たちはここで、あらゆるセクシュアリティを、前もってつながっていたいくつかの身体のあいだの政治的な機関とみなすことを提案する。ここでは、生産と再生産、実践と知とのあいだに違いはない。すべてのセックスワーク（有給にせよ無給にせよ、結婚やパートナーシップといった法制化された関係にあるにせよないにせよ、生産性があるにせよないにせよ）は、どれも技術記号的なシステムに依存するのであるから、等しく認知労働とみなされなければならない。言語、フィクション、身振りの振り付けといったものがないセクシュアリティはありえない。こうした主張が出てくるのは、薬物ポルノ体制のなかで、性の構造が変化したと意識すればこそである。もはや抑圧と搾取は、ある身体が別の身体から余剰の喜び《ポテンティア・ガウデンディ》の力を抽出することに依存しない。余剰としての喜びの力は、決して単一の生物学的器官（それがペニスであれヴァギナであれ、Gスポットであれ、さらには脳であれ）の産物ではなく、つねに性的な協働作用を通して生成される。それゆえ、現代の性を構築している半技術的、メディア的、生化学的な手段からなる薬物ポルノ的ネットワークとそこから派生する生産と消費のテクノロジーは、特定の誰かの所有物であってはならないし、身体や性のただ一つの型に吸収されてもならないのである。このような生産形態を「コピーレフト[*37]・セックス」と呼ぶことにする。

新しいセックス契約を提案するためには、認知欲望の生産的な可能性をフルに発展させることが必要である。いったん脱自然化されれば、セクシュアリティは、特異性と共通性、特異な身体と集合体とのあいだの関係が多数多様化しうる開かれたシステムとなるだろう。私たちの器官は、快楽生産のための物質的なプラットフォームとして、またアイデンティティを刻み込むための表象的な飛び地として、異性愛規範的で植民地主義的な拘束に抗して再プログラムされ、再フォーマットされることができるし、またされなければならないのである。

この革命を首尾よく成し遂げるために、前進する強い脚など必要ない。実は私たちには足も歩行も必要ないのだ。運動と自由、征服と活動、従属と受動性、消費と快楽、生産性と創造、これらを混同するのはやめなければならない。

身体の詩は、私たちの性の政治である

本書が「宣言」と呼ばれるのは、ロシア、ヨーロッパ、アメリカ、アフリカの前衛運動に見られるように、芸術的想像力がもたらす道具を使って政治変革（いまの場合は、身体と性の政治）を考えること

が必要だという確信を、本書が共有しているからである。政治においては、詩がなければ自由はない。宣言とはつねに、誇張され常軌を逸した記号的ディルドである。政治的な詩。惑星規模の言説パロディ。集団的な嘲笑。架空のプロトコル。第二波フェミニズムやクィア理論が、ジェンダーの解放を活性化するために認識論の体制を変革する必要性を強調したのに対し、現在では、性的身体を脱植民地化するために欲望の体制を変革する必要があることは明らかだと思われる。欲望は超越的な真理などではなく、一個の作り上げられた社会的な場であり、すなわち隠喩や想像力、詩や身体的実験などのもろもろの道具を用いてのみ変革することができる社会的な場なのだ。

性の植民地主義体制の暴力が恐ろしく、醜いものであるからこそ、詩だけが提供できる無意識的で脱構築的な力を展開することが必要である。ここでは、芸術運動や少数民族運動から学んだあらゆることを生かさなければならない。この『宣言』は、セクシュアリティに適用されたダダイズム[*38]であり、性差や性器の違いの理解に適用されたコンセプチュアル・フェミニズムである。ジェンダーと性同一性の規律訓練で学習したことを放念するラディカルな教育学だ。パフォーマンスの実践とポスト構造主義の理論は、ここでは理論的－実践的なディルドとして理解されるべきである。すなわち、それらは、解剖学的現実主義の中心性をずらすために本書が使用する、情動や想像力を変容させる文化装置である。

この『宣言』を、衒学的だと、譫妄的だと、大げさだと、不愉快だと思う向きもあるかもしれない。衒学と譫妄、大仰と不愉快こそが、実験的な想像力を構築する力である。私が前世紀末の民主主義のプロジェクトで顧みられなかったいくつかのマイノリティの場に形を与える実験的な想像力を構築しようとしたときに用いた力が、これである。しかし、この『宣言』は、みずからが普遍的な言明や一般的な処方箋を規定したマニュアルであると主張するつもりはない。それは一種の破断である。すなわち、私の身体を行動の場とし、つまり性的・肉体的マイノリティの政治的身体の経験を行動の場とする破断である。他の幾千もの破断が可能になるための招待状。私自身のセクシュアリティや本書が語るさまざまなセクシュアリティを、クィアや障害者のそれと考えてもらっても構わない。私はクィアと障害を抱擁する。風変わりであることは規範よりもよいし、障害は植民地主義的近代の健康の理想よりもよい。本書は、還元不可能な多数多様なセックス、ジェンダー、セクシュアリティがあるという歓喜に満ちた主張から始まる。それは革命を呼びかけることから始まるのではなく、私たち自身がすでに起きている革命なのだということを認識することから始まるのだ。

この『宣言』は、身体、情動、セクシュアリティを規律化しコントロールするプロセスに対する抵抗として噴出する、変装や幼児性のエネルギーに触発されたものであり、芸術家のロレンツァ・ベトナー[*39]の作品の一つに見られるように、性的、ジェンダー的、人種的な抑圧の壁に扉を描き、そこから脱出するための理論的かつ詩的な試みである。その扉とは、リバタリアン的な身体協働性と呼ばれる扉である。

パリ、二〇一九年一一月二八日

1　カウンターセックス社会

性という分析対象にどのようにアプローチすべきか。どのような歴史的・社会的なファクターが、性の生産において作用しているのか。性とは何か。セックスをしているとき、私たちは本当は何をしているのか。書き手の性実践は書く行為に影響を及ぼすのか。及ぼすとしたら、どのような仕方でか。研究者は哲学的なトピックとしての性に取り組んでいるあいだ、一連の性交に身を投じていたほうがよいのか、それとも反対に、科学的な客観性のためにそのような活動を敬して遠ざけたほうがよいのか。クィアたちは異性愛について書くことができるのか。もしあなたたちがストレートであれば、同性愛について書くことなどできるのか。

哲学ではいつものことだが、ひとは安直に最も有名な事例へ向かい、方法論による決定を利用したり、少なくとも、伝統の権威に訴えて間違いを隠蔽したりする。よく知られているように、マルクスは彼の

『経済学批判要綱』（*Grundrisse*）に取り組んだとき、あらゆる状況から見て、その経済分析を民衆の観念から始めなければならないと考えた。さて、今日、性《セクシュアリティ》について考えようとしたとき、私は同じような概念的な要請に直面していることに気づいた。すべてが、この課題にはジェンダーや性差の観念からアプローチしなければならないと示唆していると思われたのだ。同時代の哲学者やモラリストたちにとっては衝撃であったが、マルクスはそれまでの諸理論のパラドクスを回避しつつ、「剰余価値」の観念に分析を集中させた。マルクスの戦略を最大限に活用しながら、私のセックス研究は、その主題の軸を、マージナルと思われるかもしれないものの分析に置く。すなわち、あるクィアたちの性生活におけるプラスティックな物体《オブジェクト》、これまでレズビアンやトランスパーソンの性的な障害を取り繕うために発明された単なる代替器具にすぎないとみなされてきたもの、つまり、ディルドである。

ロバート・ヴェンチューリ[＊1]が、建築はラスベガスから学ぶべきだと言ったとき[＊2]、彼は何かを察知していた。いまや哲学がディルドから学ぶ時である。

本書は、ディルドについての、補綴や可塑的《プラスティック》な生殖器についての、性やジェンダーの可塑性《プラスティシティ》についての本である。

カウンターセクシュアリティとは何か

カウンターセクシュアリティとは、新しい自然の創造ではなく、ある身体を他の身体に従属させることを正当化する秩序としての自然の終わりである。第一に、カウンターセクシュアリティとは、異性愛《ヘテロ》中心主義的《セントリック》な社会契約の産物であるジェンダーと性差についての批判的分析であり、私たちの身体に生物学的な真理として書き込まれた規範的な言語遂行性《パフォーマティヴィティ》についての批判的分析である。(1) 第二に、カウンターセクシュアリティは、「自然なもの」とみなされているこの社会契約をカウンターセックス契約に置き換えることを目指す。カウンターセックス契約では、身体たちは自分自身と他者たちとを男女として認識するのではなく、生ける身体として認識する。身体たちは、男性、女性、トランス、インターセックス、倒錯者として歴史のなかで確立された個人として、あらゆる意味実践とあらゆる言表措定をおこなう可能性を自分自身のうちに認識する。その結果、身体たちは、自然なものと規定されて閉ざされた性アイデンティティを放棄するばかりでなく、そのようなアイデンティティの意味実践における社会的、経済的、法的な効果の自然化から得られる利益をも放棄する。

この新しい社会が「カウンターセックス」と名乗るのには、少なくとも二つの理由がある。第一の理由は否定的なものである。カウンターセックス社会は、自然化された性実践とジェンダー・システムの体系的な脱構築に取り組む。したがってカウンターセックス社会は、脱構成的な社会である。第二の理由は肯定的である。カウンターセックス社会は、カウンターセックス契約の諸条件を引き受け、〈快楽−知〉の探究に身を捧げるすべての生ける身体たちの等価値性(平等性ではない)を宣言する。カウンターセックス社会は、特異な身体たちの無限の多数多様性《マルティプリシティ》*3からなる構成的な集合である。

(1) Judith Butler, *Gender Trouble: Feminism and the Subversion of Identity* (New York: Routledge, 1990).〔『ジェンダー・トラブル』竹村和子訳、青土社、一九九九年〕

「カウンターセクシュアリティ」という名は、ミシェル・フーコーに間接的に由来する。彼にとって、私たちの自由主義社会での性の規律的な生産に対する最も効果的な抵抗形態は、禁止に対する戦い（一九六〇年代のアンチ抑圧を掲げた性解放運動が提案したような）ではなく、むしろカウンター生産性――すなわち、近現代の性体制の規律に対する対案《オルタナティヴ》として〈快楽‐知〉のカウンター・プロトコルと形式とを生産すること――にほかならない。ここに提案するカウンターセクシュアリティの実践は、抵抗《レジスタンス》のテクノロジーとして、別の言い方をすれば、性の対抗《カウンター》規律として理解されるべきである。

またカウンターセクシュアリティは、男／女、男らしさ／女らしさ、異性愛／同性愛、トランス／シス[*4]といった二極性の外に位置づけられた身体論でもある。そこでは性はテクノロジーであると定義される。[(2)]「男」「女」「同性愛」「異性愛」「トランスセックス」と名づけられたセックス／ジェンダー・システムのさまざまな要素や、そうした性の実践やアイデンティティは、機械、製品、道具、装置、ギミック、義体、ネットワーク、アプリケーション、プログラム、接続、エネルギーや情報の流れ、回路と回路遮断器、切り替え《スイッチ》器、交通法、国境《ボーダー》、制約、設計《デザイン》、ロジックス、ハードディスクドライブ、フォーマット、アクシデント、残骸、メカニズム、慣用、迂回路、等々とみなされるのである。

カウンターセクシュアリティは、〈初めにディルドありき〉と主張する。ディルドがペニスに先立っていたのである。ディルドはペニスの起源である。カウンターセクシュアリティは、ジャック・デリダが編み出した「代補《サプリメント》」の観念に依拠する。[(3)][*5] ディルドとは、それが補完しなければならないと考えられている当のものを生み出す代補物である。

カウンターセクシュアリティは、欲望、性的興奮、オーガズムなどは、再生産器官を生殖器とみなす性テクノロジーの単なる遡及的産物にすぎず、この手のテクノロジーは、全身体と全世界の性愛化

〔sexualization〕を損なうものだと主張する。

セックスを人間社会の自然史の一部であるかのように研究し記述することはもうやめよう。性とジェンダーの諸装置は複雑な生テクノロジーシステムのなかに書き込まれているのだから、「性の歴史」は「テクノロジーの歴史」と名を改めたほうが適切だろう。この「テクノロジーの歴史」が示しているのは、「人間の自然＝本性《ネイチャー》」なるものは、人間と動物、身体と機械(4)とのあいだの境界だけではなく、生体器官と義体、有機物《オーガニック》と塑造物《プラスティック》、生けるものと死んだものとのあいだの境界線上のたえざる交渉の結果《エフェクト》＝効果だということである。

カウンターセクシュアリティは、ある種の急進的《ラディカル》・分離的フェミニスト*6のユートピアに見られるような、そんなレズビアンの異所性《ヘテロトピア》を一つの絶対的な過去として指し示すことを拒絶する（そのヘテロトピアがアマゾネスのそれであろうとなかろうと、性差以前のものであろうと以後のものであろうと、またなんらかの生物学的あるいは政治的な優位性によって、あるいは単なる性差別の産物によって正当化されたものであろうとなかろうと）。セックスとジェンダーの抜本的《ラディカル》な変形を正当化するのに、男性や異

（2）「セックス／ジェンダー・システム」という表現は、ゲイル・ルービンが彼女の"The Traffic in Women," in *Towards an Anthropology of Women*, ed. Reyne R. Reiter (New York: Monthly Review Press, 1970), 157–210 のなかで初めて使ったものである。

（3）Jacques Derrida, *De la grammatologie* (Paris, Minuit, 1967).〔『根源の彼方に　グラマトロジーについて』上下、足立和浩訳、現代思潮新社、一九七二年〕

（4）Danna Haraway, *Simians, Cyborgs, and Women: The Reinvention of Natrue* (New York: Routledge, 1991).〔『猿と女とサイボーグ――自然の再発明』高橋さきの訳、青土社、二〇〇〇年〕

性愛の支配から自由になった純粋な起源など必要ない。現在進行中の変化を正当化するいかなる歴史的な道理もない。カウンターセクシュアリティはまさにこの偶発事の例《ケース》[*7]である。この歴史的な偶発事は脱構築の材料《マテリアル》であるが、まったく同様に、カウンターセクシュアリティの材料でもある。カウンターセクシュアリティは来たるべき世界を語りはしない。カウンターセクシュアリティは、純粋な過去にも、よりよき未来にも訴えない。反対に、それは、西洋近代の言説が定義したような身体がすでに終焉を迎えているという事態の痕跡を読み取っているのである。

カウンターセクシュアリティは二つの時間性を活用し、戯れる。第一の時間は、性の諸制度がいかなる変化も被らなかったように見える、ゆっくりとした時間性である。この時間性のなかでは、性テクノロジーは、「象徴秩序」、「超域文化的普遍性」、そして単純に「自然」といった名を借用しながら、固定したものとして提示される。それを変更しようとする企てがあったとしても、それはすべて、「集団的精神病」とか「人間の終焉」として判定されることになるだろう。この固定した時間性という青写真が、あらゆる性テクノロジーの形而上学的な土台である。カウンターセクシュアリティの努力のすべては、この時間の枠組みに対して向けられ、作戦を展開し、介入する。しかしまた、反復と反復可能性[*8]の時間性、すなわち、どんな偶然的な出来事もが直線的な因果関係を逃れてゆくような生起の時間性もある。言い換えれば、性アイデンティティの自然な真理や象徴秩序の単なる帰結ではありえない多数多様な「今」からなる、フラクタルな時間性があるのだ。カウンターセクシュアリティが身体に、アイデンティティに直接介入し――そして「虚構」でありながらも実存する身体やアイデンティティから派生した性実践に直接介入する――そうした性テクノロジーを取り込む実際の場がそこにある。

カウンターセクシュアリティは、性別化されジェンダー化された身体の技術的な生産と変形とを研究対象とする。ジェンダーは社会的あるいは心理的に構築されたものだという仮説を拒絶するのではない。そうではなく、ジェンダーのそうした構築を、もっと広大な技術システムにおけるメカニズム、戦略、使用法として位置づけなおすのである。カウンターセクシュアリティは、異性愛を一種の政治体制として捉えるモニク・ウィティグの分析、近現代における性的装置《ディスポジティフ》に関するミシェル・フーコーの研究、遂行発話的《パフォーマティヴ》アイデンティティに関するジュディス・バトラーの分析、そしてダナ・ハラウェイのサイボーグ政治学――こうした仕事と密接な関係にある。カウンターセクシュアリティの想定によれば、性器やセクシュアリティ（ジェンダーだけでなく）は複雑な生政治テクノロジーとして理解すべきであり、性の装置や人工物（これまで近代技術史のなかでほとんど重要性のない逸話として扱われてきた）の研究とセックス／ジェンダー・システムの社会政治的な研究とを、政治的にも理論的にもつながなくてはならない。

伝統的なセックスとジェンダーの観念を脱自然化し脱神秘化するために、カウンターセクシュアリティは、性の道具や装置の研究を第一目標とし、そのうえで、身体と機械のあいだに成り立つ性的・ジェンダー的な関係や生成を研究するのである。

生政治テクノロジーとしての性器

性器は、厳密に生物学的な部位というわけではないし、セックスも自然な衝動なのではない。性器は、異性愛社会による支配のテクノロジーであり、ジェンダー間（男／女）の非対称な権力配分に従って、生ける身体を性感帯へ還元し、特定の感情を特定の器官に、特定の感覚や情動を特定の解剖学的な反応に結びつける。

西洋的な人間の本性《ネイチャー》は、「自然《ネイチャー》＝異性愛」という等式を私たちの身体や構造体や言説において再生産する社会テクノロジーの産物である。異性愛システムとは、女らしさや男らしさを生産する認識体制にして社会装置であり、身体を分割し断片化することによって操作《オペレート》〔手術・作戦〕*9をおこなっている。臓器を切り出し、高感覚で高密度のゾーン（視覚、触覚、嗅覚）を生成させ、そしてそれらを後から、性差の自然な、解剖学的な中心として定めるのである。

性の役割と実践は自然の属性として男女に割り当てられているが、それは一方の性による他方の性の物質的搾取を保証する、生ける身体たちに刻まれた恣意的な諸規則の組み分け《グルーピング》である。(5) 性差とは、対称性が本来ありえない身体を異性愛的に分割したものである。性差が作られるプロセスは、生ける存在からあるパーツを取り出して孤立させ、それを性的なシニフィアンに仕立て上げる技術的還元の操作《オペレーション》である。男性／女性というのは、女性を性的労働力や再生産ツールとして従属させる異性愛的な生産－再生産システムによる構築物であり、その換喩的表現である。これは構造的な搾取であって、異性愛の男女がそこから得る性的かつ政治的な利益は、必然的に、世界のエロスの表面を性的な再生産器官〔生殖器〕へと縮減し、生物学的なペニスを、性欲にもとづく生産の唯一の機械的中心として特権化する。

セックス／ジェンダー・システムは、生体書き込み《バイオライティング》システムである。このシステムは、血、精液、乳、水、音、インク、油《オイル》、コイル、ウラニウム、資本、光、電気、放射能などを使って書き込む。身体とは、構築された生きたテクストであり、〈性の生産－再生産の歴史としての人類史〉の有機的なアーカイブである。そこでは、あるコードは自然化されるが、別のコードは曖昧にされ、また別のコードはシステム上除去されたり掻き消されたりする。（異性愛的）セクシュアリティは、生まれたばかりの身体から自然と湧き出たものではまったくない。それは、たえず繰り返される操作と、自然なものとして社会的に投資された（男女という）コードの反復によって登記され、つねに建て直されなければならないたぐいのものなのだ。(6)

カウンターセクシュアリティの任務は、彷徨う空間、生体《バイオ》テクストの構造的な裂け目＝突風《フロー》（インターセックスのボディ、トランスジェンダーとトランスセックスのボディ、おかま《クィーン》、タチ《ディーゼル・ダイク》、ホモ、ブッチ、ヒステリー者、色情症と不感症、性的障害者と精神病、ふたなり、等々）を見定め、異性愛中心主義的な生体書き込みマシーンから逸脱し漂流する力を増大させることである。

カウンターセクシュアリティが、セックス／ジェンダー・システムを生体書き込みシステムだと言い、あるいは身体を生体テクストだと言うとき、結局は言葉のうえの変奏曲にすぎないような抽象的な政治介入を提案しているのではない。声高に、そして象牙の塔の高みから、先行する抹消線《スラッシュ》を人称代名詞に刻み入れること[*10]を要求し、名詞や形容詞におけるジェンダーマークの根絶のみを説く人々は、テクスト性と書き込み《ライティング》とを言語的な残留物に還元してしまっている。彼らは、そうしたものを可能にし生かしている生体書き込みテクノロジーのことを忘れている。

（5）Monique Wittig, "The Category of Sex," *Feminist Issues*, Fall 1982, 63–68, reprinted in *The Straight Mind and Other Essays*（Boston: Beacon Press, 1992）, 1–8 を参照のこと。

（6）Judith Butler, *Bodies That Matter: The Discursive Limits of Sex*（New York: Routledge, 1993）〔『問題＝物質《マター》となる身体——「セックス」の言説的境界について』佐藤嘉幸監訳、竹村和子・越智博美ほか訳、以文社、二〇二一年〕を見よ。

ここで重要なことは、なんらかの（女性的あるいは中性的な）標識《マーカー》をアファーマティヴ・アクションにおいて特権化することでもなければ、男性支配から逃れた無垢な言表の立場をなすような、すなわち、理性のための新しい純粋な起源、穢れのない政治的な声が立ち昇る原点となるような、そのような新しい代名詞を発明することでもない。

私たちが揺さぶらなければならないのは、セックスとジェンダーにおける、そしてそれらの制度における、生体書き込みテクノロジーである。ある用語を別の用語に置き換えるという話をしているのではない。ジェンダーのマークや異性愛への参照を排除せよと言っているのではない。むしろ技術言表の立場を変化させること、体液の循環を変え、臓器と身体の使用法を変えることを主張しているのだ。デリダは、J・L・オースティン[*11]に従った遂行的発話《パフォーマティヴ・アタランス》の読解において、このことをすでに予見していた。(7)その後、バトラーがこの遂行発話性《パフォーマティヴィティ》の観念を利用した。彼女は、クィアやトランスの人々が遂行発話《パフォーマティヴ》の力を我が物にし、覇権言語の首根っこを摑むことを可能にするものとして、この言語行為《スピーチ・アクト》を理解した。バトラーはクィア遂行発話性という用語を作り出した。それは同性愛嫌悪の侮蔑を脱コンテクスト化し、そこから生じる、覇権的な立場の言表をひっくり返す政治的な力である。たとえばクィアは、異性愛者が同性愛者を「気持ち悪い」とレッテル張りするために使っていた侮蔑語であることをやめた。それは初めてこの言葉を捉えて自分自身のアイデンティティとして要求しなおした一群の「気持ち悪い身体」たちの、反乱的かつ生産的な自己呼称となったのだ。

異性愛規範的な〈生《バイオ》−死《ネクロ》−政治〉のテクノロジー（すなわち、人間［男女］の身体をたえず生産する諸制度――単に医学や家庭ばかりでなく言語的でもある諸制度――の集合）は、一種の存在論的生産マシーンであり、このマシーンは、性別化された身体を主体が遂行発話的《パフォーマティヴ》に召喚するその打刻によって作動している。一九九〇年代にジュディス・バトラーとイヴ・コゾフスキー・セジウィックがおこなったクィア理論の精緻化は、子供が生まれるときに（あるいは超音波で胎児を映した瞬間に）言われる「男の子ですよ」「女の子ですよ」といった一見記述的に見える表現も、実は遂行発話的《パフォーマティヴ》な召喚呪文であるということを明らかにした。それは、「この身体には二本の足と二本の腕と一つの尾がある」という記述的な言明というよりも、むしろ社会儀礼で口にされる契約の表現――たとえば結婚式のときの「イエス」――に近い。ジェンダーにまつわるこうした遂行的発話は、身体に男らしさや女らしさをまとわせる権力、そしてまたセックス／ジェンダー・システムの一貫性を脅かすインターセックスやばらばらな形の身体たちに制裁を加える権力、そうした権力を歴史的に充塡された言語の断片である。この権力はばらばらな身体たちをネクロ・セクシュアルな美容整形手術（クリトリス縮小、ペニス拡張、シリコン乳房移植、ホルモンによる顔の再女性化、等々）に従わせることによって制裁を加えるのである。

性同一性は、言説以前に存在する肉の真理の本能的な表現でもなければ、フラットな表面として理解された身体に書き込まれるジェンダー実践の結果でもない(8)。いわゆる社会構築主義的フェミニズムの誤りは、自然／文化という西洋的な分割を信じてしまい、身体を形〔形相〕なき素材〔質料〕――ジェンダーによって、文化や歴史の契機に応じた文化的な形や意味が与えられるような素材――に変えてしまっ

（7）Jacques Derrida, "Signature Event Context," in *Margins of Philosophy*. trans. Alan Bass (Chicago: University of Chicago Press, 1982), 307–30.〔「署名　出来事　コンテクスト」『哲学の余白』下、藤本一勇訳、法政大学出版局、二〇〇八年〕

（8）逆説的だが、反復と繰り返しのプラットフォームは、同時に、異性愛主体の痙攣した訓練とありとあらゆる転覆が生じる空間でもある。

たことである。

バトラーの読者の一部が主張したのとは違って、ジェンダーはただ単に遂行発話的《パフォーマティヴ》なもの（つまり言語的-言説的な文化活動の効果）なのではない。ジェンダーはまずなによりも義体的なものである。つまり、ジェンダーは身体の物質性においてしか発生しないのだ。ジェンダーはまったく構築されたものであるが、それと同時に、純粋に有機的なものでもある。ジェンダーは、肉体と魂、形相と質料、自然と文化といった西洋形而上学の二元論から生まれるが、と同時に、それらを引き裂きもする。ジェンダーはディルドに似ている。どちらも模倣を超えてゆく。両者の肉体的可塑性〔plasticity プラスティック性〕*12は、模倣されるものと模倣するもの、真理とその表象、指示作用と指示対象、自然と人工物、性器と性実践といった区別を不安定にする。

こうした再生産〔生殖〕的-補綴的生産のメカニズムこそが、男女のジェンダーにそれらの性的-現実的-自然的な性格を付与するのである。しかし、あらゆるマシーンがそうであるように、失敗や事故は異性愛マシーンの構成要素である。(9)「本当の男らしさ」や「本当の女らしさ」として呼び出されるものなど実在しないのだから、どのような不完全な近似物であっても、それはシステムの利益のために再自然化するものであり、またどのようなシステム上の事故（ホモセクシュアル、バイセクシュアル、トランスセクシュアル、等々）も、自然の規則正しさを証明する倒錯した例外として作用させられてしまうのである。

たとえば同性愛者のアイデンティティは、異性愛機構が生み出すシステム上の事故であり、自然を産出する実践の安定性という利害のために、不自然、異常、気持ち悪いものとしてスティグマ化される。このブルジョワ的、植民地主義的、ヨーロッパ中心主義的な生殖-補綴メカニズムは、比較的最近の代物であり、実は、資本主義マシーンの発明や物の工業生産と同時代のものである。医学と司法の諸制度がこの「反自然的」な自己を、性生産の安定性を構造的に脅かすものとして初めて同定したのは一八六八年のことであり、倒錯〔当時はあらゆる反再生産的〔反生殖的〕な形態のセクシュアリティが、すなわちフェティシズムやレズビアンからオーラル・セックスまでもが含まれていた〕を異性愛の正常性に対立させたのである。過去二世紀のあいだに、異性愛アイデンティティを生産する反復の言語遂行的《パフォーマティヴ》な軸が移動し、中断され、変異したおかげで、同性愛アイデンティティはしっかりとした形を取るようになり、性がもつ補綴的な構築された性格が明らかになった。というのも、異性愛は解剖政治学のテクノロジーであって、根底にある自然な起源などではなく、その性アイデンティティの生産実践を逆転させたり、ルートを変更する〔流れを変える、形を変える、漂流させる〕ことも可能だからである。ホモ、おかま《フェアリー・ボーイ》、女装のゲイ《ドラァグクィーン》、レズビアン、タチ、おてんば娘、ブッチ、男になった女（F_2Ms）、女になった男（M_2Fs）[*13]、トランスジェンダー者——こうした者たちは「存在論的ジョーク」[(10)]であり、有機的詐欺、義体によるミュータント化、性における誤った超越論的バイオコードの転覆的反復なのである。

　最初のカウンターセックスの実践が、支配的なセックス／ジェンダー・システムからのラディカルなシフトの可能性として現れるのは、まさしくこうしたパロディや可塑的《プラスティック》な変形の空間においてである。そうしたカウンターセックスの実践とは——性のミュータント化の契機をほんの三つだけ挙げるにとどめるが——ディルドの使用、アヌスのエロス化、緊縛／調教／サドマゾヒズム（BDSM[*14]）の契約関係

（9）Paul Virilio, *Speed and Politics: An Essay on Dromology* (New York, Semiotext(e), 1977).〔『速度と政治』市田良彦訳、平凡社ライブラリー、二〇〇一年〕

（10）Monique Wittig, "The Mask of Gender," in *The Straight Mind*, 80.

全身ディルド

図 1–1

の成立である。

性器はそれとしては実在しない。私たちが自然に性的であると認識している器官はすでに、ある洗練されたテクノロジーの産物である。このテクノロジーによって、それらの器官が意味(性関係)を獲得し、それらの「自然=本性《ネイチャー》」(異性愛関係)に合わせて適切に使用されるコンテクストが前もって規定されるのである。性のコンテクストを建立するのは、空間と時間の偏った制限〔境界画定〕である。建築は政治的なのだ。解剖学は政治的な地図作成術である。建築と解剖学は、私たちの実践を組織し、認定する。あなたのおこなう実践が、公的なものなのか私的なものなのか、制度的なのか家庭的なのか、社会に属するのか親密圏に属するのか、有資格〔有能〕か無資格〔不能〕か、等々と。

空間の管理《マネジメント》は、植民地化された領土から身体にまで及ぶ。ある特定のジェンダー関係やセックス関係の排除は、ある身体部位を性的でないものと指定しつつ(とくにアヌスは「社会圏から排除され、私《わたくし》化に苦しむ最初の器官」[11]である)、私たちが性的と認知する実践を自然化する、基本的な固定化の操作である。

一九七〇年代からゲイやレズビアンやトランスたちの文化において組織的に広まったフィストファックの実践（拳によるアヌスやヴァギナへの挿入）は、高度なカウンターセックス技術の一例とみなされるべきだろう。アナルワーカーたちは、カウンターセックス革命の可能性を秘めた新たなプロレタリアである。

バイオコードとしてのアヌスは、カウンターセックスの脱構築作業の臨時の拠点となるが、それは三つの根本特徴による。第一に、アヌスは――その公的な延長物である口と同じく――性差が課す解剖学的な限界を超えたところに位置する性欲の「普遍的」な中心《センター》であり、そこでは、もろもろの役割や記録《レジスター》が普遍的に逆転可能なものとして現れる。（アヌスがない人などいるだろうか？）第二に、アヌスは、原初的な受動性の部位であり、オーガズム器官として規定された部位のなかには登録されない性的興奮と快楽を生産する中心である。第三に、アヌスは技術的なワークスペースをなしている。それはカウンターセックスの後処理《ポスト・プロセッシング》的な設備である。アヌスのタスクは、生殖＝再生産には向けられておらず、またロマンチックな絆の樹立にもとづくのでもない。アヌスは、異性愛的な経済《エコノミー》では計算できない利益を生み出す。アヌスを通して、伝統的なセックス／ジェンダーの表象システムはちびる〔*shits itself*〕のである。

アヌスをカウンターセックスの快楽センターとして再生することには、ディルドの論理と共通する基盤がある。すなわち、身体のどのポイントもが、ディルドを置くことのできる単なる潜在的な平面であ

（11） Gilles Deleuze and Félix Guattari, *Anti-Oedipus*, vol. 1 of *Capitalism and Schizophrenia*, trans. Robert Hurley, Mark Seem, and Halen R. Lane (Minneapolis: University of Minnesota Press, 1983), 143.〔『アンチ・オイディプス　資本主義と分裂症』上下、宇野邦一訳、河出文庫、二〇〇六年〕

るばかりでなく、入口としての穴、消失点、ダウンロード・センター、ヴァーチャルな能動－受動の軸でもあるからだ。

ＢＤＳＭの実践（たとえば支配と服従の役割を規制する契約の創出）は、異性愛が自然なものとして課す契約の基礎にあるエロスの権力構造を露呈させた。

カウンターセックス社会は、自然化された性の役割をパロディ化することによって、クィアやＢＤＳＭの文化の実践知を継承し、カウンターセックス関係を確立するいっそう好ましい形式として、非永続的なカウンターセックス契約を採用する。

カウンターセックス社会の諸原則

第一条

カウンターセックス社会は、生物学のカテゴリーとして想定されたもの（男／女、雄／雌）に対応する男性と女性という表示を、身分証明書のみならずあらゆる行政や法律の公文書から外すことを主張する。男性と女性というコードは、相互の同意にもとづく非永続的な契約の枠組みのなかで、生きて語る身体にとって利用可能な、開かれた、コピーレフトな記載になるべきである。

第二条

社会システムのなかで身体が女性的なものあるいは男性的なものとしてまたもや固有化＝本来化するのを避けるために、あらゆる新しい身体（言い換えれば、あらゆる新しい署名者）は、使用言語に関係なく、いかなるジェンダーも示すことなく、新しい名をもたねばならない。異性愛システムを揺るがすために、当初は、誰もが少なくとも二つの名前をもつことになるだろう。すなわち、伝統的な女性名あるいは男性名を一つと、そしてこれまでのジェンダーの含みをもたない名前を一つ。ロバート・キャサリン、ジュリア・ジム、アンドリュー・マーサのような名前はすべて、法的に認められるだろう。

第三条

異性愛的な再生産システムを解体するプロセスとして、カウンターセックス社会は、以下のように主張する。

・結婚契約（異性愛のそれも同性愛のそれも）、そしてその自由主義的なあらゆる代替物（たとえばコモンローによる結婚）の廃絶。こうした結婚契約は性役割の自然化を永続させるものである。国家はいかなる性契約の証人にもなってはならない。

・異性愛体制の枠組みの内部で規定された、生ける身体の男女という条件（自然なものと想定された条件）から派生する社会的・経済的な特権の解体。

・異性愛中心主義的な再生産〔生殖〕と植民地システムの枠組みの内部で、生ける身体に与えられる父祖伝来的かつ家政的《エコノミック》な特権の世襲や遺贈システムの解体。

第四条

カウンターセックスによる身体の意味づけなおしは、いくつかのカウンターセックス政策を段階的に導入することによって実効的にならねばならない。第一に、異性愛中心主義の枠組みの内部で気持ち悪いものとしてスティグマ化されてきた実践を普遍化する。第二に、カウンターセックスのハイテク研究部隊を創設し、新しいかたちの感性と愛情を集団的に実験することができるようにする。

カウンターセックスのシステムは、一連のカウンターセックスの実践によって効果を発揮するだろう。

・アヌス（最も不潔で汚らしいものとみなされたがゆえに、異性愛中心主義の実践から排除された身体エリア）をカウンターセックスの横断的な中心として再性愛化すること。

・異性愛中心主義システムの枠組みの内部で自然化され復唱される男らしさや女らしさというバイオコードやカテゴリーを転覆させる実践――これを散種し、配布し、循環させること。ペニスは異性愛中心主義システムの枠組みの内部で権力の意味の軸として中心的な役割を果たしており、そのせいで、多大な努力が意味の組み換えと脱構築に向けられなければならない。それゆえに、カウンターセックス社会を築く最初の時期には、ディルドとその統辞上のヴァリエーション――たとえば、指、舌、バイブレーター、ウインナー、ニンジン、腕、足、全身など――や意味論上のヴァリエーション――たとえば、タバコ、ピストル、警棒、ドル札など――が、虚構的、可逆的《リバーシブル》、同意的＝同官能的《コンサンシュアル》なカウンターセックス契約の内部にいるすべての身体たちあるいは話す主体たちによって使用されるだろう――生けるペニスが十分に用なしになるまで。

・習慣的にオーガズムに結びつけられている諸効果を組織的にパロディ化しシミュレーションし、そうすることで、イデオロギー的に構築された自然な反応を転覆し、変形すること。異性愛中心主義体制においては、性エリアの制限と縮小は、性器と想定されたものに関する医学と心理性愛学による学科的＝規律的《ディシプリナリィ》な定義の結果であり、ペニスとGスポットなるものがオーガズムの中心として同定される。このどちらの部位においても、快楽生産はたった一つの解剖学的なゾーンの興奮に帰される。しかし男性ではこの単一部位の特定は簡単だが、女性ではアクセスが難しく、効果も多様で、そもそもそれが存在するかどうかさえ疑わしい、そんなゾーンなのである。

オーガズムなるものは、身体を断片化し快楽を局所化する異性愛規範的な生産－抑圧の典型的な効果である。オーガズムは、伝統的に性の快楽に結びつけられてきた諸効果をシミュレーションする多様な鍛錬《ディシプリン》やそれら諸効果の系列的な反復によって、体系的にパロディ化されなければならない（第2章「カウンターセックスの反転実践」を参照のこと）。オーガズムのシミュレーションは、快楽の時空の習慣的な局所化を拒否することに等しい。このカウンターセックスの鍛錬は、肉体的改宗〔肉体改造〕、極端な瞑想やシャーマニズムの実践、コンセプチュアル・アートやボディ・アート、さらにはある種の霊的《スピリチュアル》な伝統に見られる儀礼にも似て、身体の全面的な変形をもたらすためになされる。ロン・エイシー[*15]、アニー・スプリンクル[*16]とベス・スティーブンス[*17]、ファキール・ムサファー[*18]、チャン・ホワン[*19]、ホセ・ペレス・オカーニャ[*20]、ロベルト・ジャコビー[*21]、エリオ・オイチシカ[*22]、ボブ・フラナガン[*23]らのプロジェクトは、このカウンターセックスの鍛錬の例であり、その先駆者たちである。

第五条

すべてのカウンターセックス的な関係は、すべての参加者が署名する同意契約の産物でなければならない。同意なき性交渉はレイプとみなされなければならない。すべての語る身体たちは、自分の性実践の土台となっている自然化されたフィクション（結婚、デート、ロマンス嗜好、売春、浮気、嫉妬）を明示することを求められる。

カウンターセックス関係は限定的な期間のみ有効であり（一時的な契約）、身体たちあるいは語る主体たちの生の全体に妥当してはならない。カウンターセックス関係は、平等性にもとづくのではなく、等価値性にもとづく。カウンターセックス契約が非対称的で自然化された権力関係に陥らないように、可逆性と役割変更が要求される。

カウンターセックス社会は、生ける身体ならば誰でもが参加できる緩く形成された集団のなかで、社会的に組織されたカウンターセックス的な実践の義務を確立する。どの身体も、一つあるいは複数のカウンターセックス・コミュニティに属する権利を拒否することができる。

第六条

カウンターセックス社会は、性活動と生殖活動とを絶対的に切り離すことを宣言し、要求する。いかなるカウンターセックス契約も、生殖行為へ導かない。生殖は、妊娠可能な身体あるいは精子を提供可能な身体によって、自由に選択されるものとする。これらの生殖行為は、いずれも生殖する身体と新たに生まれた身体とのあいだに「自然な」絆を確立するものであってはならない。新たに生まれたすべての身体は、カウンターセックス教育を受ける権利を有する。

第七条

カウンターセクシュアリティは、現在おこなわれている精神医学や医療や法律における政策を告発し、それらが主張する病気／健康、不能＝障害《ディスアビリティ》／有能《アビリティ》の定義を、性転換にかかわる行政手続きとあわせて告発する。カウンターセクシュアリティは、性別《ジェンダー》（そして名前）の変更の禁止を非難し、あらゆる性別の変更には（ホルモン投与や外科手術による）性転換をともなわなければならないという義務を糾弾する。異性愛規範的な国家や企業の公的・私的制度は、男らしさや女らしさという固定された解剖学的‐政治的モデルに従って性変化を押しつけ、トランスセックスの実践を統制するが、カウンターセクシュアリティはこれを非難する。国家が性転換の保証人にはなるのに、たとえば鼻の整形の保証人にはならないといった振る舞いには、いかなる正当な政治理由もない。生殖器だろうがなかろうが、内臓だろうが外部器官だろうが、すべての器官は法の前に平等でなければならない。

カウンターセックス社会では、性転換手術は、自由意志による公益的な外科手術となるだろう。そうした手術は、身体がまたもや男女の一貫性といった発想を信奉してしまうことを許してはならない。カウンターセクシュアリティは、非異性愛的な身体生産テクノロジーとなることを目指す。カウンターセックス・テクノロジー研究部隊は、とりわけ以下のような手段を研究し、推進するものとする。

- 多様な服飾倒錯《トランスヴェスティズム》によるジェンダー転換・性転換のヴァーチャルな探検——異性装、ネカマ、サイバー・アイデンティティなど。
- さまざまな身体部位に移植可能なサイバー・クリトリスの試験管内生産と3Dプリンティング。
- さまざまな身体器官をディルドの接ぎ木に変えること。

第八条

カウンターセクシュアリティは、セックスとジェンダーが複雑な身体的サイバーテクノロジーであると主張する。カウンターセクシュアリティは、ダナ・ハラウェイの教えを最大限に活かし、「自然」をクィア化する緊急性を訴える。(12)「自然な」とよばれる物質(テストステロン、エストロゲン、プロゲステロン)、器官(男性生殖器と女性生殖器)、肉体反応(勃起、射精、オーガズム、等々)は、強力な「政治の生きたメタファー」と考えられねばならず、その定義や管理を新自由主義企業(それが医療機関であれ製薬会社であれ）の手に委ねることはできない。

治療医学やサイバネティクス医学のほとんどの分野に見られる高度な技術発展（異種間移植、サイバネティクスによる人工視聴覚器官）は、臓器改造技術（陰茎形成術、膣形成術など）や性習慣の未発展（たとえば、過去二千年間におけるコンドームの進化のなさ）と著しい対照をなしている。現代のバイオテクノロジーは、セックスとジェンダーの異性愛規範のカテゴリーを安定させることを目標にしている（このプロジェクトは、出生時または出生前から怪物とみなされる異常な性と身体の根絶からトランスセックスの手術にまでおよぶ）。たとえばテストステロンは、女性的と指定された身体から男性的と指定された身体への移行を可能にするバイオ社会のメタファーである。性ホルモンは生政治的な薬物と考えねばならず、その入手の保証を異性愛規範的な国家制度に任せることはできない。

第九条

時間のコントロールと調整は、カウンターセックスの実践を設計し改良するうえで、きわめて重要である。カウンターセックス社会は布告する。カウンターセックス活動は、社会的な労働であると同時にすべての身体（あるいは語る主体）の権利にして義務とみなされなければならず、そして状況に合わせて決定される一定時間、日々規則正しく実践されなければならない、と。

(12) Danna Haraway, "A Game of Cat's Cradle: Science Studies, Feminism Theory, Cultural Studies," *Configurations* 2, no. 1 (1994): 59-71.

第十条

カウンターセックス社会は、生産・再生産・消費の単位《ユニット》にして地球破壊の単位でもある、核家族の解体を要求する。二人一組（すなわち区別された性をもつ一人以上三人以下の個人からなる区別された集団）の性行為は、異性愛中心主義システムの再生産的かつ経済的な目的によって条件づけられている。肉体関係の質（ストレート）と量（二人）における性の規格化《ノーマライゼーション》は、カウンターセックスによる反転実践、そして個人と集団による実践を通して体系《システム》的に転覆されなければならない。こうした実践は、自由《フリー》に配布されるカウンターセックスのイメージとテクスト（カウンターポルノ文化）によって教えられ、促進されるだろう。

第十一条

カウンターセックス社会は、カウンターセックス建築の原則を打ち立てなければならない。カウンターセックス空間の着想と創造は、公的領域と私的領域の境界線《ボーダー》の脱構築と再調整に立脚する。この作業は、異性愛中心主義的な生産／再生産の私的領域である家の脱構築を必然的に含む。

第十二条

カウンターセックス社会は、伝統的な教育制度を解体し、ハイテクなカウンターセックス教育を推進し、それによって、生ける身体たちのエロス関係を最大化すると同時にカウンターセックスの実践を多様化し改善する。カウンターセックス社会は、〈快楽－知〉の発展を支持する。カウンターセックス社会は、身体を根底的に変容させ、対立項の自然化（階級、人種、性、ジェンダー、障害、種といったものの自然化〉としての人類史を中断することを目指すテクノロジーの発展を支持する。

第十三条

カウンターセックス社会は、すべての性行為を潜在的な労働とみなすことを主張し、したがって、売春をセックスワークの正当な形態として認めることを主張する。売春は、当事者の一方がセックスワークの買い手として、他方が特定の性サービスの売り手として定義づけられた、自由で合意的な契約を結んだ場合にのみ、おこなわれるものとする。すべてのセックスワーカーは、性別や性自認に関係なく、強制や搾取のない平等で自由な労働の権利を有し、同じ領土内のあらゆる労働者と同じ法的、医療的、経済的特権を享受するものとする。カウンターセクシュアリティは、〈カウンターセックス－カウンター経済〉のシステムの枠組みのなかで、快楽と知のカウンター生産を創出しようとする。そのために、カウンターセックスのイメージやテクスト（カウンターポルノグラフィー）の公刊は、カウンター売春と同じく、芸術や学問とみなされることになる。カウンターセックスのさまざまな分野を研究するための先端研究機関の創設も予想される。

カウンターセックス社会の枠組みのなかで、語る身体たちはポ、ス、ト、身体あるいはウ、ィ、テ、ィ、グ、と呼ばれることになる。

カウンターセックス契約書（サンプル）

意志においても身体においても，私＿＿＿＿＿＿＿＿＿＿＿＿＿（署名者）は，ここに，□男あるいは□女としての私の自然条件を放棄し，また自然化された異性愛中心主義体制における私の性の条件に由来するあらゆる特権（それが社会的，経済的，世襲的，いずれのものであれ）と義務（それが社会的，経済的，生殖的，いずれのものであれ）とを放棄する。

私は私自身と他者たちを生ける身体と認める。そして完全な同意によって，自然化をともなう性関係を否定し，非永続的かつ同意にもとづくカウンターセックス契約以外の性関係を放棄することを誓う。

私は，私自身の身体において，そして署名をおこなったすべての身体において，ディルドの生産者であり，ディルドの伝達器や拡散器であると認める。ディルドの反復法と再記入は立場の違いによる力の不平等をもたらし，そこから特権や義務が生じてくるかもしれないが，私はそれを見越して，そうしたすべての特権や義務を前もって放棄する。

私は，私自身が一個のアヌスであり，アナルワーカーであると認める。

私は，異性愛中心主義社会が私に指定したあらゆる子としての絆（婚姻関係によるものであれ親子関係によるものであれ）と，そこから得られる特権や義務とを放棄する。

私は，自分の精液や子宮の産物に関するすべての所有権を放棄する。自分の生殖細胞を使用する私の権利は，自由で合意のある契約の枠組みのなかでのみ有効であることを認め，前述の生殖行為が生産した生ける身体に対するすべての所有権を放棄する。

この契約は，＿＿＿＿＿＿＿＿から＿＿＿＿＿＿＿＿まで，＿＿＿カ月間，有効であるものとする（更新可能）。

＿＿＿＿＿＿＿＿＿＿＿＿＿＿＿＿＿＿＿＿　　＿＿＿＿＿＿＿＿＿＿

フル・ネーム（活字体）　　文書ナンバー

＿＿＿＿＿＿＿＿＿＿＿＿＿＿＿＿＿＿＿＿　　＿＿＿＿＿＿＿＿＿＿

署名　　日付

2

カウンターセックスの反転実践

ディルド造成術《テクトニクス》＊1

ディルド＝プラスティック・ペニス
テクトン＝建築家《ビルダー》、発生器《ジェネレーター》

ディルド造成術は、ディルドの現れ、形成、利用を研究するカウンター科学である。それはディルドがセックス／ジェンダー・システムに与える変容の場をつきとめる。ディルド造成術をカウンターセクシュアリティ内部の最重要部門にするためには、身体を一種の表面および領土として、すなわちディルドの転位と配置の立地《サイト》として考えることが前提となる。身体とセックスを自然化する医学的・心理学的な定義のせいで（それに従うと、ディルドは単なる「フェティッシュ」にされてしまう）、この事業はしばしばまったく困難になる。

異性愛中心主義の観点からすれば、ディルド造成術という用語は、ディルドを利用し性交する一つないし複数の身体に検出される歪みや異常性に関する記述ということになるだろう。ディルド造成術は、ストレートとクィアの性文化の内部にある〈身体－快楽－利益－身体〉という生産の連鎖のなかに、抵抗のテクノロジー（これを拡張して「ディルド術《テクニア》」と呼ぼう）と切断の契機を位置づけようとするものである。

また、哲学と芸術生産の歴史を解釈しなおすために、「ディルド」という観念を一般化することも可能である。たとえば、デリダが記述したように、エクリチュールは現前の形而上学のディルド以外のなにものでもないだろう。同じように、ヴァルター・ベンヤミンの導きに従えば、芸術の複製物を集めた博物館は、機械的な複製《リプロダクション》の時代における芸術作品の生産《プロダクション》との関係において、ディルド学的な地位をもつと主張できるだろう。究極的には、あらゆる哲学は、多かれ少なかれ複雑なディルド学にその起源を遡ることができるのである。

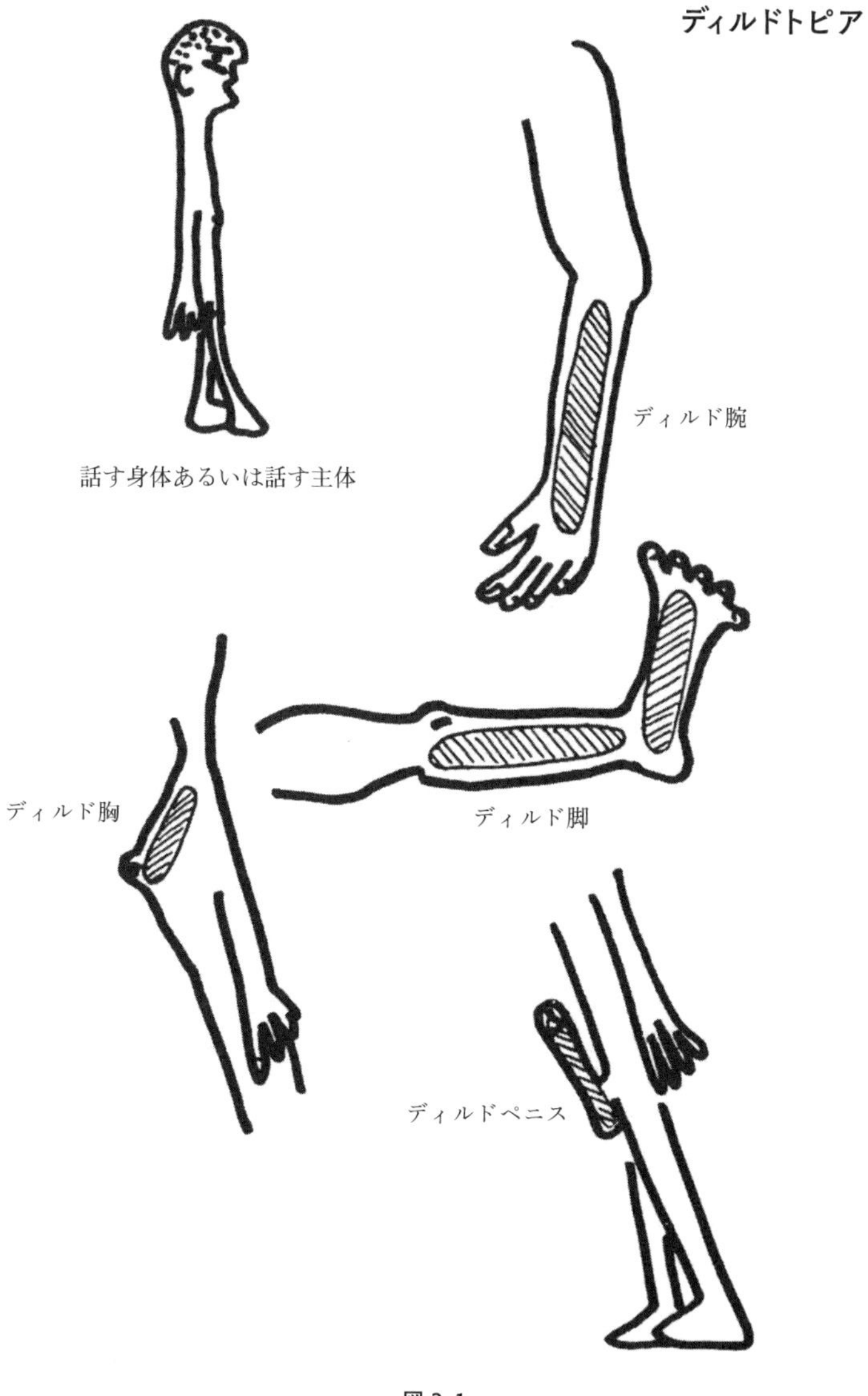
ディルドトピア
話す身体あるいは話す主体
ディルド腕
ディルド胸
ディルド脚
ディルドペニス

図 2–1

実践1　ロン・エイシーの太陽肛門

ディルドをスティレットヒールの靴に装着する反復法(1)　その後にアナル自己ー挿入

一九八〇年代初頭、ロサンゼルス。ロン・エイシーはナイトクラブで活動していた。一九九四年にミネアポリス・ウォーカー・アート・センター[*2]でデビューした彼のパフォーマンスは、さまざまなアート・センターで非難され、パフォーマンスやボディ・アートの限界線をめぐる国際的な論争を巻き起こした。『過酷な生活の四つのシーン』のなかで、エイシーは血液を使った。自分自身と他の人の皮膚を合意のうえで犠牲にし、麻薬の使用やHIVの陽性のホモであることを公然と話した。上演者や観客に危険はなかったが、エイシーは観客にHIV陽性の血を浴びせたとして非難された。

一九九九年八月二一日、パリ。エイシーは映像フォーラム[*3]で『太陽肛門』を上演した。このパフォーマンスは、ボディ・アートとセクシュアリティの両方を超えていた。それはカウンターセックス的だった。まず私たちは、手袋をはめた手がタトゥー・マシーンを使って彼の肛門のまわりに黒い太陽を丁寧に描き、それに色をつけていく映像を見せられる。次に観客の目は舞台に移動する。そこではエイシーが玉座につく準備をしている。彼は裸だ。無毒の液体（生理食塩水）を生殖器に注射し、この繊細な拷問によって彼のペニスと睾丸は変形してしまう。股間に突き出して揺れる彼の性器は、男性器というよりも、外に飛び出した子宮のように見える。ペニスは膨張しているが、勃起しているのではない。それは充溢しているが、精子をもたない。射精するのではない。注射器による技術的で計算された噴射がおこなわれるのだ。彼の性器はカウンターセックス的である。彼はガーターを身に着けている。スティレットヒールの靴を履いて歩く。一歩一歩転びそうになりながら、ゆっくりと前に進む。二つのディルドが踵に拍車のように固定されている。ピエール・モリニエが[*4]『愛の拍車のついた自画像』で描いたように、エイシーはディルドを自分の足に結びつけたのだ。ディルドは、たるんだ第二の器官のように、靴の後ろで引きずられる。

自己ディルド行為の用意をする。彼は自分の玉座を要求する。婦人科医の机と化粧台とSMの吊り革が混ざりあったハイブリッドの椅子である。何本もの長い針を自分の皮膚に刺して化粧をし、その針をひもで茨の冠[*5]に取り付けていく。彼は黄金の冠で顔を引き延ばされた女王だ。自分の黒い太陽でほてった花嫁、その処女のアヌスは孤独な初夜を迎えるにあたり準備万端整っている。四つん這いになって、女王は民衆に彼女のアヌスを明け渡す。観客の従臣《サブジェクト》たちは、糞の波に覆われるのを待つ。エイシーのアヌスは与える。棒の助けを借りてアヌスからルイーズ・ブルックス[*6]の白真珠のネックレスを引き抜く。無垢な、光り輝く糞の玉がチェーンとなって無限に続く。彼のアヌスは祝福であり恵みである。アヌスが空っぽになり、受け入れる準備ができたら、ディルド・ファックの儀式の始まりである。股間で往来

---

(1) このコンテクストでの反復〔*iteration*〕とは、デリダの反復可能性〔*iterability*〕の概念のことであり、それによれば、「固有名詞」や署名の主な特徴は、その独自性《オリジナリティ》にあるのではなく、〈反復できる〉という事実にある。Jacques Derrida, "Signature Event Context," in *Margins of Philosophy*, trans. Alan Bass (Chicago: University of Chicago Press, 1982), 307–30〔前掲『哲学の余白』下〕を参照のこと。

運動が起こる。ヒールからぶら下がった二本のディルドが、彼のアヌスを貫こうと争う。ディルドの相互介入。一瞬ごとに。どちらのディルドも彼のアヌスを完全に占有してはいない。アヌスはどちらのものでもない。3Pか、いやまったくファックしていない。彼らはマスターベーションしているのだ。いや。

指導原理：この実践は、エイシーの『太陽肛門』のパフォーマンスの一連の流れ《シークエンス》を家庭の（しかし完全にプライベートではない）環境において反復するように考案されている。とくに家で暇を持て余している孤独な夫たち、あるいはまだ探検の一歩を踏み出していないトランスジェンダーや同性愛の傾向をもつ人たちにお勧めである。この実践は、ポスト・ブルジョワ的な家庭環境のクィア化として理解できる。この実践は、ブッチ、男性自認のレズビアンにもお勧めであり、また六カ月以上どんな性行為もしていない状態にある男性アイデンティティをもつ異性愛者の女性（パートナーがいようといまいと）にもお勧めである。

参加する身体の数：一

技術：スティレットヒールの靴にディルドをカウンターセックス流に翻《トランス》-訳《レーション》*7（移転、引用、移植）し、その後で自己ディルドする。

器具：浣腸器が一本、一足のスティレットヒールの靴、二本のディルド（一本は短くて堅いもの、もう一本は大きくて柔らかいもの）、二本のロープ、アームチェア。

必要な時間：一一分。

この実践の目的は、バイオ・コラージュやグラマトロジー[*8]にも似た性テクノロジーに向きなおり、ディルドと闘交渉する術を学ぶことである。この練習の要は、異性装にディルドのアナル自己挿入を組み合わせる点にある。

やり方：脱ぐ。浣腸を用意する。縦に寝ころび、浣腸をした後、裸のままその態勢を二分間保つ。起き上がり、大声で繰り返す。「私のアヌスの快楽をＨＩＶのすべてのキャリアに捧げます。私の快楽はすべてあなたがたのおかげです」。

すでにウィルスのキャリアである人は、自分のアヌスの快楽を、自分自身のアヌスのために、そして愛する他者のアヌスを開くために捧げてよい。スティレットの靴

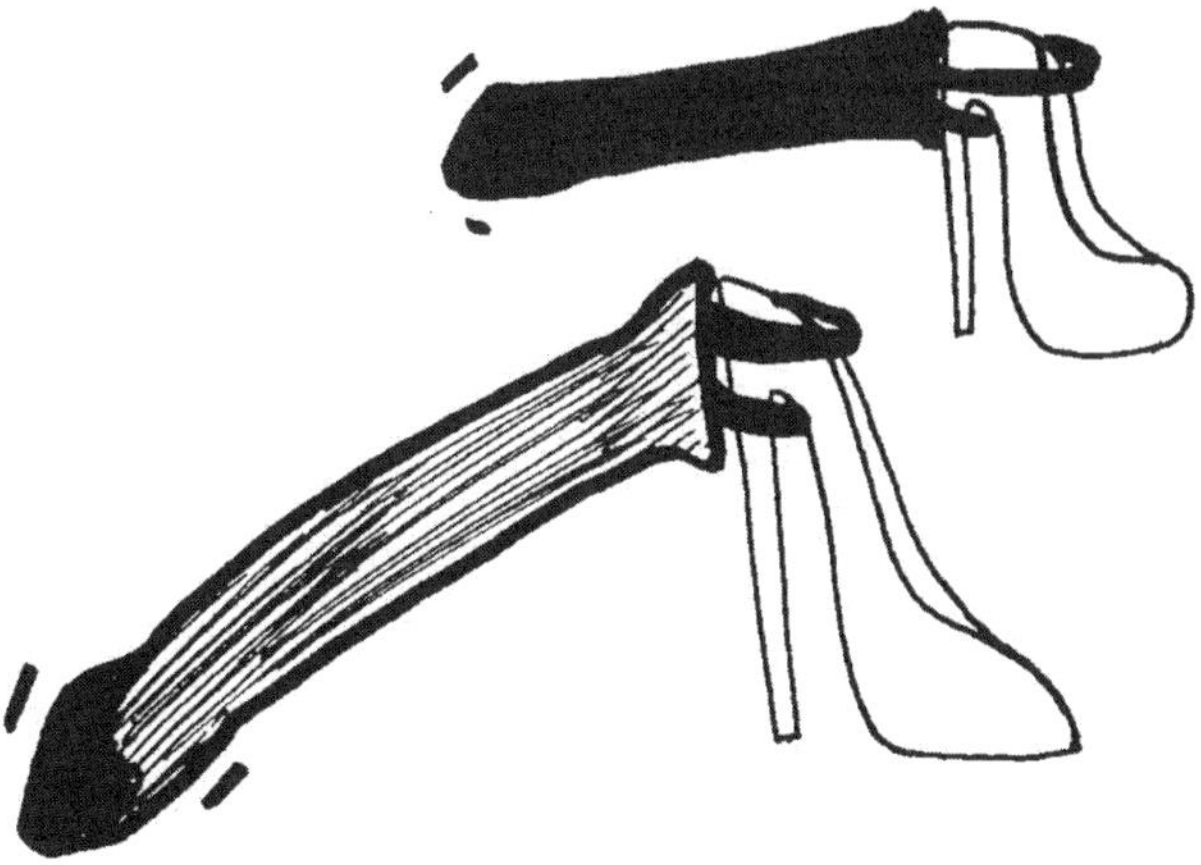

図 2–2

を履き、二つのディルドを紐でヒールに結びつける。適切な潤滑剤でアヌスに挿入する準備をする。

アームチェアに横になり、ディルドのそれぞれを用いて自分のお尻を犯してみよう。手を使ってディルドがアヌスに入るのを助ける。ディルドがアヌスに出入りするたびに、堕落してあなたのカウンターネームを叫ぼう。たとえば、「ジュリア、ジュリア」と。七分間の自己ディルドの後、金切り声を挙げて激しいオーガズムをシミュレートする。

この実践の長さはストップウォッチで管理する。ストップウォッチは、時の除き魔のように、快楽の終わりとオーガズムの絶頂とを示すだろう。オーガズムのシミュレーションは十秒間続く。その後すぐに呼吸は深くゆっくりとなり、両脚とアヌスは完全にリラックスするだろう。

実践2　腕でマスターベーション

前腕にディルドを装着する反復法

指導原理：ディルドの論理

参加する身体の数：一

技術：前腕にディルドをカウンターセックス流に翻-訳（移転、引用、移植）すること。前腕に適用されたディルド造成術。

器具：赤のサインペン

オプション器具：バイオリン（あるいはこの楽器の類似品）

必要な時間：二分三〇秒

異性愛中心主義的・資本主義的なシステムの枠の内部では、身体は性の再生産と生殖快楽の生産とに奉仕する完全な義体として機能している。身体は単一の意味的－性的な軸を中心に組織され、何度も何度も機械的に興奮させられなければならない。このように解された性活動は、それが異性愛であれ同性愛であれ、規範的であり、退屈で単調なものである。カウンターセックス実践のゴールは、性器やその生政治的な反動を転覆する術《すべ》を学ぶことである。この訓練の土台となるのは、私が「反転－投資－着せ替え」*9と呼ぶ反復操作を通した、特定の身体パーツ（ここでは前腕）のデザイン変換である。

「反転－投資－着せ替え」ということで私が言いたいのは、ある義体的－テクスト的反復の操作のことである。この反復操作はまず最初に異性愛中心主義システムの意味系の軸をずらして転覆し、次に新しい身体を授ける《インヴェスト》（仕立てる《ドレス》、体制化する）。これ〔新しい身体の授与＝仕立て〕は、経済的な意味（身体を稼働させ、あるカウンター利益を生み出すように強制する）と政治的な意味（何かをなす権限を与え、遂行《パフォーマティヴ》発話の力が充満した意味と権力の儀礼的な転移を含みもつ）の両面において言われる。こうした反復操作は、異性愛主義の法体系《コード》の遂行発話の力を土俵替えし、主体化のプロセスを反転させ、仕立てる《インヴェスト》のである。

やり方：顎の下と左肩のあいだにバイオリンを挟む。左手は正確に弦の上に置いたまま。右手は勢いよく弓を振る。譜面台の楽譜を追うかのように、身体は左腕をじっと見たまま。

態勢を変えずに、バイオリンを外す（操作――バイオリンのカット）。バイオリンを失った頭は左腕の上にそのまま。それまで物体によって、また物体が身体と作り上げていた関係性によって占められていた空間が、組織的にディルドに置き換えられる。

左腕に赤いフェルトペンでディルドの形を描くことによって、左腕にディルドを反復する肉体的な翻−訳の操作《オペレーション》〔置き−換えの手術〕がおこなわれる。この実践は、腕の皮膚や筋肉からペニスを製作する陰茎形成手術で用いられている方法からヒントを得た。実際、現代医学は、どの器官でも他のあらゆる器官を生み出していくことのできる開かれた地形《ランドスケープ》のようなものとして身体を働かせる。この肉体的な可塑性《プラスティシティ》を考えた場合、どの身体にも、潜在的なペニスが少なくとも四つ（腕に二本、脚に二本）、そして無数のヴァギナが（人体に人工的に開けられた穴の数だけ）あることになる。

いまや視線は、ディルドが反復〔複写〕された腕の水平面に向けられる。右手でディルド腕〔左腕〕をもち、上下にこすると、指先まで血行がよくなる（操作——ディルド腕の痙攣）。左手はリズミカルに開いたり閉じたりする。血の巡りがどんどんよくなる。その感情は音楽的だ。メロディーは皮膚を摩擦することによって生み出されるサウンドだ。身体はストロークのリズムに合わせて喘ぐ。

前の実践と同じく、全体の持続時間は、快楽の終わりとオーガズムの絶頂を知らせるストップウォッ

図 2–3

チによって管理する。オーガズムのシミュレーションは十秒間続く。その後すぐに呼吸はゆっくりと深くなり、腕と首は完全にリラックスするだろう。

図 2–4

実践3　ディルド頭を喜ばせる方法

頭にディルドを装着する反復法

指導原理：ディルドの論理

参加する身体（語る主体）の数：三

技術：頭にディルドをカウンターセックス流に翻－訳（移転、引用、移植）すること。頭に適用されたディルド造成術。

器具：赤のフェルトペン、七五ミリリットルの（無毒性の）赤く着色された水、電気シェーバー。

必要な時間：二分五秒。

やり方：三つの身体が、頭でディルドを反復することを目的としたカウンターセックス契約に署名する。この実践は、身体たちが必要だと考える回数だけ、何度でもおこなうことができ、各身体が少なく

図 2–6

図 2–5

とも一度は受けになるようにする。まず、二人の身体が三人目の頭を剃る。

剃られた頭の表面に赤いフェルトペンでディルドの形を描き、頭にディルドを反復する肉体的な翻‐訳の操作がおこなわれる。

受けに回った身体が、七五ミリリットルの赤い水を口に含む。この身体は、他の二人の身体のあいだに立ち、そして二人が手で一定のリズムで上下にストロークしながらディルド頭をこする（操作――ディルド頭の痙攣）。四〇秒ごとに、ディルド頭は天を仰いで、水を吐く。他の二人の作業員は、紫の雨に祝福される。

二分後、身体が三度目の水を吐く。三回目の放出の直後、ディルド頭は鋭い叫び声を挙げて、激しいオーガズムをシミュレートする。

図 2–7

この実践は、頭を剃ることから必ず始まり（操作——髪を切ること）、数日間続くこともある。この契約期間のあいだ、それぞれの三つの身体は必要な剃髪に参加し、身体たちのうちの一つの頭にディルドを反復することで実践が始まる。契約によって結ばれた身体たちは、頭部マッサージをマスターし、極限的な粘り強さを発揮し、オーガズムをシミュレートするエキスパートになる。

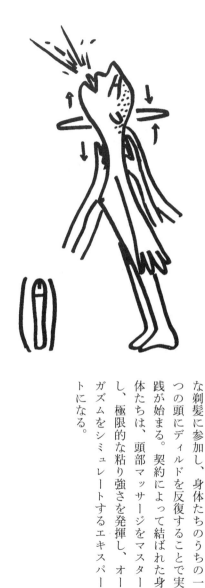

図 2–8

3 理論

デリダの鋏——ディルドの論理

ディルドとは何か。物体、器官、呪物《フェティッシュ》……？　ディルドはペニスの皮肉なパロディ、ペニスの粗野な再現物と考えられなければならないのだろうか。それがレズビアンのブッチ／フェムやトランスジェンダーのある種の実践に用いられるとき、ディルドは家父長制をしのばせる品と解釈されなければならないのだろうか。ディルドはセックスのファルス中心主義的構築の症状だということになるのだろうか。とすれば、「男根」のかたちをしないディルド（むしろ豚や蝶や人魚のかたちをしたり、そもそも具体的なかたちをまったくもたないディルド）はどうだろうか。アンドレア・ドゥウォーキン[*1]のような合衆国の検閲賛成派のフェミニストたちやダニエル・シャレスト[*2]のようなケベックの急進的な分離派のレズビアンたちは、ディルドを使うレズビアンはインチキ、男性かぶれであり、ディルドはペニス羨望を補償するファルスの模造品にすぎないと主張する。もしそのとおりだとしたら、ゲイ男性がディルドを使うのをどう説明すればよいのだろうか。ディルドを使うことは異性愛行為の真似であるという、フェミニストたちにもアンチ・フェミニストたちにも共通するこの通念を論駁することは可能だろうか。異性愛は、性行為で使用される器官の姿形によって定義されるべきだろうか、それとも、主体化のプロセスを型取るメタ生殖的な政治的な語り《ナラティヴ》によって定義されるべきだろうか。

ディルドを装着した身体のどこに性器はあるのか。ディルドは女の属性なのか、男の属性なのか。ディルドセックスのあいだ、快楽と愉悦はどこで生じているのか。誰が快楽を感じているのか。ディルドを使うとき、快楽の主体は誰なのだろうか。それともディルドはむしろ、性器と快楽の元の所有者である主体を取り消すことになるのだろうか。ディルドがペニスの「人工的な代用品」にすぎないとしたら、ペニスをすでに持っていながらペニスバンドを使うシス男性を、どう説明すればよいのだろうか。二つ以上のディルドが用いられるとき、ディルドは空虚を埋めるためのペニスの人工的複製品だと語り続けることはできるだろうか。そしてその場合、ディルドを装着したシス男性は、何本のペニスをもっていることになるのだろうか。骨盤以外の部位にディルドが置かれるとき（腕、前腕、太ももなど）、模倣されるべき何かとして男性身体の「自然な」イメージを引き合いに出すことはできるだろうか。ディルドとバイブレーターとの生政治的な違いは何だろうか。ディルドと鞭との違いは？　ペニスバンドと貞操帯とのあいだの系譜的な関係はどのようなものか。別の言い方をすれば、ディルドは、模倣の論理を通してペニスと系譜的につながっているのか、それともむしろ、貞操帯やクリトリスバイブレーターといった、快楽の抑圧的生産のテクノロジーにつながっているのだろうか。

未来の性の世界にいる人は、一九九〇年代を〈ディルドの十年〉として思い出すことだろう。一九九九一年、その頃すでにホルモン剤による変身プロセスを始めていたデル・ラグレイス・ボルケーノ[*3]が、写真集『愛は噛む』[*4]を出版したが、ロンドンの一部のフェミニズム系の書店はその販売を拒否した。[(1)]とくに二枚の写真が糾弾された。一枚は、ゲイ男性がレズビアンのディルドにフェラチオをしている写真。もう一枚は、複数のレズビアンがお互いをディルドで貫いている写真だった。またイギリスでは、ジェニファー・ソーンダーズ[*5]が未成年の少女をディルドでレイプしたとして訴えられ、シス男性によるレイプよりはるかに厳しい判決を受けた。一方、スージー・セキスパート〔Sexpert セックスのエキスパート〕ことスージー・ブライト[*6]は、ゲイとレズビアンの雑誌『アドヴォケート（*The Advocate*）』[*7]の彼女のコラムでディルドの歴史に関する連載を開始した。すぐ後、雑誌『アウトルック』[*8]や『私たちの背後で』[*9]でも、同様の議論が展開された。

モニカ・トロイト[*10]の映画『ヴァージン・マシーン』[*11]（一九八八年）では、〔主人公の〕ドロテは、サンフランシスコに住むセックスポジティヴ・フェミニストのストリッパーから渡された半透明のディルドを通して世界を眺める。パリでは、レズビアン映画祭「レズビアンたちが映画を作る時」（Quand les lesbiennes se font du cinéma）[*12]でディルドが銀幕に侵入し、世代間の政治的な衝突を引き起こした。ニューヨーク、ロサンゼルス、ロンドンのレズビアンクラブでは、ダイアン・トール[*13]が、シス女性が一日男性になりきることを教える最初のドラァグキング・ワークショップ[*14]を主宰した。同じ頃、アニー・スプリンクル、ジャック・アームストロング（Jack Armstrong）（プレ－オペ[(2)]のF2Mのトランスセクシュ

（1） Del LaGrace Volcano, *Love Bites* (London: Gay Men's Press, 1991).

（2） プレ－オペとポスト－オペという用語は、トランスセクシュアルな身体変容の外科手術前の状態〔ホルモン剤は使っていてもかまわない〕と手術後の状態を指している。

アル）とダイアン・トールは、異性愛とレズビアンの女性たちが男性的な振る舞いを学ぶ「一日ドラァグキング」呼ばれるワークショップを開催した。このワークショップが挑戦したのは、参加者たちを「パッキング」技術に慣れさせることである。すなわち、自分の下着に靴下を詰めて、また必要とあれば、セックスパートナーに気づかれずにディルドを装着して、パッケージを作るのである。ワークショップの結果は驚くべきものだった。参加者たちは、男性として通ったときほど街を自由に感じたことはない、と告白したのである。

ディルドは、それを通して私たちが多種多様な性文化を読み解く、クィア・アリスの鏡となった。それはある種のフェミニズムとレズビアンの言説に対する批判を駆動させる。〔多くのレズビアンの言説では〕ディルドは、サドマゾヒズムやブッチ／フェム装置[3]の身分に追いやられ、残念ながら家父長制的かつファルス中心主義的なモデルがどれほどレズビアンやトランスジェンダーのセクシュアリティに浸透しているかの証拠としてしばしば持ち出される。レズビアンのステージにおいてディルドの検閲に賛成する人々〔アンドレア・ドゥウォーキンが代表者〕は、ディルドはファルス的で同族偏愛主義的な力をポルノに取り戻させてしまうと言い、ディルドはレズビアンの（さらには女性の）セクシュアリティに男性の欲望を投影すること以外の何ものでもないと主張する。邪悪なオブジェであるディルドは、異性愛中心主義的な性モデルの内部でレズビアンやF2Mが示す偏執症の謎を解く欠けたピースだというわけである。あたかもディルドは、どうすればレズビアンはペニスなしでセックスできるのか、どうすればF2Msはペニスなしで男でありうるか、という焦眉の問いに対する答えだとでも言うかのようなのだ。

ディルドに少しでも言及しただけで巻き起こる反応や論争から判断すると、エレイン・クリース（Elaine Creith）が「性玩具は政治的に効果が薄い[4]」と主張したのは間違っていたと言えるだろう。事実、ディルドの周縁化と不可視化は、恒常的にして広範である。レズビアン・フェミニズム文化の言説のなかでディルドが絶対的に抑圧されていること、ゲイの実践のなかでディルドの存在について分析がなされていないこと、トランスセックスやサドマゾヒズム（S&M）のコミュニティのなかでディルドについて不完全な、商業的な情報しかないこと、ほとんどのクィア理論のテクストにディルドの議論が欠けており、語られるとしても、おずおずと、さらには恥として語られること。

アメリカのクィア理論とそれが一九九〇年代にもたらした精神分析の批判的な読みなおしをさらってみても、ディルドの分析はほとんど見当たらない。そして数少ない分析も、「女性的なファルス」とか「ペニス羨望」といった大雑把な議論でしかなく、フロイトのフェティシズム概念を女性の欲望に接続しようと試みるだけである。

テレサ・デ・ラウレティス[*15]は、ラカンが異性愛主義によって、ファルス／ペニスの両義性でいつも戯れることを批判している。ラカンにとって、ペニスは雄の身体に属する生殖器であり、対してファルスは器官でも物体でもなく、むしろ権力と欲望を表し、象徴界へのアクセスを確立する「特権的なシニフィアン」である。『愛の実践』の著者〔ラウレティス〕によれば、ラカンでは、ファルスをもっているかいないかという問いが異性愛の観点から提示される（精神分析の理論と実践は異性愛の観点を主体のな

（3） ブッチ／フェムの実践は、一九四〇年代終わりのアメリカのレズビアン文化のなかで、男らしさ（ブッチ）と女らしさ（フェム）の退化として、また男らしさ／女らしさと伝統的に理解されてきた性的役割の退化として登場した。いずれにせよ、ブッチとフェムは、規範的な異性愛における女性のアイデンティティとの関係において、隔たりのある二つのメカニズムを表している。

（4） Elaine Creith, *Undressing Lesbian Sex* (London: Cassell, 1996), 91.

かに位置づけ誘導しようと躍起だ）。この異性愛の観点は、男／女の性差と生殖目的の交尾行為（異性愛における生《なま》のペニスによる生《なま》のヴァギナへの挿入として理解される行為）とを規範とする。[5]

このコンテクストでは、ディルドはファルスとペニスとのあいだのどこか戦略的な位置にある。[*16] ディルドはペニスのファルス的な野望を暴く象徴的な敷居として作用する。シーラ・マクラフリンの古典的な映画『彼女はブツを見ているはず』（一九八七年）からデ・ラウレティスが引き出す結論はこのようなものである。この映画のなかで、レズビアンであるアガサは、彼女のセックスパートナーであるジョーが彼女を棄ててシス男性のもとへ走るのではないかと恐れ、嫉妬のパラノイアに悩む。この映画でディルドと性玩具は、レズビアンの主人公が異性愛のステージを脱ロマン化し脱自然化するための過渡的な物体《オブジェ》として現れる。この映画は目に見える秩序の安定性を問いに付す。デ・ラウレティスによれば、そのときから脚本がそのまわりをめぐる問いは、「彼女が見ているはずの「ブツ〔thing〕」は何なのか」[6]である。レズビアンたちが見ている「ブツ」とは何か。別の言い方をすれば、もし異性愛が規範的な視覚体制として理解されなければならないとしたら、そのときレズビアンたちはどのように、ブツを、器官を、身体を見ているのだろうか。アガサは嫉妬を燃やし、恋人の日記や写真を漁り、ついに探しているものを見つける。彼女はそれをはっきりと見る。ジョーは男性に興味があり、浮気をしているのだ。男のライバルに太刀打ちできるようになるために、アガサは男装をし始め、ついには意を決して、リアルなディルドを買うためにセックスショップへ行く。

アガサはセックスショップで新しい光のもとでブツ＝事態を眺めることを学ぶ。デ・ラウレティスによれば、アガサが初めてディルドを見るとき、彼女は、「つまらない姿をした、大量生産された商品形態のファルスに直面する」[7]。さらに重要なことに、アガサはその店のなかに別のあるブツを見つける。

空気でふくらませる等身大の人形である。この映画の異性愛者の想像力のなかで、空気で膨らませる人形はディルドと関係がある。ストレートのセックス市場では、男性は女性の身体をまるごとコピーしたものを買うことができるのに、女性はペニスのレプリカで済ませなければならない。デ・ラウレティスにとって、「空気で膨らませる人形」と「リアルなディルド」との差異は、「セックスグッズに現れた性的なものへの男女のアクセスの、ジェンダーによる非対称性」[8]をあらわにする。

この場面において、アガサの「ブツを見る」仕方、彼女と想像界との関係、彼女が自分を欲望主体として構築するやり方などが変化する。アガサは、レズビアンが「見ている」もの——これは異性愛によってごくわずかな「ブツ」に還元されている——を理解し始める。デ・ラウレティスにとって、ディルドは、レズビアンのセクシュアリティと異性愛とが対決する最初の契機をなす。第二の契機は、レズビアンのセックスが異性愛の象徴秩序における非対称性の再生産から脱出するときに起こる。ここでデ・ラウレティスが関心をもっているのは、ディルドが導入する認識論的切断[*17]である。この分析では、ディルドの価値は単に批判的なものであり、実践的ではない。だからこそ、異性愛的な想像力と対決し、ファルスの重荷からみずからを解き放った後、アガサはディルドを買わずにセックスショップを出るのである。

(5) Teresa de Lauretis, *The Practice of Love: Lesbian Sexuality and Perverse Desire* (Indianapolis: Indiana University Press, 1994), 220.
(6) *Ibid.*, 113.
(7) *Ibid.*, 101.
(8) *Ibid.*

『物議《マター》をかもす身体』におけるジュディス・バトラーのディルド分析は、「レズビアンのファルス」というさらに広大な問いの背後に隠れており、レズビアン主体の地位、権力、性的欲望というもっと品位があるように思われる哲学的な問いの背後に隠れている。フロイトが定義したような「ファルス羨望」の首根っこを摑みながら、バトラーは指摘する。男たちはファルスではなくペニスを具えているがゆえに、ファルス理想に自分を拮抗させなければならず、その結果、強迫的にみずからの男らしさを実演《パーフォーム》するように縛られる、と（レズビアンには耐え忍ぶ必要のない試練《テスト》である）。ディルドという言葉を使ってはいないが、バトラーは、私たちならば躊躇なく性玩具に結びつける特徴をファルスに与えている。すなわち、「可塑性、移転可能性、脱固有性」(9)である。バトラー曰く、「ファルスの転位」、「そこにはらまれた、他の身体部位や他の身体らしき事物に対する象徴化能力は、レズビアン・ファルスへの道を切り拓く(10)」。

　性同一性の本質主義に対するバトラーの批判は、あらゆるストレートなセックスはファルス的であり、あらゆるファルス的なセックスはストレートであるという誤った想定――アンチ・ディルドのレズビアン・フェミニストと同性愛嫌悪の言説のどちらもが共有している想定――を取り消す助けになる。たとえば、フェミニストの正統派では、どのようなファルス表象も、女性やレズビアンに対する異性愛主義権力の復活と同義とみなされる。この仮説の意味を極端に推し進めると、急進的な分離派のなかには、ディルドを使ったレズビアン同士の性行為は「本当のレズビアンではない」と主張する者も出てくる。分離派フェミニズムの語りは一見したところ規範的な異性愛言説に対立しているように見えるが、形而上学的には対称をなしている。というのも、この異性愛言説においては、レズビアンたちがディルドを使うのは、「ペニスのない性行為は本当の性行為とはみなされない」ことの実の証拠だと言われているからだ。ディルドは、セックス・アイデンティティとジェンダー・アイデンティティの二元論に開いた存在論的な穴である。

初期のフェミニズム系のクィア理論は、ファルスとペニスのあいだには距離があること、そしてこの距離は、レズビアンのセックスによって克服し、再領土化し、打倒することができることを証明しようと試みた。ディルドはファルスではないし、ファルスの代理でもない。なぜなら、ファルスは――きっぱりと言おう――実在しないからだ。ファルスとは、異性愛規範的な家父長制文化の内部における、ペニスの幻想的・政治的な仮構物の実体化以外のなにものでもない。本当に問題にすべきは、現代解剖学の地図のなかに男性の覇権権力が書き込まれていることである。ちょうどインターセックスの赤ちゃん――つまり、その性器が、いわゆる自然な性差の二元的な認識論では単に男とも女とも識別できない赤ちゃん（この章の後出の節「マネーがセックスを作る」を参照のこと）――への性の割り当てと同様に、その割り当てから生じるように見える象徴秩序といったものも、身体政治における男性の覇権的な立場を維持するための五十歩百歩の問題でしかない。また興味深い二つ目の結論もありうるだろう。つまり、（弛んだ）ペニスはまだ十分に男性的ではないのだ。勃起した、射精するペニスだけが、生産的かつ再生産的な器官として、ファルスであることを主張できる。

精神分析の言葉に執着するあまり、レズビアンとトランスセックスに関するほとんどのフェミニズムとクィアの解釈は、ディルドをファルスとの関係の彼方で理解することを妨げられてきた。精神分析の

（9）この鋭い指摘はアイラ・リヴィングストン Ira Livingston に負っている。

（10）Judith Butler, *Bodies That Matter: The Discursive Limits of Sex* (New York: Routledge, 1993), 67–91, 158.〔前掲『問題《マター》＝物質となる身体』、一一四頁〕大文字は原文。

規範的な文法から距離をとる本書の狙いは、現代の生政治におけるマスターベーション抑圧のテクノロジーと快楽生産テクノロジーとのはざまにある戦略空間、これを占める性テクノロジーとしてディルドを再考することにある。ディルドが破砕的であるとすれば、レズビアンがファルスの楽園に入ることをそれが可能にするからではなく、むしろ男らしさも女らしさも、社会的かつ政治的な構築・制御のテクノロジーに従属していることを明らかにするからである。ディルドは、身体の性的可塑性の操作子《オペレーター》であり、身体の輪郭やアイデンティティを義体的に作り変えていく可能性の操作子である。おそらくディルドが示しているのは、私たちが自然なものとして解釈している器官（男性器あるいは女性器）でさえ、この可塑的《プラスティック》変形の同じプロセスをすでに経ているということなのだ。

ジャック・ハルバースタムは、精神分析の枠組みから出発しながらも、ディルドをファルス的なシニフィアンとしてではなく、むしろそして何よりも、性的な物体《オブジェ》、ジェンダー変調器《モデュレーター》として理論化してきた。ハルバースタムにすれば、ディルドがレズビアンのコミュニティや一般的な表象において非難をかきたてるのは、「リアル」なペニスが実はディルド以外のなにものでもなく、違いがあるとすれば、比較的最近までペニスは買うことができなかったというただそれだけのことだという事実を、この厄介な玩具が私たちに突きつけるからである[11]。ハルバースタムにとって、ドラァグキングがディルドを使うことは、男らしさの誤った模倣を披露しているのではない。むしろ、それは男らしさが真正なものとしていかに構築されたものであるかを私たちが垣間見ることを可能にするのである。

ディルドに学ぶ

精神分析と道徳の双方における議論は置いておくとして、本試論はディルドを、少なくとも一八世紀から今日に至るその生産と使用において、生政治テクノロジーの一部とみなすことを提案する。つまりディルドも、身体、道具、記号、器官、使用法《ユーズ》、ユーザーといったものの諸関係を規定するもろもろの調整デバイスからなる複雑なシステムの一要素なのである。ディルドは、その他の数多くの有機的・非有機的なマシーン（手、鞭、ペニス、貞操帯、コンドーム、舌など）に並ぶ別のツールとして登場するのであり、単に生きたセックス部位のレプリカとして現れるのではない。

カウンターセクシュアリティは言う。ある恣意的な器官に性差とジェンダーの違いをインストールする力を与える超越論的可能性から見ると、異性愛の論理はディルドの論理である、と。身体を「生まれつきの男」として確立する器官〔ペニス〕を「引き抜き」、それをディルドと呼ぶことは、異性愛の脱構築における決定的な政治行為である。ディルドの発明によって、ペニスは性差のルーツであることをやめる。性におけるペニスが自然における神であるとすれば、ディルドは性関係の領域に、ニーチェが予言した神の死をもたらす。この意味で、ディルドは、カウンターセックス・テクノロジーの歴史における決定的《クリティカル》な行為とみなすことができる。

ハンマーでもって哲学するのではなく、ディルドで哲学すること。[*18] 鼓膜を破るという話をしているの

（11） Jack Halberstam, *Female Masculinity* (Durham, N.C.: Duke University Press, 1998), 215.

ではない。アヌスを開くことを言っているのだ。欲望の起源やセックスの生素材として通ってきた生殖器、快楽が与えられ得られる特権的な中心として、種の再生産の保証として紹介されてきた生殖器を、私たちはダイナマイトで爆破しなければならない。私たちがセックスしているとき、ディルドは部外者《アウトサイダー》である。私の身体に結わえられていたとしても、ディルドは私に属するものではない。ペニスバンドをした者たちは、〈私を源とする何か〉という快楽の真理を拒否する。ディルドは決定不可能なものである。ディルドは、快楽は主体に属する器官で発生するという自明事《エビデンス》に異を唱える。ディルドは異邦人である。肉に寄り添って生きる非有機的な物体《オブジェクト》であるディルドは、死や機械や糞便に近いがゆえに、ジュリア・クリステヴァ[*19]が「おぞましきもの《アブジェクト》」と呼ぶもの[(12)]に似ている。ディルドは侵入者であり、アウトサイダーであり、ハッカーである。

　解剖政治学的なイデオロギーとしての性の化けの皮を剝ぐには、性的・政治的な意味づけが差延された中心としてディルド（と身体からのその分離）を理解する必要がある。ディルドは、失われた何かの代わりをする物体ではない。それは異性愛の内部で生じるカット&ペーストの操作であり、有機的なものと想定された性的生産の中心を身体の外部空間へ置き移す。ディルドは、権力と性的興奮の参照軸として、解剖学的な器官を裏切って、シニフィアン（有機物／無機物、男／女）の別のスペースへ移動してゆき、そしてこの新たなスペースは〔ペニスに〕意味が近いがゆえに再び性愛化される。この瞬間から、どんなものでもディルドになることができる。すべてはディルドである。ペニスでさえも。

　一九一二年に航空ショーを見物したレディ・メイドの発明者マルセル・デュシャン[*20]は、友人のフェルナン・レジェ[*21]とコンスタンティン・ブランクーシ[*22]に、「絵画は終わった。誰がこのプロペラたちよりも上手くできるだろうか」と言った。同じことが、性の補綴、ディルドやバイブレーターについても言える。セックスは終わった。誰がこのディルドよりも上手くできるだろうか。デュシャンの場合、レディ・メイドは絵画からコンセプチュアル・アート[*23]への移行の印だったとすれば、ディルドは、性の自然主義からコンセプチュアル・カウンターセックスへのシフトを印すものである。

勃起したペニスは、自分は自分自身に直接的であり真正な自己現前であると主張するが、この自己同一性は、それが排除しようとするもの――すなわち、弛んだペニス、クリトリス、ヴァギナ、アヌス、そしてディルドに感染している。しかし脱構築のこの第一段階においては、現実主義的なディルドは、その規範的な参照項（ペニス）の形式的／物質的な特徴（その両方あるいはどちらかの特徴）をいまだにもっている。同じ形、同じサイズ、同じ色。すでにディルドは、デリダがルソーの自然／文化の対立図式について、そしてエクリチュールとのその関係について分析した際に「危険な代補《サプリメント》」と定義したものの典型例と見ることができる。

> しかし、代補は代補するのである。それは置き換わるためにのみ付け加える。それは〈……の場に＝……の代わりに〉自分自身を介入させ、滑り込ませる。代補が満たすとしても、あたかも空虚を満たすかのように満たすのである。代補がイメージを表象したり作り出すとしても、それは現前性の先行的な欠如による。代償的で副次的な代補は、代わりとなる＝場を得る＝生じる［tient lieu］追加物、従位的《サバルタン》な審級である。補欠《サブスティテュート》〔交代者〕として、それは単に現前性の肯定性に付け加わっているだけではない。それはいかな

（12）たとえばJulia Kristeva, *Powers of Horror: An Essay on Abjection*, trans. Leon S. Roudiez (New York: Columbia University Press, 1982)〔『恐怖の権力――〈アブジェクシオン〉試論』枝川昌雄訳、法政大学出版局、一九八四年〕を参照のこと。

る救援の安心《リリーフ》も生み出さないし、その場所は空のマークによって構造のなかに記されている。どこかで、なにものかが自己自身を満たし、自己自身を完成させることもあるが、しかしそれは、記号《サイン》＝署名と代理物《プロキシ》を通して自分を満たすことによってのみなのである。[13]

つまり、ディルドは一見ペニスの人工的な代理物に見えるが、そのカット操作はすでに〈器官《オーガン》－起源《オリジン》〉の脱構築プロセスを駆動させていたのである。ディルドは置き換わるためにのみ付け加える。コピーがオリジナルの可能性の条件であるのと同じように、また代補物は代わりになるはずのものを生み出すかぎりにおいてのみ補充《サプライ》するのと同じように、一見自然な器官の可塑的《プラスティック》な代理物と思われるディルドこそが、オリジナルのペニスを遡及的に産出するのである。ディルドはシニフィエでもシニフィアンでもない。それは真理の代弁者でも素朴な現前性でもない。おどけた形而上学的なつま先旋回《ピルエット》のおかげで、ディルドはペニスに先立つのだ。ディルドはペニスのペニスになり、代補の代補となり、ディルドが代理・表象すると想定されていたセックスに取って代わる。

ディルドはあらゆるかたちの性の権威を脱構築する。二項対立を逆転させ、従属的な項（ヴァギナ、アヌス）を特権的な項（ペニス）に入れ替えたところで、位階的・権威的な意味の構造は手つかずのままであるが、ディルド（エイリアン、オブジェ、無性的なもの）は権威を際限なく差延する。*24 これはグラマトロジーによる性同一性の解体である。一方では、ディルドは、すでにそれ自体として充溢し、現前し、自足しているペニスへの付け足しであると自称する。他方では、ディルドは生殖器の代理物として、何か欠けているものを（レズビアンやトランスパーソンや障害者にとって）埋め合わせるものとして現れるのであり、それ自体として充足していない。いずれにせよ、十全に現前するとされるものは、代補されなくてはならない不在を自身の構成そのもののなかにはらんでいるのである。

代補としてのディルドは外部を導入する。それは有機的身体の外部に属する。ディルドは異邦人《エトランジェ》である。それは身体器官の正確なコピーであると同時に、逆説的にも、それから最も遠いものでもある。この意味において、ディルドの身分は、現象学のあらゆる前提を――メルロ＝ポンティ[*25]によれば――混乱させる[14]補綴の身分とかわらない。コピーとしてペニスの寄生的な模倣物《ミメーシス》であるディルドは、つねに模倣の理想に近づこうとする。だが、それは決して十分にはならない。それが器官の近くに充足的に存在することは決してない。それが模倣に安住することはないだろう。だからこそ、ディルドは、文字どおりにその形態の彼方へ移動し、それが模倣していると想定されたもののサイズと卓越性の彼方へ移動するために、たえず自己を変形し、自己を超えてゆかねばならないのである。ディルドはペニスをペニス自身に対して転回させる。自然とみなされ、現前性とみなされた生身の性器は、これまで自己充足的なものと考えられてきた。それゆえ、現代の異性愛主義的な心理学言説や医学言説では、治療目的のディルド利用は、生体器官がもはや機能しない状況（同性愛、去勢、事故、病気のいずれによるのであれ）に限定されてきた。ディルドは、障害や病気、倒錯や不能《インポテンツ》のお供というわけである。レズビアン、トランスジェンダー、障害をもつ身体は、ディルドによって代補《サプリメント》されたものとして構築されている。この現代の病理学言説にとって、障害者の（男女の）身体はレズや性転換者のようなものである。彼らはい

（13） Jacques Derrida, *Of Grammatology*, trans. Gayatri C. Spivak (Baltimore: John Hopkins University Press, 1976), 145.〔前掲『根源の彼方に』下巻、八―九頁〕強調原文。

（14） Maurice Merleau-Ponty, *The Phenomenology of Perception*, trans. Donald A. Landes (New York: Routledge, 2013).〔『知覚の現象学』中島盛夫訳、法政大学出版局、一九八二年〕

かなる性ももっていないのだ。異性愛的な医療制度がディルドを緊急手段、空虚を埋める補償ツールとみなすのは、自然がすでに破滅し、死が告知されるときだけである。しかし、ディルドは単なる模擬チンコとして働くのではない。ディルドはセックスを抹消線のもとに書き込むのだ。

ディルドは、それが模倣すると想定された器官に連結していないため、セックスをその「真正な」起源から逸脱させる。自然とは異質であるディルドは、テクネーやアートとして、自然を変形する危険なしには自然を表現できない機械のように振る舞う。ディルドは邪悪な他者だ。生きているペニスにつきまとう死だ。これまで二次的な模倣の地位に追いやられてきたプラスティックの新しい生殖器たちは、ペニスに代わるテクノ身体進化の別の道《ライン》を切り拓くのである。

しかしディルドは、不能《インポテンツ》、疎外、勃起不全、コントロールの喪失の同義語でもある。この意味で、ディルドは、一九世紀における女性、同性愛者、障害者、非白人、原住民たちの——しかし男性的ではない——性の表象に近い。つまり、ディルドでオーガズムを得ることは、物に憑依されるようなものなのだ。結局のところ、プラスティックな快楽を得るために、性の主権を喪失することだというのである。

かくしてディルドは、セックスの真理と生殖器を徐々に蝕むウィルスとなる。ディルドは器官の自然な本性に忠実ではない。それは主人に反抗する奴隷であり、自分を快楽の別《オルタナティヴ》のルートとして提案することによって、主人の権威を嘲笑の対象に変えてしまうのである。

ディルドにはいかなる自然な利用法もない。ディルドに自然に割り当てられた穴などない。ヴァギナはアヌスよりもディルドに適していない。ディルドが表現しているカット&ペースト操作の第一段階は、異性愛中心主義的な秩序の破壊という止めようのないプロセス、これを駆動させるシニフィアンの乗り《トラン》換え《ジット》をあらわにする。この反射的な論理の第二段階は、性差を確立し、解剖学的参照項よりもはるかに立派な理想に近づくべく、ディルドを完成させることである（この意味で、ポルノの言語で表現されてはいるが、ロッコ・シフレディ[*26]とジェフ・ストライカー[*27]の男性器《ディック》は、生けるディルドと見なされなければならない）。ディルドは、機械的で、滑らか《スムーズ》で、静かで、ぴかぴかで、つるつるした、透き通った、超清潔で、安全なものになる。それはペニスの模倣ではない。ディルドはその性的な卓越性においてペニスに取って代わり、ペニスを凌駕するのである。

言説の反射性の第三の契機では、ディルドが回帰してきて、身体をカウンターセックス化するためにみずからを身体のうえに移し返す。かくして、かつてはヒエラルキーと分化を生む有機的な秩序に依存していた身体は、完全な水平性、すなわちもろもろの器官と引用がさまざまな速度で移動するフラットな表面となる。ディルドはつねに一つの多重効果であり、単一の起源などではない。

ディルドの発見によって、性のシニフィアンの無限反復の可能性がシステムに導入される。かくして、ファルスは、それを自然化したのと同じ超越論的な力に飲み込まれてしまう。資本や言語にも似て抽象化する傾向をもつディルドは、もっぱら自分自身の多形的な拡張のみを追求する。ディルドは有機的あるいは物質的な限界を知らない。それは差異を創造するために、あらゆるものに摑みかかる。それは差異を遠大に生成させるが、差異それ自体と同一化することはない。それは移行《トランジット》〔乗り換え〕なのであって、本質ではないのだ。

ディルドは、パロディとしての異性愛の真理である。ディルドの論理が証明するのは、男／女や能動／受動といった異性愛システムの重要項も、恣意的な意味システムの内部にごまんとある要素でしかないということである。ディルドは、生殖器も一つのシニフィアンのメカニズムにすぎないという真理を示すものであり、それに比べれば、ペニスは支配イデオロギーの誤った詐欺のように見えてくる。ディルドは言う。「ペニスは偽のファルスだ」と。ディルドが示すのは、性差によって生成されたシニフィアンが自分の仕掛けた罠にはまったということである。ペニスは自分自身を確立した当の論理によって裏切られるだろう。すなわち、模倣、損害の補償、単なる補綴による代補というような、おためごかしのために。

かくして、この裏切りは、異性愛を転覆する反復をサポートするが、しかし「家父長制的」なシニフィアンを拒絶するものであれば何でもよいというわけではない。否定神学が存在するのとまったく同じように、「否定－性科学」というものも存在する。それはペニスを変奏するあらゆる「家父長制」の表象を排除することによって事を進める。分離派のレズビアン理論やトランス嫌いのフェミニズムは、男性支配の象徴と共犯関係にあるという理由からディルドの使用を批判するが、そうすることによってこれらの理論は、覇権主義的な生殖器というペニスの存在論的リアリティをいまだに信じてしまっている。そうした自然主義的なエロ本のなかでは、身体の構造をなす不在は、単一中心的で全体主義的な解剖学の図表《チャート》に忠実なままであり、みずからが批判する当のファルス中心主義システムの残骸の喪に服しているのである。シニフィアンの不在、現実上の空虚であるこうした欠如（「ペニスなんかない、ディルドなんかない」）が、いまや新しい快楽の中心になる。たしかに、それが特異な政治的可能性になることもあるかもしれない。しかし、自分こそが普遍化されるのだと主張し、規範となり、トランスとディルドのセクシュアリティを汚らわしいものとして排除してしまうと、自分自身がもっている批判力を台無しにしてしまう。このような否定－性科学の場合、侵犯は、性的な意味作用を産出する文法そのものを否定することから生み出される。――あたかもあらゆる性の文法は汚染されており、「家父長制化」されているとでもいうかのように。これらの理論は、中心という観念がもはや意味をなさなくなるまで多様化し、中心の中心性をまさに拒絶するとき、別の空っぽな中心にもとづいた身体を再建する《リストラクチャリング》危険を冒すのである。ディルドがもたらす最高度の転換は、原型の模倣による中心の置き換え——たとえそれが空虚な中心であったとしても——と同じではない。起源は、あらゆる所与の空間《スペース》が中心になりうるという変転運動によって裏切られるのである。あらゆる身体（有機的であれ無機的であれ、人間的であれそうでないものであれ）を、可能な快楽の中心へと変形することは、起源を差延し、中心を壊乱する。生殖器は脱領土化されなければならない。してみれば、すべてはディルドなのだ。そして、すべてが穴になるのだ。

去勢が精神分析においてあれほど強力なメタファーであるのは、転覆戦略としてのカットアップ技術[*28]がもつ潜在力のおかげである。繰り返すが、あらゆる価値の転換をもたらすのはニーチェのちんぽこハンマーではなく、男役レズビアンが操る、カットし、移動させ、ペーストするグラマトロジーの鋏である。したがって、「ディルドレズ」「ディルドF2M」「ディルド障害者」は、単に数ある性アイデンティティのうちの一つなどではないし、また男らしさのコードを女性や身障者の身体に単に落とし込んだものでもなく、それは性アイデンティティの最後の可能性なのである。ディルドの彼方では、どんなものでもカウンターセックスになる。

ディルドは、男／能動、女／受動という伝統的な対立のなかでその身元を定めることができないので、セックスを逆説的な行為に変えてしまう。このささやかな物体に直面すると、異性愛的なジェンダー役割システムの全体はその意味を失う[(15)]。ことディルドに関して言えば、異性愛や同性愛における快楽や器

（15） レズビアンのセックスにおけるジェンダー・ファッキングについては、Cherry Smyth, *Lesbians Talk Queer Notions*（London: Scarlet Press, 1992）を参照のこと。

官をとりまく慣習的な概念や感情は、有効期限の切れたものになる。身体との関係のなかで、ディルドは移動する境界の役割をはたす。コンテクストの外へ引き抜かれた記号作用として、転覆的な反復として、ディルドは、コンテクストを境界画定する不可能性へと私たちを導く。ディルドはまず、男性の身体は補綴／ペニスを理解するための自然なコンテクストであるという発想に疑問を投げかける。そのうえ、有機的な身体が性の本来的なコンテクストであるという想定をも劇的に脅かすのである。

ペニスバンド（それが模倣とみなされようがパロディとみなされようが、そんなことには関係なく）は、装着者のセックスとジェンダーにおけるアイデンティティを安定的なものにするどころか、一連の同定と否定、類似と転位の連続を引き起こす。肉体に固定された物体として、それは、内と外、受動と能動、器官と機械とのあいだの関係を混乱させる。それは、身体から移動させ、取り外し、分離でき、使用法においても可逆的な特徴をもつモバイルな物体として、男／女、挿入／排泄、提供／獲得といった対立の安定性をたえず脅かすのである。

ディルドの入手しやすさとお手軽さは、愛とセックス、生命の再生産と快楽とのあいだの、慣習的に作られてきた絆の神秘性を剝ぐ。ここにあるのは、それを良い状態で清潔に保つためには高温で煮沸しなければならない物体であり、贈り物にしてもいいし、ごみ箱に捨ててもいいし、文鎮として使ってもいい物体なのだ。愛は去り、また戻ってくる。セックスパートナーが現れては去っていく。しかし、ディルドは愛の生き残り《サバイバー》のように、いつもそこにある。それは愛と同じように、通過点《トランジット》であり、本質ではない。

〈性交する身体／される身体〉の性感の境界線を設定しなおすことによって、ディルドは、肉の境界線が身体の境界線と一致するという考えに疑問を投げかける。快楽はつねに、関係性として拡張された身体において、すなわち、社会関係、言説、テクノロジー、外部などによって構築された身体において起こる。ディルドは、感じる主体と不活性な物体との区別を破断する。みずからを切り離すことによって、ディルドは、あたかも快楽が身体の内部から、主体の内部からやって来るかのごとく、自分自身の快楽はすべて自分のものだと考える権力に抵抗する。ディルドが提供する快楽は、それが再利用されるかぎりにおいてのみ、単にそれが「結わえ付けられた」ものであるからこそ、身体に属するのである。ディルドは、セックスにおける死やシミュレーションや不誠実の問いを惹起する。さらにひるがえって、ディルドは、セックスにおける生や真実や主体性を検討するように強いるものでもある。快楽を経験《エクスペリ》＝実験《エンス》するディルドは、快楽（あらゆる性的快楽）は決して与えられず、得られもせず、決して所有されないということを知っている。快楽は決して実在的にそこに存在するものではないこと、快楽は決してリアルではないこと、快楽はつねに外部性であり、身体化であり、再利用であるということ、このことをディルドは知っているのだ。

バトラーのバイブレーター
——性の玩具と性の補綴に関する短い系譜学

ミシェル・フーコーは『性の歴史』（今日では『生権力の歴史』というタイトルのほうがふさわしいだろう）のプロジェクトのなかで、性というものを、タブーや抑圧や法的禁止の否定的な結果ではなく、肯定的で生産的なテクノロジーの産物として理解するための四つの装置《ディスポジティフ》を見定めた。フーコーによれば、この四種類の大きな性テクノロジーとは、女性の身体のヒステリー化、子どもの性教育、出産行為の社会化、倒錯した快楽の精神医学化である。

「正常」や「異常」と呼ばれるセクシュアリティを構築する装置についての分析は、ジル・ドゥルーズとジャック・ドンズロ[*29]が「社会的なもの」と呼ぶ領域の研究に属する。ドンズロの著書『家族の警察《ポリス》』の序文で、ドゥルーズはこう言っている。「社会部門」は、

たとえそれが司法活動の領域を拡大するとしても、司法部門と融合することはない。そしてドンズロが示すように、社会的なものは経済部門と融合することもない。というのも、事実から見て、社会経済の全体を発明し、富者と貧者との区別を刻みつけるための新しい土台を築くのは、社会的なものだからである。また、社会的なものは公共部門や民間部門と融合することもない。というのも反対に、社会的なものは、公共的なものと私的なものを混ぜ合わせる新しいハイブリッド形態をもたらし、それ自体が、国家の介入

と撤退、その充塡と放出の新しい分割や織り交ぜを産出するからである。(16)

この「社会的」な空間の定義は人類学や社会学にかかわるのではない。それはむしろ人間科学――知識を生産／再生産する大学のキャンパスやその他の機関のなかで知られているような人間科学――の構造への内部批判をかたちづくる。それは、「人間」「男性」「女性」「セックス」「セクシュアリティ」「人種」というようなカテゴリーのなかで作業し続ける可能性を問いに投げ込む。これらのカテゴリーは、一八世紀以来の西洋の人間科学で展開された学科の規範的作業が作り出した遂行発話《パフォーマティヴ》的な産物にすぎない。

フーコーは『性の歴史』のなかで、女性や母や「ヒステリー患者」といった形象の研究にあてた巻を公刊する予定だった。フーコーによれば、この巻の意図は、女性の身体の性別化、この性別化に連動して現れた病理学の諸概念、そして社会政策のなかで意味をまとわせる視線によって女性の身体を貫くこと、こうした動向を分析することだった。(17) 結局のところ、フーコーは、一九七四―一九七五年のコレージュ・ド・フランスの講義で、女性の身体の生産において作動している性的装置について、おずおずとした系譜学を描くにとどまった。彼には十分に議論を発展させる時間がなかった。*30 もし時間が許せば、彼の議論は、ストレートの女性とレズビアン、妻たちといかず後家、不感症と色情症、良い娘と娼婦などといった、女性の身体に対する多種多様な性的な書き込み装置について差異に満ちた分析をおこなっ

（16） Gilles Deleuze, "The Rise of The Social," foreword to Jacques Donzelot, *The Policing of Families*, trans. Robert Hurley (New York: Pantheon, 1973), X.〔「社会的なものの上昇」、ドンズロ『家族に介入する社会――近代家族と国家の管理装置』宇波彰訳、新曜社、一九九一年〕

（17） David Macey, *The Lives of Michel Foucault* (London: Vintage Books, 1993), 354 を参照のこと。

たはずである。

　この方向でなされた仕事があるとすれば、それはフェミニスト、レズビアン、クィアの分析によるものだった。一九五〇年代から、フェミニズムは「ジェンダー」の医学的・心理学的な観念の再政治化をおこない、女らしさと男らしさが社会的・歴史的に構築されたものであると主張した。現代のフェミニズムやクィアの言説のなかでドラァグクィーンやトランスセックスやトランスジェンダー女性の形象が中心的であるにもかかわらず、「ジェンダー遂行発話性《パフォーマティヴィティ》」や「アイデンティティ演技《パフォーマンス》」をめぐる演劇的・言語学的な読解は、はやばやと身体とセクシュアリティを片付けてしまい、ジェンダー演技を自然なものとして「通用」させたりさせなかったりする技術的な書き込みプロセスについて、批判的な分析を不可能にしてしまうことが多い。クィアの遂行発話性《パフォーマティヴィティ》に関する多くの言説は、ジェンダー演技によってジェンダーの限界を突破する可能性を強調しすぎるあまり、身体的なプロセスを無視してきた。さらにそれらの言説は、異性愛の身体においても働いているジェンダー／セックスの安定化技術を無視するばかりでなく、トランスジェンダーやトランスセックスの身体たちに生じる変容をも無視してきた。それに対して、トランスセックス、トランスジェンダー、インターセックス、性的不能者の活動家たちが議論の俎上にのせたのは、クロス・ジェンダーの演劇やステージパフォーマンスというよりも、ステージの外で起きている肉体やセックスや社会や政治における変容であり、別の仕方で言えば、彼らはまさしくトランスな身体化のテクノロジーを議論の俎上にのせたのである。外性器になるまでに成長したクリトリス、ホルモン剤の投与にあわせて変異しミュータント化する身体、出産をしない子宮、精液を生産しない前立腺、トーンを変える声、予期せず顔や胸に生える顎髭や口髭や毛、オーガズムに達するディルド、ペニスの挿入をもはや欲さない再構築されたヴァギナ、二一二度で煮られ、電子レンジで融ける補綴の睾丸……。

私が言いたいのは、いわゆるジェンダー構築主義の仮説が、実際に意味のある政治的な変化を抜きにして受け入れられてきたのは、まさしくこの構築主義が、文化と自然、ひいては技術と自然とのあいだの西洋形而上学的な対立を完成させる〈セックス／ジェンダー〉の区別に依拠し、この区別を温存していたからではないかということである。あらゆる規範的なジェンダー本質主義に対する闘いの必要のために、一九九〇年代のフェミニズムとクィアの理論家たちは、闘争それ自身による言説的粛清の犠牲となったと言えるだろう。

シモーヌ・ド・ボーヴォワール[*31]の「ひとは女に生まれるのではなく、女になるのだ」という主張[(18)]と、モニク・ウィティグが一九八一年におこなったこの主張の拒否とのあいだには、理論的かつ政治的な断絶がある。ウィティグが「レズビアンは女ではない」と主張したとき[(19)]、争点だったのは、単にジェンダーの構築された性格を指摘することだけではない。重要なのは、異性愛の再生産を中断し、自然ではないが少なくとも社会規範として、さらには象徴的な特権をもつものとして課された生成から脱する逃走線を開くことができるようになるまで、この構築に介入する可能性を取り戻すことだった[(20)]。

(18) Simone de Beauvoir, *The Second Sex*, trans. Constance Borde and Sheila Malovany-Chevallier (New York: Vintage Books, 2011), 283.〔『決定版 第二の性』II、『第二の性』を原文で読み直す会訳、新潮文庫、二〇〇一年、一二頁〕

(19) Monique Wittig, "The Straight Mind," in *The Straight Mind and Other Essays* (Boston: Beacon Press, 1992), 32.

(20) 私がここで語っているのは、たとえばジュリア・クリステヴァのようなある種の精神分析理論が構築主義的なジェンダー図式を採用しながらも、同時に、女らしさの伝統的な〈母性や言語以前的なものという〉モデルに特権を与えてしまっているということ、そのことがはらむ曖昧さについてである。

私がなさねばならない試みは、クィア理論とポスト構造主義哲学の分析ツール（デリダの脱構築、フーコーによる権力の系譜学、ドゥルーズとガタリによるスキゾ分析、バトラーのジェンダー遂行性などを含む）の両方を、フェミニズムもクィア理論も応答しようとしなかったか応答できなかったある種の不適切な生成や非本来的な身体・器官・物体と突き合わせることによって、本質主義／構築主義という誤った論争から逃れることである。前章でディルドをグラマトロジー機械のなかに投げ込んだのは、これが目的だったのだ。これと同じことを後の第4章でも、今度は、外科手術で作りなおされ、ホルモン剤で変形された性器を研究することによっておこなおう。この章では、これまでフェティシズムのデバイスとみなされてきた現代の性玩具が予兆している、非異性愛的なオーガズムの抑圧と生産とに含まれるテクノロジーに取り組む。

この否応のない対決は、ジェンダーばかりでなく、とりわけセックスの「メタ構築主義」へ向かって、すなわち、構築主義の限界についての省察へ向かって進んでいき、ある種のラディカルなクィア唯物論ないしトランス経験論の予兆となる。またそれは、身体が「アイデンティティ」として構築されつつも自分自身を構築するやり方、フーコーならば「性を作る＝セックス《メイキング・セックス》する多数多様なやり方」と呼んだであろう実践(21)へと、アイデンティティ・ポリティクスに集中した後で立ち返る必要への応答でもある。

私はクィア理論の限界を問う試みを、性快楽の抑圧と生産にかかわるあれらの奇妙な器官と物体についての省察から始める。私はこれらの「セックス・マシーン」をディルドの構造的な隣人とみなすが、それらは肉体器官と物体とのあいだのスペースを占めている。それらは自然とテクノロジーとの蝶番に不安定な仕方で陣取っている。

セックス・マシーンのこうした装備を通して、私たちは性アイデンティティのあらゆる遂行発話的な召喚が含みもつ肉体変容の効果について考え始めることが可能になり、最終的に、義体的身体化の観点においてジェンダー・アイデンティティを定式化しなおす試みへと導かれる。この議論を、「機械は人間という種の器官とみなすことができる」[22]というジョルジュ・カンギレム[*32]の『生命の認識』のなかの謎めいた一文を思い出すことから始めよう。この章で私たちは問う。どのような種類の〈器官－マシーン〉が、「人間」という種のセックス器官なのか、と。

身体とセックス物体《オブジェ》との関係の研究において、フーコー以上の開拓者として登場したのがゲイル・ルービンである。一九七八年にサンフランシスコで設立された最初のレズビアンSM組織であるサモア(Samois)[*33]の設立についての回想録でルービンは、「脱性別化したもの、脱男性化したものとして[…]身体を使用すること」にかかわる「快楽の尋常ならざる生産」とそれに貢献する「道具」のいくつかに魅了された、と記している（フーコーが何度か感嘆しながら参照した文章である）[23]。ルービンは説明する。

> ゴムの生産、馬を制御し乗りこなすために用いられる技術や引き具、軍靴の磨き上げられた光沢、絹のストッキングの歴史、医療器具の冷たく権威のある質感、オートバイの魅力や都会を離れ広い道路に出ると

---

(21) 実践すなわち「なされた」ものへのこの注目は、すでにフーコーの系譜学のなかにつねにあったものである。

(22) Georges Canguilhem, *Knowledge of Life*, trans. Stefanos Geroulanos and Daniela Ginsburg (New York: Fordham University, 2009), 87.〔『生命の認識』杉山吉弘訳、法政大学出版局、一三一頁〕

(23) Michel Foucault, "The Gay Science," interview by Jean Le Bitoux, trans. Nicolas Motar and Daniel W. Smith, *Critical Inquiry* 37 (Spring 2011): 396.

きの爽快感――こうしたものに考えをめぐらすことなしに、どうしてフェティシズムやサドマゾヒズムについて語ることができるのか、私にはわかりません。さらに言えば、都市、ある種の通りや公園、売春街や「安っぽい娯楽」といったもののインパクト、あるいは魅力的な商品が山積みになったデパートのカウンターの誘惑を抜きにして、どうしてフェティシズムを考えることができるでしょう。私にとってフェティシズムとは、モノの製造の変遷、管理や皮膚や礼儀作法の歴史的・社会的な特殊性、あるいは曖昧に経験される身体の侵略、綿密に階層化されたヒエラルキーといった、あらゆる種類の問題を提起するものです。こうした複雑な社会的情報のすべてが、去勢やオイディプス・コンプレックス、知っていると想定されないものを知っているかいないかというようなことに還元されてしまうと、なにか重要なものが失われてしまうと思うのです。(24)

フーコーと違って、大量生産されたモノとポピュラー・カルチャーを参照するのを恐れないルービンは、ギリシア人たちへ立ち返ることなく、もっと広いテクノロジーの歴史の一環として性を考察する可能性を指摘する。この歴史は、消費財の生産（オートバイ、自動車など）、「抽出主義」（エネルギーの生産）、原材料の変容（絹、コイル、石油、プラスティック、革など）の歴史から、都市計画（ストリート、公園、地区、開けた道など）の歴史まで、あらゆるものを含んでいる。とすれば、SMやフェティシズムを、支配的な「正常な」性との関係において周縁的《マージナル》な倒錯として見るのではなく、むしろ資本主義の歴史のなかで身体と製造物との関係にかかわる近代的生産の本質的な要素として見て再考することができるだろう。このようにして、性の歴史は、再生産の自然史〔生殖の歴史〕の領域から移動させられ、再生産の（人工的な）歴史の一部になるのである。ルービンの直観の方向を継承しながら、私はディルドの座を、物質生産の、記号の、権力のテクノロジーの複雑な網の目《ウェブ》の内部に、そして最終的には自己テクノロジーの内部に位置づけることを試みる。

こうした分析の枠組みのなかで、私は、今日「性の快楽」と呼ばれるものの生産にかかわる一群のテクノロジーの発展、もっと具体的に言えば、近現代の性科学が個人の快楽の究極的かつ解消不可能な単位とみなし、「オーガズム」と呼びつづけてきたものをめぐるテクノロジーの発展を概観したい。この簡略な分析は、まず第一に、性に対する技術的な介入（性の生産）が近代の恒常的な実践であったことを示す（異なる不連続なさまざまなモデルはあったにせよ）。したがって、もし性の生産／再生産のあり方が現代変わってきていると言うことになにか意味があるとすれば、この変化は、性の自然形態から技術形態への変化（ある種の自然主義の黙示録的な語りでは混乱や警告として描かれる傾向にある変化）というよりも、むしろ性の技術的身体化のある種の形態の戦略的な変容と見たほうがよいだろう。第二に、こうしたテクノロジーのいかなるものであれ、特定の快楽や「主体性」を絶対的かつ必然的に生産する完全なシステムとみなすべきではない。むしろ反対に、そうしたテクノロジーはみずからが失敗した構造であることを露呈させるのであり（その意味では、テクノロジーは構造という観念の彼方へ向かう）、そのいかなる支配ツールも、私がフーコーの直観に従って明確に「抵抗の実践」と呼ぶものの内部で逆用され、再利用される危険を免れていないのだ。

クリトリスに手を触れないようにするための手袋やいわゆる筋肉バイブレーターのような、一九世紀

（24） Gayle Rubin, with Judith Butler, "Sexual Traffic," interview, in *Feminism Meets Queer Theory*, ed. Elizabeth Weed and Naomi Schor (Bloomington: Indiana University Press, 1997), 85.

から二〇世紀初頭にかけて作られたある種の道具とモノの分析を通して私たちが見るのは、「女性の性的快楽」が、マスターベーションを抑圧するテクノロジーとヒステリーを治療するテクノロジーという、一八世紀の終わりから二〇世紀の中盤まで並行して作動した二つの対立するメカニズム（装置《ディスポジティフ》）の結果であるということだ。私は、女性のオーガズムの生産に関するありうる系譜学を概略的に示すにとどめるが、男性の勃起と射精についても、マスターベーションを抑圧するテクノロジーと、インポテンツ、勃起不全、性障害、性減退、同性愛などを治療する処置との逆説的な出会いの産物として、同じような分析をおこなうことが可能だろう。

私を縛って[*34]――マスターベーションする手のテクノロジー

テオドール・ロンバウツ[*35]の絵『五感のアレゴリー』（一六三二年[*36]）には五人の人物が描かれているが、五人とも白人の男性である。嗅覚、味覚、聴覚を表す三人の人物は、たくましい青年である。それぞれ自分の感覚の経験に没頭しているようである。嗅覚、聴覚、味覚のあいだに視覚的なつながりはない。それと対照的に、眼鏡をかけた賢そうな老人の「視覚」と、石像の顔を撫でる老人の「触覚」とのあいだには、強い結びつきがある。触覚が手で顔の表面を認識するのに対し、視覚は、触覚と撫でられている顔の両方を包み込むように、遠くから高潔な表情で眺めている。触覚と視覚は、認識論上の根底的な非対称性によって特徴づけられている。触覚は盲目であり、視覚は特異なものにも物質にも汚染されずに、視線で触れる。つまり視覚は、手も皮膚も必要としない優れた経験様式なのである。(25) 触覚から視覚への移行は、近代哲学、植民地主義、資本主義などの台頭のしるしだったが、そうした環境のなかで、触覚は「障害をもつ感覚」として、手と生殖器を媒介する一連の技術的な道具によって、文字どおり封じ込められ、事実上「足枷をはめられた」。これらの道具は、最終的に、手に開かれた厄介な可能性、すなわち自分自身に触れ、個人を自分自身の知識、欲望、快楽の対象に変える可能性を規制した。盲目の問題は、ロック、バークリー、コンディヤック、ビュフォン、ディドロ、ヴォルテールにおける知識と感情に関する議論を構造的に規定していたが、その背後には、近代におけるマスターベーションする者の（女性、非白人の）手が見え隠れしているのである。

ヴァーン・L・バロウ[*37]が性テクノロジーの歴史について初めておこなった詳細な研究で示したように、一八世紀から一九世紀にかけて、「マスターベーションによって生じる疾患」として周知されるようになるものを予防するための装置や器具が大量に生産された。[26] 自慰行為は古代から「孤独な悪癖」として知られ、性科学の最初の論文とされるジョヴァンニ・シニバルディ[*38]の古典的な医学書『ジェネアントロペイア』（一六四二年）にも、「便秘、猫背、口臭、赤鼻」を含むいくつかの症状の原因として登場するが、[27] 一八世紀になって初めて医学的・制度的に「病気」と定義された。マスターベーションが不健全で

---

(25) 触覚と視覚の対立は、科学と知識の近代的な観念を構造化した。愛と同様に、触覚は盲目性と結びつけられ、さらには病気や自律性の欠如とも結びつけられている。David M. Kleinberg-Levin, ed., *Modernity and the Hegemony of Vision* (Berkeley: University of California Press, 1993) および Terry Smith, ed., *In Visible Touch: Modernism and Masculinity* (Chicago: University of Chicago Press, 1997) を参照のこと。

(26) Vern Bullough, *Sexual Variance in Society and History* (New York: Wiley, 1976).

(27) Reay Tannahill, *Sex in History* (1980; reprint, New York: Scarborough House, 1992), 344 のなかで引用された文章。

あるとする信仰の最初の源泉の一つは、一七一〇年頃にオランダで出版された匿名の英語論文『オナニア、この自慰という憎むべき罪』[*39]であり、そのなかでマスターベーションは「自己‐濫用」と説明され、それが引き起こす「道徳と肉体の腐敗」が紹介された。

数十年後、一七六〇年にスイスの医師サミュエル・オーギュスト・ティソ[*40]が『オナニズム――マスターベーションが生み出す病気に関する論文』を出版した。ティソの体液理論によれば、マスターベーションはまず第一に gâchis〔フランス語で「浪費」〕――つまり、否応なく病気に、そして死にさえ至る、身体エネルギーの不必要な消耗である。この浪費はマスターベーションで起こるばかりでなく、生殖を目的としないあらゆる性行為でも、つまりは同性愛の関係においても起こる。(28) ティソにとって、マスターベーションは単なる病気ではなく、てんかん、愚鈍、狂気などの幅広い範囲の病気の原因であり、これは重要な点である。(29)

『オナニア』と『オナニズム』というこの二つの古典的な論文にはさまざまな違いがあるが、しかし、どちらも道徳的な堕落のプロセスとその病理学的な身元規定を記述しているという点は共通している。どちらもが光を当てているのは、オナニーが一人だけでおこなう孤立したセックスであるということと同時に、個人を性アイデンティティの主体として理解し、制御し、生産するためのさまざまな自己テクノロジーがあるということである。どちらも、個人の身体を自己調整システムとして捉え、閉じた有限のエネルギー回路であるというモデルを想定している。水、血液、精液などのある種の体液が過剰に失われると、そのエネルギーの消費が危うくなるのである。(30) 自己‐濫用というレトリックは、共同体や性関係に先立つ、個人自身の身体回路における汚染や病気のリスクを定義している。この汚染は、性が規定される新しい政治空間において、すなわち個人と彼または彼女自身の身体において起こる。自制心の欠如と自己愛の過剰は、個人の身体におけるエネルギーの流れのバランスを脅かすことで、自己濫用と自己汚染となる。あらゆる性関係以前に、個人はすでに一種の内部汚染に脅かされているのであり、その唯一の源は、彼ないし彼女自身の身体なのである。

ティソは、後にフーコーが「生政治」と呼ぶ新しい権力の出現を症候的に示すような身振りでもって、生ける身体たちを「財」や「商品」として生産すること、そして人口を再生産する管理《マネジメント》の基本形態として性を規制すること、これを先取りしていた。回路、流体、連絡管といったこの肉体《フィジカル》モデルでは、性エネルギーも身体エネルギーの一様相《モダリティ》にすぎず、労働の場合には身体的な力に、（異性愛的な）性活動の場合には生殖する力に変換されるのがおちである。[31] ここでは、快楽は単なる副産物であり、この性エネルギーの消費から生じる一種の浪費であると考えられている。身体の流動体〔体液〕と性の快楽に関するこうした制限された経済――フロイトの通底器の理論にまで続くモデル――から次のことが帰結してくる。すなわち、文字どおり逸らされ倒錯させられ、[*41] そしていくつもの方向へ動員されうる体液と性エネルギーの余剰があり、どのような生産活動もこれに依存しているということ、これである。同様に、

---

(28) Samuel Auguste Tissot, *A Treatise on the Diseases Produced by Onanism*, trans. "a physician" (New York: Collins & Hannay, 1832).

(29) たとえば、マスターベーションと狂気との因果関係としてティソが提示している証拠の一つは、当時フランスとスイスの精神科病棟にいた「若者の自慰行為者」の多さだった（*ibid., passim.*）。

(30) このエネルギー回路において、ヴァギナの分泌液は、まさしく水分、血液、精液のあいだに位置する。しかし、ティソによれば、それは精液がもつ「活動力」に達することはない。

(31) 労働としてのセックスというこの定義が売春の再定義にどのように反響しえたかを考えてほしい。

どのような機械的なエネルギーも、あたかも同じ物理方程式の副次効果であるかのように、性エネルギーに変換されうる。かくして、労働と性は同じ人間工学的な回路に属しているのであり、その回路のなかでは、あらゆる種類の資本がセックスになり、あらゆるセックスワーク（いまだに不払いの）が（再生産的）資本になる。この生経済テクノロジーの循環性――私たちがフーコーに賛同して「性《セクシュアリティ》」とためらわずに呼ぶもの――は、異性愛性交の効力と妊娠・出産の世代産出プロセスとに関する保証によって完結している。マスターベーションする手が危険にさらすのは、この異性愛的身体の生産技術であり、それゆえ、マスターベーションは、同様に重要な抑圧技術の数々によって躾けられねばならないのである。

　こうしたセックス／ジェンダー・テクノロジーは真空に存在するのではない。このことをしっかりと抑えよう。それは、白人、ヨーロッパ人、異性愛者による身体生産の植民地主義的なテクノロジーを集結させ、さらに広大なネクロ生政治のプログラムを形成しているのだ。自分自身の国境線の内側での感染に脅かされたマスターベーションする新しい身体は、やる気満々の植民地拡大の時期における新しい近代国家の創造という政治的なメタファーとしても機能する。この時期、皮膚――同じく最前線《フロンティア》にあるものとして、自己防衛と自己画定の免疫学的プロセスに従属させられていた皮膚――が、新しいヨーロッパの国家主権を書き込むための表面となる。エネルギー規制の同じ経済が、身体と国民国家とを、その安全保障と再生産にとって脅威となる「嘆かわしい孤独な行為《マヌーヴァー》」*42から守っていたのである。たとえば一九世紀のフランスでは、衛生学者や反オナニー主義者たちの運動は、マスターベーションを「個人の病的状態」の問題としてだけでなく、社会病理学の一形態として解釈し、自慰行為者を社会という身体における「汚染物質」として、土着の白人種の生存《サバイバル》を脅かす存在として提示した。ヴァーノン・A・

ロザリオ[*43]が指摘するように、ティソの時代と王政復古の時代とのあいだ（一八一四年から一八三〇年）に変化があった。手淫者のイメージは、触覚の悪癖から保護されるべき少女の姿から、種の再生産に関心をもたないために国家の将来を脅かす、不従順で変態で成人した（おそらく同性愛者の）男性手淫者のイメージへと移っていったのである。(32)

ティソのマスターベーション理論は、一九世紀のアメリカで、ベンジャミン・ラッシュ[*44]やエドワード・ブリス・フット[*45]の著作を通じて紹介され、彼らはマスターベーションは男女間の「動物磁気」[*46]の交換を妨げるという説を広めた。(33) また、新興の工業メーカーであるグラハム社やケロッグ社（朝食用シリアルで有名）のリーダー、シルベスター・グラハム[*47]やジョン・ハーヴェイ・ケロッグ[*48]は、これらの理論の実現やさまざまな反オナニズム機器の製造に貢献した。この工業化時代には、管理された朝食から管理された性的接触まで、ケロッグのコーンフレークからマスターベーション防止ベルトに至るまで、日常生活を生産し家庭生活の習慣を規制するためのさまざまな技術的手段が生み出されたのだった。

一八世紀と一九世紀を通して、触覚がブルジョワジーと植民地主義によって病理化され、視覚が知識と理性活動のための本来的な感覚として特権化され、これが支配的な傾向となった。触覚と皮膚は、この時代の性的「感染」〔性病〕の共通点をなす二つの形態であった。皮膚は、性の逸脱のしるしが書き込まれた記録の表面となった。皮膚にできるイボは、手淫者の悪癖と梅毒患者の乱れた性生活の目に見え

(32) Vernon A. Rosario, *The Erotic Imagination: French Histories of Perversity* (New York: Oxford University Press, 1997).
(33) Benjamin Rush, *Medical Inquiries and Observations Upon the Diseases of the Mind* (Philadelphia: n.p., 1812), Edward B. Foote, *Plain Home Talk About the Human System* (New York: n.p., 1871).

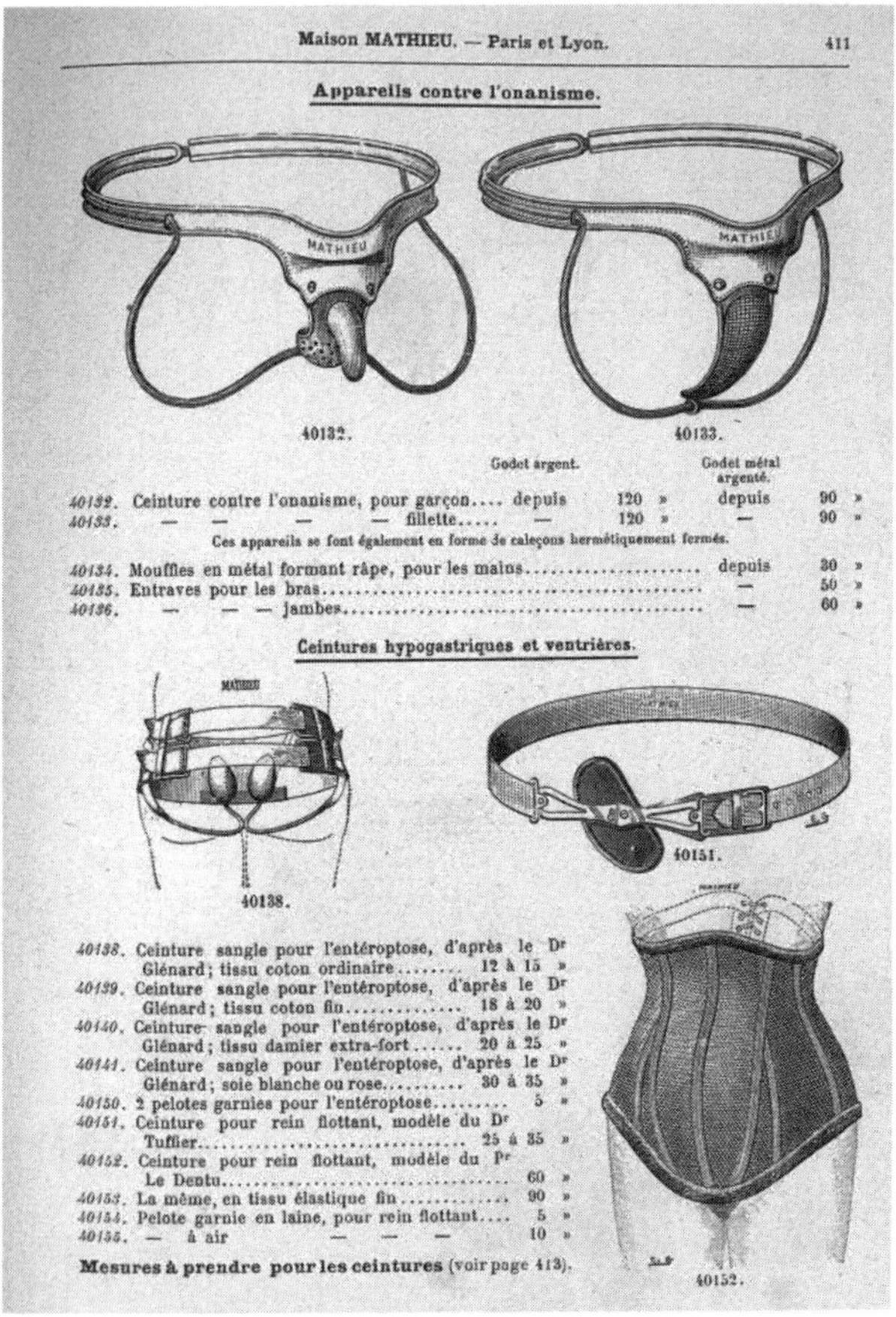

Maison MATHIEU. — Paris et Lyon. 411

Appareils contre l'onanisme.

40132. 40133.

		Godet argent.		Godet métal argenté.	
40132.	Ceinture contre l'onanisme, pour garçon....	depuis	120 »	depuis	90 »
40133.	— — — — fillette.....	—	120 »	—	90 »

Ces appareils se font également en forme de caleçons hermétiquement fermés.

40134. Moufles en métal formant râpe, pour les mains.................... depuis 30 »
40135. Entraves pour les bras.................................... — 50 »
40136. — — — jambes.................................... — 60 »

Ceintures hypogastriques et ventrières.

40138.

40151.

40138. Ceinture sangle pour l'entéroptose, d'après le Dr Glénard; tissu coton ordinaire........ 12 à 15 »
40139. Ceinture sangle pour l'entéroptose, d'après le Dr Glénard; tissu coton fin.............. 18 à 20 »
40140. Ceinture sangle pour l'entéroptose, d'après le Dr Glénard; tissu damier extra-fort...... 20 à 25 »
40141. Ceinture sangle pour l'entéroptose, d'après le Dr Glénard; soie blanche ou rose.......... 30 à 35 »
40150. 2 pelotes garnies pour l'entéroptose......... 5 »
40151. Ceinture pour rein flottant, modèle du Dr Tuffier................................ 25 à 35 »
40152. Ceinture pour rein flottant, modèle du Pr Le Dentu................................ 60 »
40153. La même, en tissu élastique fin............ 90 »
40154. Pelote garnie en laine, pour rein flottant.... 5 »
40155. — à air — — — 10 »

Mesures à prendre pour les ceintures (voir page 413).

40152.

図 3–1
「マチウ商会カタログ（Catalogue de la Maison Mathieu）」（パリ，1904 年）に見られる，マスターベーションを予防・治療するための道具類のイラスト

る典型的なしるしとみなされた。この二つの病気の診断は、触る前に認識する行為であり、したがって一種の接触なき知識が必要だった。皮膚は、公に披露したり露出する組織として、あるいは個人の性活動（マスターベーションからヒステリー、同性愛から梅毒まで）を読み取ることのできるテクストとして機能することで、個人の新しい身体の秘密やプライバシーを漏らすものと思われたのである。[34]「孤独な悪癖」と「性病冠《コロナ・ヴェネリス》」の顔の表情は、触覚を視覚に翻訳したものであり、このプロセスのなかで、皮膚はインターフェースとして機能していたのだ。[35] こうして、性的感染と植民地的汚染の両方に怯えていたブルジョワ・ヨーロッパの皮膚は、一種のポルノ地図作成術《カルトグラフィ》のための生理学的組織として機能したのであり、このポルノ地図作成術によって、目は個人の性の歴史を解読《デコーディング》のまなざしによって見る——つまり知る——ことができたのである。触ることはまったく必要ないのだ。[36]

接触を防ぐためにデザインされたオブジェたちを現象学的に分析してみれば、生殖器の性の自律性を

（34） Ven L. Bullough and Matha Voght, "Homosexuality and Its Confusion with the 'Secret Sin' in Pre-Freudian America," *Journal of the History of Medicine and Allied Sciences* 28 (1913): 143–55.

（35） 医学史家のサンダー・ギルマンによれば、触覚が感染の戸口であることを考えると、病気のスティグマを刻印されるのは皮膚でなければならない、ということになる。Sander L. Gilman, "AIDS and Syphilis: The Iconography of Disease," *October* 43 (1987): 87–108.

（36） 植民地政策との関連で感染と汚染の観念を知りたければ、たとえば Ann Laura Stoler, *Race and the Education of Desire: Foucault's* History of Sexuality *and the Colonial Order of Things* (Durham, N. C.: Duke University Press, 1995); Daniel J. Walther, *Sex and Control: Venereal Disease, Colonial Physicians, and Indigenous Agency in German Colonialism, 1880–1914* (New York: Berghahn, 2015) を参照のこと。生政治との関係については、Michael Hart and Toni Negri, *Empire* (Paris: Exils, 2001), 176–78〔『帝国』水嶋一憲ほか訳、以文社、二〇〇三年、二二八—二三一頁〕を見よ。

脅かす新しい性的な（だが無性的な《セックスレス》）器官である手の登場の意味が明らかになる。バロウは、一八五六年から一九一七年にかけての米国特許庁の記録に「貞操帯」や「外科手術器具」として登録された、マスターベーションを防止するために設計された道具を二〇以上確認した。(37) これらの器具にはさまざまなものが含まれている。性器に触れないようにする夜用手袋、シーツが身体を擦らないようにする鉄製のベッド押さえ、少女の両脚の摩擦を防ぐ足枷、そして若い女性の場合には手で触れることを、青年の場合には勃起を防ぐあらゆる種類のベルト。男子には、割礼、包皮のリング留め、そして極端な場合には、部分的な去勢までもが推奨されていた。少女には、性器に近い臀部の内部を焼いたり、ひどい場合には、クリトリス切除が推奨された。

バロウはこう書いている。

> 女性用のハーネスには通常ワイヤー状に穴が空けられており、少女たちはそこから排尿することができ、体に触れないようになっている。これらの器具はすべて背中で固定され、多くは錠前がついており、親だけが鍵をもっていた。男性用にも同様の器具があった。最も普及していたのは、ペニスに装着する、金属の歯がついた鞘ケースであった。ペニスが勃起すると、歯が肉に突き刺さり、どんな勃起も苦痛になるのである。あらゆる新しい技術革新は、新しい種類の器具の登場に至るようである。たとえば電気ショックを与える器具が、電池が開発された後でマーケットに登場した。(38)

勃起や「夜間汚染」が起こると鳴って知らせる電子アラームも普及した。これらの器具の製造や販売は、一九二五年頃からマスターベーションの病理学的な影響が疑問に付されるにつれ、次第に減少していった。

しかしながら、触覚の抑制にかかわる抑圧的なテクノロジーを、厳密にフーコー的な意味で主体の立場を生産する権力装置にだけ還元してはならない。ミシェル・ド・セルトー[*49]は、どんな形態のテクノロジーも、抵抗と転用[*50]（横流し、倒錯、我有化、クィア化）に開かれた、物体とユーザーと使用法とからなるシステムであることを強調した。フーコーの精神に則り、デイヴィッド・ハルプリン[*51]は、特定の支配テクノロジーを自己テクノロジー（アイデンティティ構築技術と呼べるかもしれないものも含む）へと転換するこの方法に、クィア実践という用語を適用した。[39]

抑圧行為に属するどんな技術も、切り取られて別のタイプの実践に移植され、異なる身体たちによって再利用され、反転し、別の用途に用いられ、別の快楽と別のアイデンティティを生じさせる可能性をもつ。事実、二〇世紀中頃には、こうした反マスターベーションの抑圧技術の多くが、ゲイ、レズビアン、ＢＤＳＭなどのサブカルチャーのなかで、代替的なセクシュアリティを作り出す入会儀式《イニシエーション》や慣習として転用されるようになった。たとえば、包皮のリング留めは、「プリンス・アルバート〔Prince Albert〕」〔ペニス・ピアシングのこと〕の名でゲイやＳＭ文化に再登場したが、[40] そこには二つの大きな違いがあった。

（37） Ven L. Bullough, "Technology for the Prevention of 'Les maladies produites par la masturbation'," *Technology and Culture* 28, no. 4 (1987): 828–32.

（38） *Ibid.*, 832.

（39） David Halperin, *Saint Foucault: Towards a Gay Hagiography* (New York: Oxford University Press, 1995), 86.〔『聖フーコー――ゲイの聖人伝に向けて』村山敏勝訳、太田出版、一九九七年、一二五頁〕

（40） *SandMUtopian Guardian*, no. 34 (1999).

第一に、それまで単なる対象であった身体が、どのピアスを、どこに開けるかなどを決定できる主体になったことである。そして第二に、一九世紀の文献ではリングは勃起を妨げるものとして登場したが、ピアス文化圏では勃起やオーガズムを長持ちさせるものとして知られるようになったことである。[41] つまり、一見同じように見える技術の使い方と、その使い方がもたらす権力の立場とが、一八〇度逆転してしまったのだ。

たとえば、現代アメリカのあるSM雑誌は「性器の拷問」にまるまる一号を費やしている。電気拷問、尿道挿入、性器ピアス、ペニス伸長、陰嚢膨張、性器の外科改造といった技術の特集である。この特集号の電気拷問技術には、「性器の全体、とくに亀頭に静電気を加える」紫色のバトンのほか、「リラクゼーション」「ウォーク・マスター〔ベーション〕」「性感刺激剤」「牛追い棒」「スタンガン」といった名で販売されている複数の電気ショック器具も含まれている。[42] こうした性的器機は、寝ている人に勃起を知らせるアラームや一九世紀に若い手淫者や同性愛者に対して使われた電極といった、マスターベーション抑止と戦争‐拷問のテクノロジーの総体《コーパス》に属する。それらは、後で見るように、クリトリスの電気刺激——すなわち機械的な「性感刺激」——によって「ヒステリー・オーガズム」と呼ばれたものを作り出す装置と技術的な親和性をもっている。[43]

これらの技術（性器拷問、拘束具やストラップの使用）はすべて、もともとはジェンダーのテクノロジー（異性愛的な女らしさや男らしさの生産）や種のテクノロジー（人間の正常性の生産と家畜としての動物性の生産）だったし、またそれらの実践やそれらに関する医学的、再生産的、道徳的な言説だったのであるが、しかしそこから引き抜かれ、クィアの〈身体‐物体〉関係システムの内部で再コンテクスト化されたのだ。技術のどのような流用も、特定の医学的・戦争的・科学的な言説を大衆サブカルチャーへ再利用することができるし、かくして、〈快楽－知〉の生産と配布の水路《チャンネル》を中断し破裂させることができるのである。

ヒステリックな義体

マスターベーションは、ルネサンス期にはローマ・カトリック教会によって断罪され、一七世紀には医学によって病理化され、一九世紀と二〇世紀には、まずは機械的な手段、のちには電子的な手段によって技術的に窒息させられた。それと並行して、ヒステリーは「女性の病気」と定義され、いわゆるヒステリー発作を技術的に生み出すために、同じように数多くの器具が作戦に投入された。ここで、ヒス

(41) Stephanie Heuze, *Changer le corps* (Paris: Musardine, 2000).
(42) *Ibid.*, 8.
(43) ここには、第三の獣医学的な技術線もある。ここでそれを分析することはできないが、この線は動物と人間の身体性の差別的生産の研究にとって重要である。ヒステリーとレズビアンの女性性、女性化された男性の身体、黒人の身体性、障害者性、トランスセクシュアリティ、動物性——これらの生産に共通する一連のテクノロジーはまだ研究されていない。もっぱら獣医学の文脈でのみ使用されるいくつかのツールは、オルタナティヴな性実践でも使われている。たとえば、牛追い棒は、大型家畜の切除手術と去勢手術に起源をもち、その電化は一九世紀にまで遡るハイブリッド・テクノロジーであるが、今日では、オルタナティヴな性実践の案内書である *SandMUtopian Guardian* にも載っている。これらのテクノロジーを紹介するページでは、どのように道具を滅菌するかの細かい指示や、手袋やマスクから皮下注射用の針やカテーテルにいたるまで、予防措置の手引きも紹介されている。

テリーとそれを再概念化したさまざまな医学モデル（鬱病から神経衰弱、不感症から色情症まで）についての歴史分析をすることはできない。[44] いずれにせよ、『産婦人科論』（一五五〇年）のなかで、甘松香油を使って膣にディルドのような道具を挿入することを提案したアンブロワーズ・パレ[*52]の時代から[45]、一八五九年にピエール・ブリケ[*53]が『臨床的・治療学的ヒステリー論』で、彼が「クリトリスへの刺激」と呼ぶもののおかげでヒステリーに適した治療法を発見したと主張するまで[46]、おそらくヒステリー治療に劇的な変化はまったくなかった。最初の性感刺激治療は手作業でおこなわれたが、それは「ヒステリー発作」という成果を必ずしももたらさない、医師にとって長く退屈な作業であると考えられた[47]。

レイチェル・メインズ[*54]によるオーガズム関連機器の詳細な考古学が示すように、バイブレーターは、その直後の一八八〇年頃に、この手作業を機械化した治療器具として登場した[48]。たとえば、ワイス社（Weiss）のバイブレーターは電気機械式の装置で、クリトリスや骨盤、その他の振動治療の対象となる筋肉をリズミカルにマッサージするものだった。ジョン・ハーヴェイ・ケロッグは、すでに見たように、マスターベーション防止装置の工業化に尽力し、米国初の電動バイブレーターの製造と商品化にも貢献した[49]。

一九世紀末に初めて家庭用の手持ち電動バイブレーターを作り商品化したのは、ジョン・バトラー（John Butler）であったようだ[*55]（彼の対極にいるジュディス〔・バトラー〕ではない）。初期のバイブレーターは、有名なチャタヌーガのように、手が出ないほど高価なうえに扱いにくく、病院向けの業務用に限られていた。現在のバイブレーターは、バトラーの機械とは形状がまったく異なるものの、その家庭用という性格からみて、技術的にも社会的にも、チャタヌーガではなくバトラーの機械の末裔である。

ヒステリーを診断したり、「オーガズム」を「ヒステリー発作」の結果とみなすとき、ヒステリーは異性愛的な性交に対するある種の無関心や不感症と結びつけて考えられており、この無関心や不感症は、さまざまな形の性的逸脱、とくに「レズビアン」への性向と関係する恐れあり、とみなされた。一六五二年にニコラウス・フォンタヌス（Nicolaus Fontanus）は次のように書いている。

妻たちは寡婦や処女よりも健康である。なぜなら彼女たちは男の種でリフレッシュされ、自分の種を射出し、それが排出されることで、悪の原因が取り除かれるからである［…］。しかし、休耕中の、こうした性交か

（44）ジョルジュ・ディディ＝ユベルマンは、ヒステリーの医学的・言説的発明と近代写真の発展との関係について見事な分析を展開した。Georges Didi-Huberman, *Invention of Hysteria: Charcot and the Photographic Iconography of La Salpêtrière*（Cambridge, Mass.: MIT Press, 2004）〔『ヒステリーの発明——シャルコーとサルペトリエール写真図像集』上下、谷川多佳子・和田ゆりえ訳、みすず書房、二〇一四年〕を参照のこと。

（45）アンブロワーズ・パレの治療は、若い女性には結婚を、年配の女性や未亡人には乗馬も推奨していた。甘松香油を使った治療は極端なケースに限られていた。

（46）Pierre Briquet, *Traité clinique et thérapeutique de l'hystérie*（Paris: J. B. Baillière, 1859）, quoted in Rachel Maines, *The Technology of Orgasm: Hysteria, the Vibrator, and Women's Sexual Satisfaction*（Baltimore: Johns Hopkins University Press, 1999）, 37.

（47）ヒステリーの技術化についてさらに知りたい向きは、Thomas Laqueur, *Making Sex: Body and Gender from the Greeks to Freud*（Cambridge, Mass.: Harvard University Press, 1990）および Maines, *Technology of Orgasm.* を参照されたい。

（48）Maines, *Technology of Orgasm*, chaps. 4 and 5.

（49）それらの器具のなかでも、振動棒、バイブ椅子、筒形振動装置、電気機械式遠心バイブレーターなどが注目に値すると思われる。

ら切り離されて生活している寡婦たちについては、何と言うべきか。もし彼女たちが若くて、黒い顔色をしており、毛深く、また頬がいくらか変色しているならば、彼女たちは猥褻な心をもっており、自分自身のなかに頻繁に性的な刺激を感じており、彼女たちの種は熱くうずき、彼女たちをじりじりと刺激して情欲に燃え上がらせていると、そう結論せざるをえない。(50)

あらゆるかたちのヒステリーの奥底にレズビアン性が潜んでいるのとまったく同じように、ヒステリーのどのような治療にも、ヒステリー者をレズビアン行為に駆り立てる快楽に耽らせる危険があると思われた。たとえば、一九〇五年にロバート・テイラー（Robert Taylor）は、ヒステリーをディルドやその他の「ペニスの代替物」で治療してはならない、そのような行為は「ヴァギナ愛好」やレズビアン行為を生じさせる可能性がある、と書いている。(51) ヒステリーの治療法として縫い物が処方されることもあった。しかし一九世紀後半においては、「ミシンの力は、異性愛者の女性を「過剰な作業」によってレズビアンに変える可能性がある」という認識が一般的であったようだ。(52)

バイブレーターが医療空間から、伝統的に女性のものとされていた家庭空間へ入っていくと、新しいテクノロジーの使用と私用を制限することが絶対的な課題となった。家庭空間を統制し、女性の身体活動（裁縫、料理、掃除、等々）を制御するために設計・製造された小さな取り扱いやすい機械たち（ミシンから電話まで）は、女性たちの奇妙なベッドパートナーとなった。これらの機械はある種の両刃のテクノロジーとして作用した。それらは一方では「家庭化」*56を通して、自然だと想定された女性の役割を社会のなかに記入しなおす支配のテクノロジーであったと同時に、他方では、プライベート空間に潜り込んだ抵抗のテクノロジーでもあった。(53)

ヒステリーが扱われる二つの治療空間は、結婚のベッドと診察台であった。言い換えれば、「女性」の性と快楽は、女性が夫に服従する異性愛の結婚制度と、女性が患者として臨床の階層秩序《ヒエラルキー》に服従する医療機関という、少なくとも二つの制度が収斂する緊張の空間のなかで構築されたのである。一九世紀、結婚制度は、生殖、家庭経済、相続のための空間として力をもったが、性的快楽のための空間としてはほとんど存在しなかった。一九一〇年頃、それまで医療の文脈でのみ使用されていたテクノロジーが、典型的にはシャワーや「家庭用マッサージ」バイブレーターといった簡単な家庭用衛生器具となって、家庭空間に入り始めたのだった。

テクノロジーの歴史の観点から分析すると、遅くとも一七世紀以来「女性のオーガズム」と呼ばれてきた現象は、マスターベーションの抑圧と「ヒステリー発作」の生産という、対立する二つの技術が作用して生み出した逆説的な産物にほかならない。女性の快楽は、生物学の理論や宗教の教義では特定の目的をもっていないように思われるため、つねに問題視されてきた（どちらにおいても性の目的は出産

(50) Nicolas Fontanus, *The Womans Doctour; or, An Exact and Distinct Explanation of All Such Diseases as Are Peculiar to That Sex with Choise and Experimentall Remedies Against the Same* (London: n.p., 1652), 4–5, https://quod.lib.umich.edu/e/eebo/A39862.0001.001?rgn=main;view=fulltext.

(51) Robert Taylor, *The Technology of Orgasm* (1905), quoted in Maines, *Technology of Orgasm*, 59.

(52) Maines, *Technology of Orgasm*, 57.

(53) ヒステリーの水治療法には、シャワーのように、医療機関から家庭空間へ移行し、その後、快楽を生み出すテクノロジーとして再利用されることになった一群の治療法があった。

である）。と同時に、男性の性は、勃起や射精の観点から記述されることが多く、オーガズムという言葉で語られることは少ない。女性の快楽は、ヒステリー病から来る危機、つまり「ヒステリー発作」として記述され、それは臨床の状況のなかで、しばしば機械式や電気式の多様な道具の助けを借りて生み出されなければならないものであった。このように描かれたオーガズムは、女性だけがかかる病の症例的な危機であると同時に、手やバイブレーターによるマッサージ、圧力シャワーの使用といった技術的な努力が刻まれた、引き延ばされたプロセスの治療上の絶頂とも見られていた。この身体モデルでは、異性との性行為でのテクニックに無関心な患者を「性的エネルギーが欠如している」と表現し、バイブレーション機械がそのエネルギーを補い、肉付けすることができるとしている。ここでもマスターベーションを病理化する抑圧的な論理の内部で、オーガズムは「余計な浪費」——すなわち、性における生産／再生産という労働に向けられるべき身体エネルギーの不要な無駄遣い——であると同時に、汚染をもたらし、場合によっては病気を運ぶ屑として描かれている。

　このようにしてオーガズムは、個人の身体と深く結びついた私的なものであるばかりでなく、同じ生政治テクノロジーの二つの拮抗する分岐が出会う地点として、きわめて政治的なものとして浮かび上がってくる。それはある部分で、身体の能力と出力の最適化、身体の有用性と従順性の並行的な増大、効率的かつ経済的な制御システムへの完全なる統合であった。また別の部分では、オーガズムは、異性愛的な生殖プロセスの土台として役立つ性メカニズムの確立でもあったのである。[54]

　オーガズムは、二つの対立する論理の交差点にある。それは病気であると同時に治癒であり、無駄であると同時に余剰である。毒であると同時に解毒薬。オーガズムと性との関係は、[55]デリダのプラトン読解におけるエクリチュールと真理との関係に等しい。つまりパルマコンである。オーガズムは、抑圧の道具を用いて戦わなければならない悪徳や行き過ぎであると同時に、機械的かつ電気的な道具の厳密な実装によってのみ得られる治癒でもある。少女の身体では、強迫的なマスターベーションによって繰り返されるオーガズムは、身体エネルギーの過剰な消費につながり、不貞ばかりでなく死さえをもたらすと言われていた。しかし若いヒステリー患者や孤独な未亡人の身体では、オーガズムは振動《バイブレーション》によってのみもたらされるのであり、それは女性よりも機械が主体となっている一種の電気サプリメントのようである。マスターベーション譫妄の場合では、オーガズムは動物的な力、原始的な本能に近いものとみなされ、自己観察と自己管理の厳しい節制によってなんとかして飼い慣らし、躾けられなければならないものとされた。バイブレーターは、ヒステリー者の身体に科学的な精度でもってヒステリー発作を引き起こすために設計されたのである。かくして、オーガズムは、力ずくで抑圧されなければならない狂気であると同時に、機械技術の科学的産物でもあったのだ。マスターベーションの快楽は一種の副産物であり、すなわち身体のエネルギーバランスが崩れた残り滓として、将来の病気（狂気であれ梅毒であれ）の症候であり前触れだった。検査台に横たわり、バイブレーターで治療を受けている女性にとって、オーガズムは女性の身体の内なるエネルギーから来る《カム》ものではなく、身体を機械に合わせることから、身体を機械に転換することから来るものだった。つまり、オーガズムは、快楽を純粋に機械的な反

(54) Michel Foucault, *The Will to Knowledge*, vol. 1 of *The History of Sexuality*, trans. Robert Hurley (New York: Pantheon Books, 1978)〔『性の歴史1　知への意志』渡辺守章訳、新潮社、一九八六年〕を参照のこと。

(55) Jacques Derrida, "Plato's Pharmacy," in *Dissemination*, trans. Barbara Johnson (Chicago: University of Chicago Press, 1981), 70〔「プラトンのパルマケイアー」『散種』藤本一勇・立花史・郷原佳以訳、法政大学出版局、二〇一三年、一〇四頁〕を参照のこと。

応に還元することから生まれたのだ。機械がオーガズムを持ったのである。したがって、そこにはいかなる性的な責任もなければ、快楽の真の主体もない。このような快楽の生産体制には共通の特徴がある。オーガズムは「イク《ケイム》」身体には属さなかったのだ。[*57]

身体と無生物の境目に位置するリアルなディルド・バンドは、貞操帯やバイブレーション器具と似た位置づけにある。しかし、ディルドはこれらの快楽生産的かつ快楽抑圧的なテクノロジーに似ているばかりではなく、それに加えて、義肢やインプラントという第三のテクノロジーにもつながっている。ブツとしてのディルドを理解するためには、二〇世紀を通して発展した義体術の進化を見なければならない。不思議なことに、世紀転換期のバイブレーターの生産ブームは、医学が多くの義手や義足をデザインし始めた時期（とりわけ第一次世界大戦の後）と一致している。

義体による男性身体の再構築は、戦時経済から労働経済への移行を示すものであった。義体は、兵士から戦後の新しい産業労働者への移行を可能にした。この過程において、男らしさの再構築の中心となったのは義手であり、人工ペニスではなかった。フランス労働補綴技術軍事研究所の所長であったジュール・アマール[*58]は、手足を失った退役軍人の職業的・医学的なその後を調査する任務についていた[(56)]。彼は義手生産の研究を通じて、「自然な」手の解剖学的構造からますますかけ離れた義肢を設計・製作するようになった。これらの義肢は、機能的ではあるが模倣的ではないタイプの義肢へと進化していった。たとえば、まだ手の模倣物にとどまる「休んでいる手」から、自然の手とは似ても似つかない「汎用《ユニヴァーサル・》やっとこ《プライヤー》」にいたるまで、アマールが「作業アーム」と呼ぶ義手は、土台となる義手本体にいくつかの付属物が装着されたものであった。休んでいる手の設計は美的で模倣的な基準を参照していたが、もう一方の付属物だらけの汎用やっとこは、生産ラインにおける作業効率の問題に対処したものだった。義手は「自然」な身体の復元として機能するばかりでなく、男性の身体を生きた道具として、あるいは人間を知的な付属品として、機械に取り込むことを可能にしたのである。

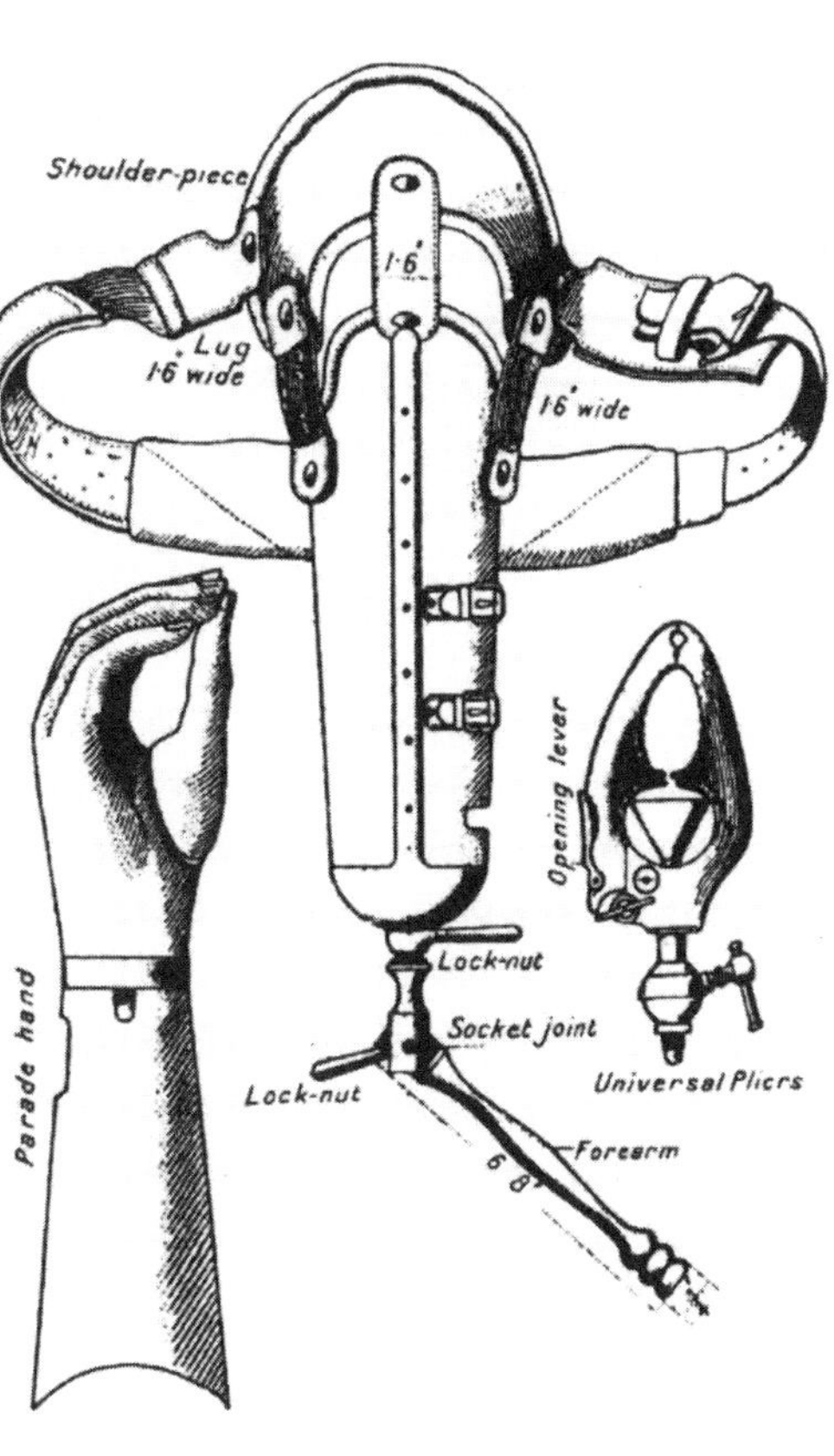

図 3–2

(56) Jules Amar, *Organisation physiologique du travail* (Paris: Dunod et Pinot, 1917).

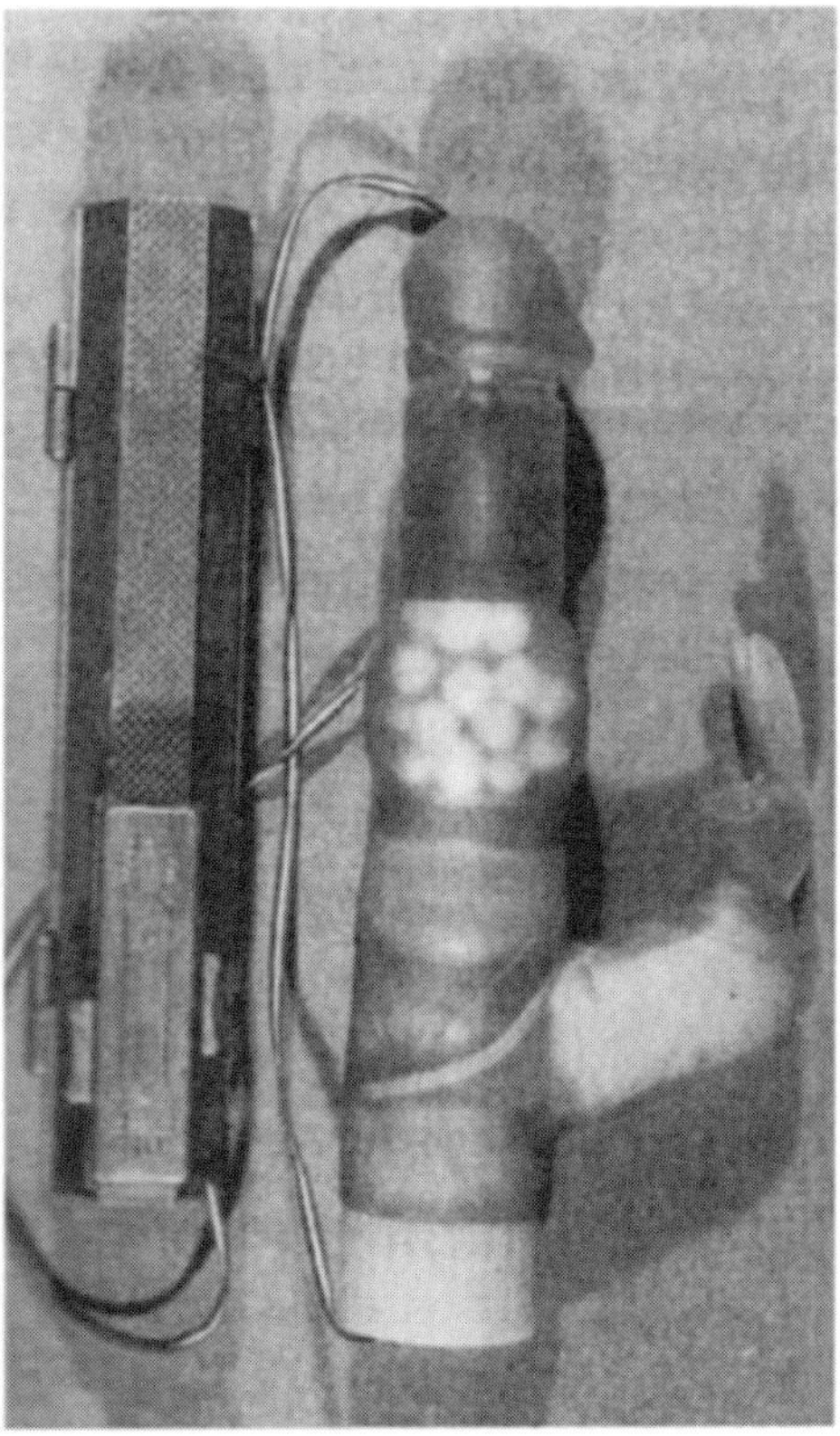

図3–3

同様に、一九六〇年代と七〇年代の北米のフェミニズムやレズビアン運動の影響を受けてデザイン・商品化されたディルド・バイブレーターは、ペニスの模倣品ではなく、マスターベーションする女性の手の複合補綴物として進化したと言えるだろう。

「グッド・バイブレーションズ（Good Vibrations）」や「SH!」[*59]（女性向けの二つのセックスショップ）のベストセラー商品の一つである《魚座の真珠》（Pisces Pearl）をちょっと見てみよう。[57]《魚座の真珠》は、バイブレーション技術や「ヒステリー発作」の生産にかかわるばかりではなく、リアルなディルドの補綴技術にもかかわっている。電化と機械化は、オナニー抑止技術によって剝奪された実用品をマスターベーションする手に与えた。女性の自慰行為者の手やヒステリー者のバイブレーターは、生殖器と非生殖的（さらには非有機的）な物体／器官とを接続しなおすセックス回路のまさに「スイッチ」として働く。手とバイブレーターは、オーガズムを治療という舞台装置と異性愛関係から解放する。振動するディルドは、手と一九世紀のバイブレーターと人工ペニスとを混ぜ合わせた雑種《ハイブリッド》である。[58] その様は、ミシェル・ローゼン（Michel Rosen）*60 が撮影した、バイブレーターでディルドを自慰する人の写真に見ることができる。[59] 振動による身体拡張として使用されるディルド・バイブレーターは、ペニスという規範的なモデルから遠く離れ、精密な振動を備えた第三の手へと近づいていく。この人工的《シンセティック》*61な性器は、心理的・幻想的な効果や単一の実践に制限されることなく、身体化、脱コンテクスト化、再記号化、突然変異《ミューテーション》〔ミュータント化〕といったもののための前例のない可能性の道を開くのである。

カウンターセックスの観点からすると、一方ではペニス、他方では手（触覚）とディルド、そして鏡（視覚）——こうしたものからなる性の総合史＝合成史をしっかりと語る必要がある。鏡〔検鏡〕は、医療空間で女性の身体を観察し表象する卓越したツールであったが、それと同じように、ペニスは、結婚

---

(57) 一九七七年にサンフランシスコで創業したグッド・ヴァイブレーションズは、フェミニストの原理に基づいて設立された最初の女性向けセックスショップである。

(58) 人類学の言説における手の重要さを忘れてはならない。手は種差（動物／人間）とジェンダーの差異（女性／男性）を示す道具であり、したがって指標である。

(59) Michel A. Rosen, *Molly, 1993*, in *Sexual Art: Photographs That Test the Limits* (San Francisco: Shaynew Press, 1994).

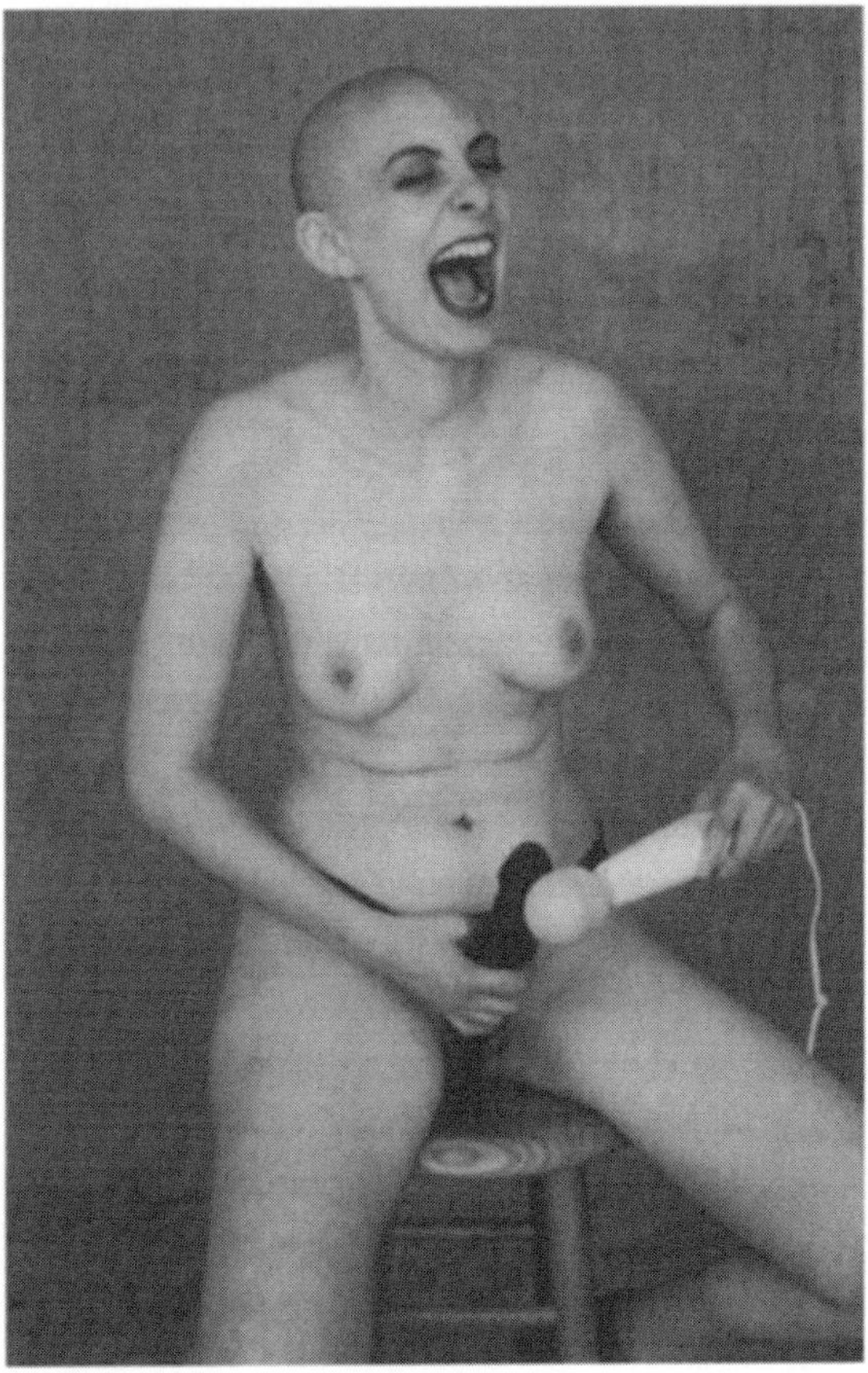

図3–4

のベッドでの挿入という男性特権が与えられた唯一の器官であった。鏡とペニスは、フーコー的な意味で、異性愛的な女性身体を中心とする生権力体制に仕える装置として機能している。この生政治的なテクノロジーとの関係で言えば、手とディルドは、ファルス中心主義的な模倣物などではまったくなく、むしろ逃走ルートを拡大するものである。この意味で、ディルド・バイブレーターは、手袋や鎖を知っていたレズビアン／トランス／身障者／クィアのマスターベーションする手ばかりでなく、触覚や挿入を知っていたレズビアン／トランス／身障者／クィアのマスターベーションする手を延長した合成物でもある。最終的に、ストラップ付きディルドは、合成《シンセティック》性器〔総合的性器〕であり、幹《トランク》〔胴体〕に移植された手であり、クリトリスの可塑的《プラスティック》な延長であると考えることができるだろう。

マネーがセックスを作る[*62]——性の産業化

アダムのヴァギナ

医療技術は遅くとも一九七〇年代以来、アダムからイヴを——むしろエルヴィス〔プレスリー〕からマリリン〔モンロー〕を、と言ったほうがよいか——創造することができると自画自賛してきた。しかし、その逆は上手くいかないようだ。西洋の病院でほとんど例外なくおこなわれている近代的な外科技術は[60]、「正常な」外見をした「機能的な」ペニスを作ることができない。医学文献によると、ペニス形成術すなわちペニスを外科的に作り出すことは、少なくとも四つのかなり複雑な外科手術を必要とする。ヴァギナの陰唇を縫合し、脚または子宮（または両方）から組織を移植し、静脈を（多くは脚から）移植し、そしてペニスを作成するのである。この一連の手術にはリスク（たとえば腕や脚が動かなくなるなど）がともなうにもかかわらず、これまで性転換手術を担当するチームは、「ごくわずかな美容効果」しか得られない手術でよしとし、性転換者は、たとえそれが「グロテスク」な見た目をしていても、得られたペニスでやりくりすべきと主張してきた[61]。

それと対照的に、「女性器」のほうは、一九八〇年代の終わり頃から、いくつかの手術法によって、「正常」と呼ばれるものと区別がつかないものを作ることができるようになった。しかし、こうした医療行為を厳密に言説のレベルで詳細に見ていくと、医学が語っているのはヴァギナを構築することでは

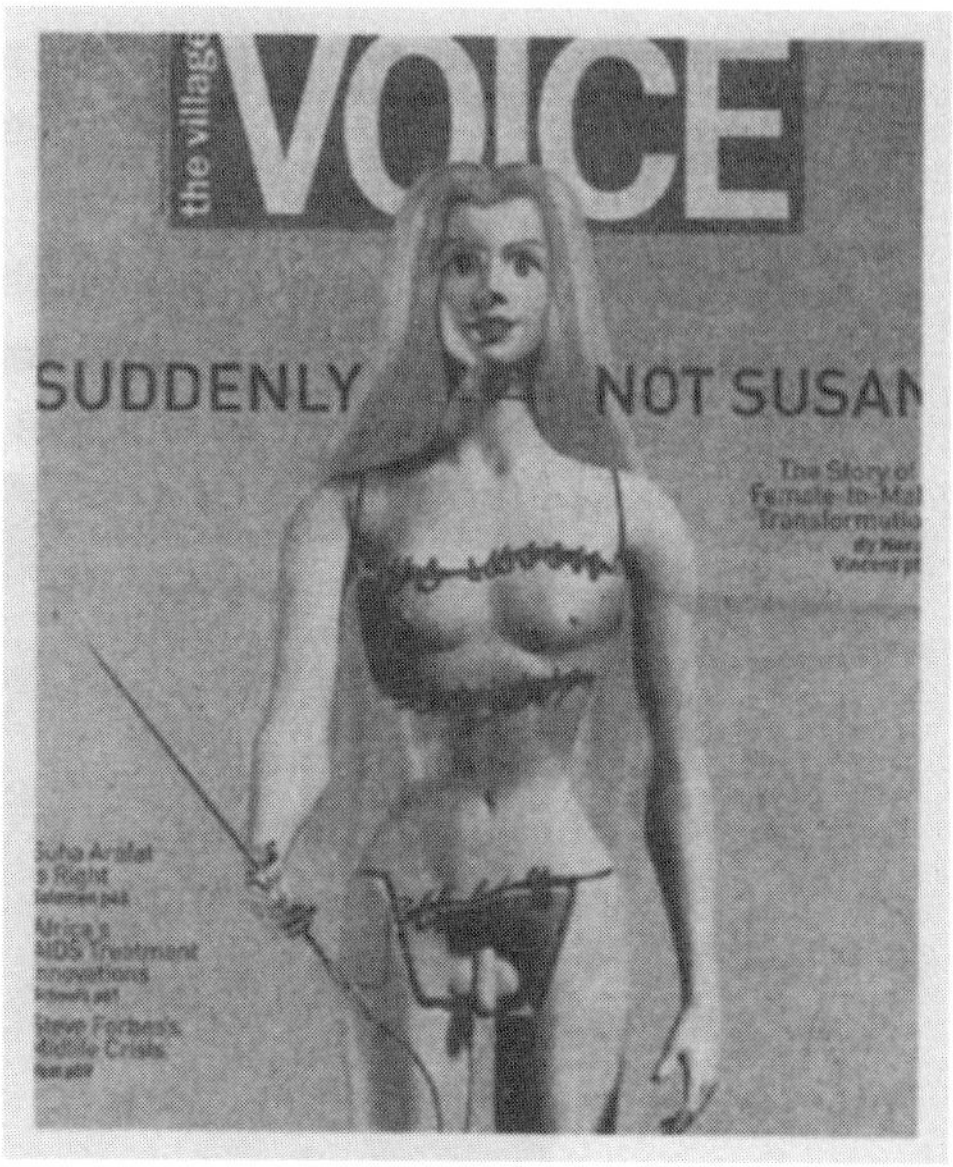

図 3–2

なく、むしろペニスをヴァギナに変換する（「ヴァギナ化する」）可能性についてだということが明らかになる。ドゥルーズの有名な文句を変形させて言えば[62]、まるでペニスが自然に「ヴァギナに生成変化《ビカミング》する*63」選択肢をもっているかのようなのだ。

たとえば、モントリオールで評判の高い聖ジョゼフ美容外科クリニックが発行する広告パンフレットに掲載されているヴァギナ形成手術を見てみよう。このパンフレットには、「ペニスの皮を裏返す」という簡単な方法が描かれている。これは、ペニス

（60） International Commission on Civil Status, *Transsexualism in Europe*（Strasbourg: Council of Europe, 2000）を参照のこと。

（61） Marjorie Garber, *Vested Interests: Cross-Dressing and Cultural Anxiety*（New York: Routledge, 1992), 329 を参照のこと。

（62） Gilles Deleuze and Félix Guattari, *Mille plateaux*, vol. 2 of *Capitalisme et schizophrénie*（Paris: Éditions de Minuit, 1980), 357.〔『千のプラトー　資本主義と分裂症』中、宇野邦一ほか訳、河出文庫、一八一頁〕私は「女性への生成変化」を参照している。

の海綿体を排出し、その後で「男根」の組織を裏返してヴァギナにするという方法である。ステップ一——ペニスと睾丸の皮膚を切開し、後でその組織を使ってヴァギナの後ろの壁を作ることができるようにする。ステップ二——今日でも「去勢」と呼ばれているもの。すなわち、睾丸を摘出し、ペニスの上部を切開し、皮膚が下に滑り落ちるようにする。外科医が指を使って、膀胱と直腸のあいだにヴァギナのためのスペースを作る。ステップ三——外科医は海綿体からクリトリスを再建し、(運が良ければ)最大限の興奮面積が得られるようにする。膀胱に尿道カテーテルを付ける。ペニスの皮を裏返し、内部に押し込む。必要であれば、陰嚢の皮膚を使って移植し、完成させる。ステップ四——ペニスの形をした型をヴァギナのためのスペースに設置する。

このプロセスはペニスのヴァギナ化としておこなわれる。というのも、異性愛中心主義的な医学言説の内部では、男らしさはその反転としての女らしさの可能性を含んでいるからである。ペニスのうちに両性が潜在的に共存しているということは、男性の異性愛、ひいては男性の同性愛が、両性具有モデルから派生したものであることの証拠である。性差の異性愛神話とでも呼ぶべきものにおいては、人間は胎生動物科(これは生殖に子宮を必要とする)には属さず、ひそかに植物/動物の両性具有的な系譜をもつのである。実際、男らしさと女らしさを生産するために用いられる技術は、八百長的である。男性から女性への変身は、両性具有モデルに従って、変化がペニスからヴァギナへと「自然」になされるのに対して、女らしさから男らしさへの移行は、不可逆的な性生産のモデル、すなわち補綴モデルに従っており、非生殖器の使用が必要である。腕や足の一部がペニスに変わるのだ。

男らしさがもつ両性具有モデルの特殊さは、生殖目的のために子宮が抑圧されている点にある。男性はカタツムリ、ヒル、ミミズといった地下種族に属している。彼らの生殖器は一見「正常」に見える。男性

つまり、別の性〔女性〕の生殖器（生物学者は生殖腺〔*gonadic*〕という言葉を使うだろう）とは完全に区別されている。それでも、それは女性器の萌芽をすでに含む二重の生理構造をともなっている。したがって、逆説的ではあるが、別々の「生殖腺」をもつ性を生み出すためには、両性具有モデルを通さなければならないのである。私がわざわざ生殖腺という用語を使っているのは、医学言説が正常とみなすものが構築される際に見られる人為性と奇妙さをいまや指摘すべき時だからである。医学共同体が、両性具有やインターセックスでないものをすべて正常《ノーマル》という言葉で呼ぶとき、それを「生殖腺」と言ってもよいだろう。異性愛の製造は、そうした生殖腺的な、二元的な、分化した性の構築の成功に依存しているのだ。

性転換手術で実際に使われる技術によれば、ヴァギナを組み立てる必要はない。ペニスの内部にすでにあるヴァギナを見つければよい。ペニスは「ヴァギナになる《ビカム》」ことができる。しかし、性差を生み出す同じテクノロジーによれば、ヴァギナは「ペニスになる」ことができない。なぜこのような技術上の非対称性があるのか。性差を構築する可逆性と不可逆性のプロセスはどのようなものか。この医学言説において、男らしさ、異性愛、両性具有のあいだの基盤的な関係は、どうなっているのだろうか。

性の割り当て――すなわち、一個の身体が男か女か確認することを可能にする決定――にかかわる医療技術を分析すれば、（異）性愛テクノロジーがそれに従って作動しているジェンダー構築モデルを、ほかのどんな言説の場合よりも上手く明らかにすることができる。その医療技術とは以下のようなものである。いわゆるインターセクシュアル・ベイビー（規範的な言説では、両性の「特徴」をもち、やがて見かけの性とは反対の性へ向かう可能性のある身体として説明される）に対して医学が施す治療、性を決定するために用いられるテクノロジー、出生前の病因究明、羊水検査、超音波、細胞学、染色体分析、ホルモン鑑定（ゴナドトロフィン、ステロイドなどの処方）、生殖器検査（触診からX線まで）、さらには、性の二元論を混乱させるありとあらゆる性的曖昧さを軽減または根絶することを目的とした幅広い外科処置のプロセス。

性テクノロジーとは、身体の諸領域を「器官」（性器、生殖器、知覚器官、その他）として切り取る《トリム》一種の抽象的な✂「手術台」✂である。[63] たとえば、口と肛門は、それなしには消化器官が一貫したシステムとして成り立たなくなる出入り口として指定されるが、性／生殖のシステムの一環として指定されることはほとんどない。性同一性は、この二重の見出し（男／女）を掲げた手術台のうえで定義された構築物であり、いついかなる場合でも、生物学的な事実にもとづいているのではなく、一種の先験的《アプリオリ》な解剖政治学的規定――すなわち性差を身体から抽出する[*64]一種の定言命法――との関係のうちにあるのだ。身体の受精と再生産。

「男の子か、女の子か」という問いの背後には、経験の次元によって確立される、分化をもたらす[*65]認識論がある。この認識論は、身体器官を断片化し解剖することによって身体を理解可能にする。精密な視覚的、言説的、そして外科的技術の数々が、「性の割り当て《アサインメント》」[*66]という名の背後には隠れている。一般に性転換手術や性適合手術として知られている手術（それらは一般的に境界事例や規則の奇妙な例外としてスティグマ化されている）は、実は、私たち全員がすでに横たわっている第一の抽象的な✂手術台✂で施されたトリミング作業を再調整する第二の手術台でしかない。性転換手術や性適合手術が存在しているというまさにそのことが、それらが生み出す法的・医学的な規制体制とともに、「正常」な性同一性がつねに、どんな場合でも、コストのかかるネクロ生政治技術の産物であることを証明しているのである。

あたかも、性の割り当ての最初の制度的な水準（医学、法、家族）とこの最初の水準が生み出す社会解剖学的次元とのあいだの橋渡しとして、問題含みで型にはまらない異常なケース——別の言い方をすれば、異性愛の認識秩序を問いに投げ込むような身体たちのケース——を規制しトリミングするための中間的な手術台を作ることが必要であるかのようだ。

インターセックス。トランスセクシュアル。服装倒錯者。障害者。これらの用語やそれに類した用語はすべて、過去二世紀にわたって医療、法律、教育の制度を基礎づけてきた異性愛中心主義的な言説の限界やその傲慢さ、暴力を物語っている。ブルジョワ・フェミニズムやゲイ権利運動に押され、アメリカでは一九九四年までトランスセックスやインターセックスの人々に特有の要求は耳を傾けてもらえなかった。[64] 今日のヨーロッパでは、トランスセックスやインターセックスの人々が組織を作り始めたところである。

ヴァギナ形成術（ヴァギナの外科的再建）、ペニス形成術（前腕や大腿など、同じ身体の他の部分から皮膚移植をおこない、ペニスを形成する外科手術）、〔女性から男性への性転換者に対しておこなわれる〕陰茎形成術《メトイディプラスティ》、テストステロンによるクリトリスの拡大または形状変更、喉ぼとけの除去、乳房切除術（乳房を切除し、一般的にはその後で胸部を再建し、切除した一個の乳頭を移植して二つの乳頭を作る）、

（63）「手術台」という言葉はフーコーから借用したものだが、フーコー自身もこの言葉をレイモン・ルーセルから借用している。Michael Foucault, *The Order of Things: An Archaeology of the Human Sciences* (New York: Random House, 1970)〔『言葉と物——人文科学の考古学』渡辺一民・佐々木明訳、新潮社、一九七四年〕の出だしを参照のこと。

（64）トランスセックスとトランスジェンダーの運動の道のりについては、Pat Califia, *Sex Changes: The Politics of Transgenderism* (San Francisco: Cleis Press, 1996) を参照のこと。

子宮摘出手術（子宮の切除）、等々。再調整の対象となる領域では、性転換手術は「問題」——すなわち、セックス、ジェンダー、性的指向のあいだの「不一致」——を解決するように見える。しかし実際には、性転換手術は、異性愛テクノロジーが作業するための可視的な舞台である。それは両性の自然の真理を技術的、生演劇的に構築する営みの表現である。

この一連の「再調整」プロセスは、身体の第二のトリミング✂、第二の断片化でしかない。性とジェンダーの変化の禁止、これらの手術にしばしばともなう暴力、そこに見られる身体を切断し不妊化しようとする試み、そしてそのかなり高額な経済的かつ社会的なコストは、認識論的暴力と性的検閲の形態として理解されなければならない。

インターセックス……ただ、あなたと私らしく

身体の最初の断片化は性の割り当てであるが、これはジュディス・バトラーの用語に従って言えば、遂行発話的《パフォーマティヴ》な呪文《インヴォケーション》と呼びうるプロセスを通しておこなわれる。私たちは誰一人として、この政治的な呼びかけ[*67]を逃れてはいない。超音波——記述的だと称賛されるが、実際には完全に規定的なテクノロジー[*68]——のおかげで生まれる前から、あるいは生まれたその瞬間に、私たちは男の子か女の子として召喚されるのだ。性差の科学体制は、誕生（さらに近い将来には、受精も）と性の割り当てが一致することを要求する。私たちはみな、「男の子です」か「女の子です」というこの最初の遂行発話の手術台の上に横たわっていたのである。与えられた名とそれが言葉の通貨として果たす役割は、この遂行発話的

な呼びかけのたえざる反復を確固たるものにするという点にある。しかし、このプロセスはそれだけにとどまらない。その効果は、身体器官やその機能の仕方、それらの「正常」な使用法や「倒錯」した使用法の境界をも画定する。性指定の呼びかけが遂行発話的であるとすれば、その効果は義体的である。すなわち、それは身体を製造するのだ。

この義体的生産のプロセスは、あらゆる場合につねに生じているが、インターセックスやトランスセックスの規範操作*69の場合には、自己反射的*70になる。いったん性が割り当て《アサイン》られてしまうと、その指定《デジグネーション》を変更するためには、身体を文字どおりトリミングし、細工することが必要となるのだ。この「第二の再割り当て《リアサインメント》」は身体を新しい分類秩序のなかに書き込みなおし、文字どおり、諸器官をデザインしなおす*71（私たちはすでに、外科手術が一つの器官のなかに別の器官を見つけることにどれほど囚われてきたかを見た）。この再割り当ては、最初の分類体制と同じく、まったく対称的、二元論的、異性愛的でなければならない第二の一貫性を生産するのであり、偶然の余地をまったく残さない。

男らしさと女らしさの割り当て表《アサインメント・テーブル》*72は、性器を全身体にとっての生殖領域として、性器でないものを単に周縁的な領域として指定《デジグネイト》する。つまり、この「人間」の抽象的な認識論は、ある特定の性器にもとづいて身体の全体性を再構築することを可能にしているのである。すなわち、身体は性別化されて初めて人間的になるというわけである。セックスレスの身体は、障害のある身体と同じように、怪物的で非人間的であると考えられている。この論理によれば、視覚的に確認できるペニスやヴァギナのみが、人間を生み出す器官である。それ以外の器官（鼻、舌、指）には、人体を人間的なものとして定義する力はない。このように、性器は種の有性生殖を可能にするという意味で「再生産器官」であるばかりでなく、これが最も重要な点であるが、まさしく「人間的」と言える身体に一貫性を与える「生産器官」でもあるのだ。

いわゆるインターセックスの身体は、性の割り当て表の機械的な機能を危うくし、性的な機械が身体を生産し再生産するという構図を掘り崩す。インターセックスの赤ちゃんたちは、認識論的な脅威である。彼らは、(性的)差異が(性的)同一性《アイデンティティ》を生み出す可能性の条件となるその境界線を踏み越えるのである。彼らは、手術台の遂行発話的な自動症《オートマティズム》に疑問を投げかける。彼らのおかげで、カテゴリー(同一性/差異、男/女)の恣意的な性質が明らかになり、またこのカテゴリー化が成立させる、身体の異性愛的な属性指定との共犯関係が明らかになる。しかし、生殖器や生殖にかかわる部位とは何なのだろうか。どこを探せばいいのだろうか。何が名づけられ、何が見られるのか。どのようにして名前から器官が生み出されるのだろうか。この生殖腺の二元論という形而上学を超えた世界を想像することは可能だろうか。

インターセックス・ベイビーに性別を割り当てるときにすでに作用しているテクノロジーは、トランスセックスの人々のときに使われていたテクノロジーと同じ論理をたどる。性の割り当て表《テーブル》はあいかわらず欠損(視覚的に認識できるヴァギナやペニスがない身体)や過剰(男女のものと想定された性的特徴を両方兼ね備えた身体)という光のもとで機能し続けているが、今度は本当の手術台《テーブル》として、思春期まであるいはそれ以上続くかもしれない薬物治療、インプラント、移植、切除という手段によって機能する。このように、私たちが性同一性の生成の中心と呼んだものは、排他的で排除的なものとして構成されている。すなわち、男と女という二つの選択肢が、そしてこの二つの選択肢のみが強制されているのである。インターセックス・ベイビーの誕生と性の割り当てに関する最も一般的な物語の一つが、男女の双子の誕生という物語の作成であることは驚くにあたらない。この「神話的」な物語は、一方の子どもの死——悲劇であるが、安堵でもある死——によって結末に至る。セックス（一五〇〇年頃ロマンス語に導入された）の語源はラテン語の seco で、「分ける」あるいは「切る」を意味する secare に由来する。分離、隔離、仕切りなくしてセックスはありえない。セックスを作ること＝セックスを殺すこと。生政治《バイオポリティクス》＝死政治《ネクロポリティクス》。切り裂き、分割する行為こそが、性差をインストールするのだ。スーザン・ケスラー[*73]は、「問題のある」性の割り当てのケースにおける意思決定のプロセスを研究し、この物語について言及している。「両性具有の子どもをもった両親がいたが、彼らは男女の双子が生まれたと皆に話した。ジェンダーが決定されたとき、もう一人は死んだと言った[(65)]」。

インターセックスの子どもたちに対する確たる管理プログラムは、一九五五年にボルチモアのジョンズ・ホプキンズ大学病院の小児科・医療心理学教授ジョン・マネー[*74]とジョーン&ジョン・ハンプソン夫妻（Joan and John Hampson）[*75]が開発し、その後まもなくマネーとアンケ・エアハルト[*76]によって実践された理論にもとづいている。ここで面白いのは、性差を正常で自然なものとして擁護するこの同じ理論が、純粋に構築主義的な仮説にもとづいていることである（構築主義がフェミニストの論拠に使われる以前から）。一九五五年のマネーの結論は、これ以上ないほど革命的であった。ジェンダーと性アイデンティティは、生後一八ヵ月までは変更可能であると彼は主張したのだ。

マネーの性の割り当て理論は、医学界や科学界、とくにミルトン・ダイアモンド[*77]から、自然主義的な

（65） Suzanne J. Kessler, "The Medical Construction of Gender: Case Management of Intersexual Infants," in *Sex/Machine: Readings in Culture, Gender, and Technology*, ed. Patrick D. Hopkins (Bloomington: Indiana University Press, 1998), 248.

批判を呼び招いた。しかしダイアモンドとマネーは、ジュディス・バトラーが指摘したように、言葉のうえでは対立しているが、性差の認識論において根底では共通していた。すなわち、「可鍛性はいわば暴力的に課されたものであり、自然さは人為的に誘発されたものである」。(66) 彼らが共有する性差への信頼に対する真の反対は、スーザン・ケスラーの一九七八年のフェミニズム研究『ジェンダー――エスノメソドロジー的アプローチ（*An Ethnomethodological Approach*）』、さらに最近では活動家のインターセックス運動から生まれることになる。

思い切って言えば、マネーはトランスセックス心理学における規範的《プレスクリプティヴ》＝指令的な人物でもあった。一九五〇年代の初頭、新生児の性の割り当てや性の再構築の分野で、彼の権威は、少なくとも北の「発展した」西洋諸国では、「マネーがセックスを作る」と自信を持って断言できるほどであった。この点で、西洋の性的な人体は、特殊なスタイルと認識のデザイン、すなわち一種の政治的な性美学が作り出した製品である。この性美学を「マネー主義」と呼んでもよいが、これはいつか、単に性差制作の戦後美学として語られることになるかもしれない。

マネーのモデルは、セックスの新自由主義的な統治体制の一事例として理解することができるだろう。このネオリベのセックス統治においては、セックスとジェンダーのガバナンスは、科学法則、行政手続き、医療形式、市民権へのアクセス条件の制限、自己テクノロジーの商業化などの無言の作用によって遂行される。一九五〇年代後半に展開されたマネーの性別の割り当てプログラムは、急速に世界中に広がり、身体に関する〈知－権力－快楽〉の西洋的な異性愛体制を正常化させることになった。マネーのモデルは、過去六〇年間のその有効性と成功とを、染色体分析と美的判断という性的身体に関する二つの言語、二つの認識論の組み合わせ戦略に負っている。

もしあなたがトランスセクシュアリティや性転換手術を不自然で異常なものだと信じている人間の一人であるなら、一九五〇年代に欧米で導入された、新生児に性別を割り当てるためのガイドラインを見てもらいたい。

性の割り当て担当の医師を演じる前に、あなたが考える定義づけを見直したほうがいいだろう。

XX：遺伝的に女性。現代医学では、X染色体を二本もち、Y染色体をもたない場合、その身体は遺伝的に女性であると考えられている。
XY：遺伝的に男性。現代医学では、Y染色体を一本でももっていれば、その身体は遺伝的に男性であると考えられている。
クリトーペニス：性割り当てのジャーゴンで、クリトリスに似ているがペニスになる可能性がある小さな器官のこと。
マイクローペニス：性割り当てのジャーゴンで、異様に小さい点以外は正常に形成されたペニス。
マイクローファルス：性割り当てのジャーゴンで、小さくて形の悪いペニスのこと。クリトリスとして認識してしまいそうになるが、それでもクリトリスと混同してはいけないもの。
ペニスークリトリス：性割り当てのジャーゴンで、小さなペニスと混同してはいけない大きなクリトリスのこと。

(66) Judith Butler, "Doing Justice to Someone: Sex Reassignment and Allegories of Transsexuality," *GLQ* 7, no. 4 (2001): 621.

困惑させる用語群だとは思わないだろうか。これが現代医学の、いびつになった《バロック》新自由主義的な分類法なのである。

見た目による検査を受けて「インターセックス」と診断された身体には、一群のホルモン治療や性器手術がおこなわれ、それが思春期の初めまで続くこともある。マネーのモデルに従えば、染色体分析によってインターセックスの新生児が遺伝的に女性（XX）であることが判明した場合、ペニスと混同しそうな性器組織は外科的に除去されなければならない。外陰部の再建（クリトリスの縮小も含む）は、一般的に生後三ヶ月目から始められる。目に見える器官が医学用語で言うところのペニス－クリトリスに似ている場合、この手術はほとんどの場合、クリトリスの切除をともなう。

その後、外科手術によって、異性愛的な意味での「ヴァギナ運河《カナル》」を形成し、再建は完了する。つまり外科医は、異性愛的な性行為でペニスを受け入れることができるような穴を開通させるのである。「ヴァギナ運河」（ペニスを受け入れることのできる導管《カナル》）が通常の位置から離れていない場合、子どもが一歳から四歳の間にヴァギナ形成手術（トランスセックス者におこなわれるのと似た手術）が施される。一般的に膣道は、思春期の身体がエストロゲンの助けを借りてホルモン的に「女性化」して成長期を終えると永久に固定される。[67] シェリル・チェイス[*78]が論じたように、こうした小児の性器手術は、「構成的な暴力行為を通じて、規範的に性別化された身体とジェンダー化された主体を生産しようとしたもの」[68]と考えるべきだろう。

インターセックス少女におけるヴァギナ運河〔膣道〕の建設プロセスは、単に一個の器官を生み出すことを目的としているのではない。何よりも、ヴァギナを大人のペニスを受け入れることのできる唯一無二の開口部として定義し、性的実践の命令《プレスクリプション》[*79]へと向かわせるのである。レズビアンによる身体や器官の活用法は決して医学的な予想《エクスペクテーション》＝期待の枠には収まらないのであるから、マネーが作り出したのは異性愛主義的な女らしさにすぎない。性の割り当て手術が振るう暴力と事前決定の重さは、モニク・ウィティグの「私はヴァギナをもっていない[69]」という伝説的な主張のもつ意味を理解させてくれる。この一見支離滅裂な言葉が意味するところは、異性愛規範の認識論には性器と性実践を混同する因果関係がある以上、身体の性活動の根本的な変革は、何らかのかたちで器官の変異および解剖学的‐政治的な新秩序の形成をともなわなければならないということ、これである。新しいインターセックス運動は、異性愛規範の外に実存する解剖学的‐政治的な秩序のなかで生きてセックスする権利を求める。これこそが、カウンターセクシュアリティの意味するところである。

さて、男性の性指定の場合に目を向けてみよう。インターセックスの新生児でも、少なくとも一本のY染色体をもっていれば遺伝的に男性とみなされる。この状況で問題になるのは、いわゆる男根組織が、ミクロ‐ファルスないしミクロ‐ペニスのサイズを大きくする、アンドロゲンにもとづくホルモン治療にポジティヴに反応できるかどうかである。ところがここで赤ちゃんの身体は、染色体分析を二次的な真理の領域に追いやる視覚的な精査にさらされることになる。生殖器の「長さ」、「大きさ」、「正常な外

(67) Kessler, "The Medical Construction of Gender," 244.

(68) Cheryl Chase, "Hermaphrodites with Attitude: Mapping the Emergence of Intersex Political Activism," in *The Transgender Studies Reader*, ed. Susan Stryker and Stephen Whittle (New York: Routledge, 2006), 301.

(69) Moi, je n'ai pas de vagin（私はヴァギナをもっていない）という文章はモニク・ウィティグのものとされている。一説によると、彼女は一九八〇年代に開催されたあるフェミニズム大会でこの言葉を発したという。

観」といったものが、染色体検査の基準に取って代わるのだ。

これらの医療手続きが回復しようとするのは、根源的と想定された認識の瞬間であり、すなわち、子宮内での可視化（超音波検査）であれ子宮外での可視化（誕生の瞬間）であれ、身体を男性あるいは女性として指名することと、私たちが最初に受ける印象とが一致する認識の瞬間である。小児外科は、染色体の組み合わせと生殖器組織の視覚的な形態表現という二つの真理次元から生じる矛盾を解決しようとする。しかし、この戦いはすでに、メタファーと表象の場の内部で起こっている。染色体の地図と解剖学の地図、どちらも地図製作のシステムなのである。最後に、性別化された社会的身体を作り上げるという課題に直面したとき、インターセックスの身体を分類する作業は、染色体によるのではなく、基本的に視覚によっている。それはあたかも眼が解剖学的な器官と理想的な二元的性秩序とのあいだの関係を実証することで、真のジェンダーを確立する任務を託されたかのようである。つまり、性差の異性愛中心主義体制から外れた身体は端的に見られることがないのである。アウトサイダーの身体を怪物《モンスター》や誤謬《ミスティク》以外の何かとして見ることができるような視覚体制はどこにもない。したがって、インターセックスの解剖学があるとすれば、それは（語義矛盾と思われるかもしれないが）不可視なものだと言ってよいだろう。

こうした性指定の手続きは、排他的対立の枠組みの内部で、すべての身体を二つのセックス／ジェンダーのいずれかに包含する。インターセックスの新生児の身体に両立不可能な対立が存在することは、あるときに性器組織が性別未分化となった胎児の発達過程で起こる異常、さらには停止として解釈される。マネー、エアハルト、ハンプソン夫妻にとって、インターセクシュアリティは退行症であるか、病的な胎児発育の症例であった。しかしマネーは、こうした解剖学の曖昧さが、性秩序の安定性に孕まれた問題を抉り出すとは認識していなかった。この曖昧さは、第三の性、いや$n+1$の性を構成することはなかった。むしろ、それは性秩序の安定を補強するものだった。インターセックスの器官は、「不良」「未発達」「奇形」「不完全」などと表現された。つまり、どんな場合でも、それは本当の器官として認識されることはなく、正常性のルールを証明する病的な例外として認識されていたのである。デカルトの悪霊〔欺く神〕[*80]と同じように、奇形の性器は私たちを欺き、私たちの知覚に罠を仕掛け、ジェンダーを見誤らせる。医療技術（言語技術、外科技術、ホルモン技術なども含む）だけが、諸器官を異性愛的な知識体制の知覚秩序に再統合することができるのであり、本当のセックスを（悪意をもって隠すのではなく）明らかにすべく、諸器官を（男性器あるいは女性器として）私たちの視線の真理に適合させることができるのである。

ケスラーによれば、性割り当ての基準は科学的なものではなく、美的なものである。視覚と表象は、性割り当てのプロセスにおいて、真理の創造者の役割を果たすのだ。視覚が性差を生み出す。トランスセックス、インターセックス、トランスジェンダーの団体から圧力がかかり、こうした美的基準が疑問視されるようになったのは、ようやく最近のことである。たとえばF2Mのトランスセックス者の多くは、チャンスがあれば、ファルス形成手術よりも、手術をしない、あるいはクリトリス拡張（クリトリスを四センチまで大きくすること）を選ぶことがわかっている。またゲイやレズビアンの患者は、性転換手術を受けると異性愛者の仲間入りをすると医学は予想したが、しかし実際には多くのF2Mトランスセックス者が手術後にゲイ男性や汎セックスの個人として生き、多くのM2Fトランスセックス者が女性としての人生をレズビアンや汎セックス者として生きていることもわかっている。

カウンターセックスの観点から見ると、異性愛的な知識体制は、フーコーにならえば、排除的包摂の生政治的儀式と呼びうるものに従って稼働している。[70] 異質な身体は根絶されるのではなく、異性愛的な視覚体制に包摂されるために物理的《フィジカル》＝肉体的に作り変えられるのである。科学的かつ美的な基準は、政治的－視覚的な家父長制の法を再強化するようになる。すなわち、外性器が十分に発達していない身体や、外性器が視覚的にペニスとして認識できない身体は、政治的に罰せられ、女性として身元《アイデンティファイ》を規定される。これはセックスを製造する切断行為である。

遺伝的に「男性」である赤ちゃんがペニスをもたず、あるいはペニスが非常に小さいために女性のジェンダーを指定されてしまったケースに見られるように、新生児の性別の真理は規範的な異性愛社会の基準との合致にもとづいており、その基準によれば、「性器による［異性愛的な］セックスに参加できない個人」を生み出すことは、マネー曰く、性の指定や再指定において犯しうる「最悪の過ち」なのである。[71]

インターセックスの新生児に性を指定する作業は、遂行発話的な性別化プロセスである。クリト－ペニス、ペニス－クリトリス、ミクロ－ファルス、ミクロ－ペニスという呼称は、実在する器官を名づけたものではない。それらはこれから生み出される性にもとづいて与えられたものである。ある器官の名はつねに命令規定的《プレスクリプティヴ》な価値をもつ。

新生児がX染色体とY染色体をもつ場合――つまり遺伝的に「男性」とみなされる場合――その性器組織は「ペニスになる」能力を示すべく、ミクロ－ファルス、ミクロ－ペニス、さらにはクリト－ペニスとも呼ばれることになる。この場合、性器が勃起可能な正常な大きさのペニス（生殖能力は問わない）の外観を備えているか、あるいは備える可能性があるかを知るために、医学による評価がおこなわれるだろう。

新生児がホルモン検査に陽性反応を示した場合——つまり組織が成長した場合——局所的にテストステロンを使った治療をおこない、小さなペニスを成長させる。ホルモン療法に反応しないXYの新生児は、医学言説にとってはありえない矛盾である。遺伝的に男性でありながらペニスがない新生児、あるいはもっと意味深長な言い方をすれば「ペニス不足」(ホルモン治療後のペニスが二センチ以下)の新生児がいるのだが、医学言説はこの新生児を認めることができない。この矛盾を認めると、生殖の中心(セックス=性器)なしでも、性をもつ身体の一貫性——ひいては性同一性——が得られるということになるか、あるいは、器官の一貫性の外に性的秩序が存在するということになるか、そのどちらかである。

こうした理由から、マネーとその仲間たちは、ミクロ-ペニスや小さなペニスが「男」の子にもたらしうる「アイデンティティ危機《クライシス》」を回避するために、これらの新生児の大半を女性のジェンダーに再指定することが賢明だと信じたのである。このようなケースでは、ミクロ-ペニスはペニス-クリトリスと呼ばれ、後で完全なヴァギナ形成手術によって短くされたり変形させられた。マネーにとって「男らしさ」とは、遺伝的基準(YとXの染色体を一つずつもつこと)や精子の生産ではなく、「適切な大きさ」の下腹部の突起をもつという美的基準で定義されていたのである。このセンチメートル政策の結果、必要最低限のサイズを満たすペニスが立派に形成されていない場合、インターセックスのXX児、XY

(70) Michel Foucault, *Discipline and Punish: The Birth of the Prison* (New York: Vintage, 1977), 180.〔『監獄の誕生——監視と処罰』田村俶訳、新潮社、一九七七年、一八四頁〕
(71) Money cited in Kessler, "The Medical Construction of Gender," 252.

児の大半は女性ジェンダーに割り振られることになった。

新生児が二本のX染色体をもっていても、正常な大きさの形の良いペニスをもつ場合にのみ、医学は男という性別への再指定の可能性を検討する。マネーによれば、「正常な」ペニスの「去勢」は親に説明するのが難しいし、「胎児の脳構造の男性化は、［これらのインターセックス児が］「女の子として育てられたとしても、ほとんど必ずおてんば娘［に］成長する」素因となるだろう」[72]。マネーが言っているのは、パパとママ（異性愛規範者と想定されたカップル）に、自分たちのわんぱく小僧《タイク》が本当は小さなレズビアン《ダイク》かもしれないと説明することの難儀だろう。マネーはそのような疑念は抱かないほうがいいと考えていた。それほどまでに彼は、遺伝上女性である身体においてであっても、男性的なアイデンティティを誘導するペニスの力を信じていたのである。

インターセックス・ベイビーのケースは、少なくとも四つのテクノロジーを動員する。認識論的なレベルでは、「インターセックス」は本質主義的な遺伝子技術と構築主義的な外科技術に対抗する（それらを働かせながら）。制度的なレベルでは、変形技術と固定化技術に対抗する（それらを協働させながら）。最初の二つのテクノロジーは医療空間に属しており、私たちが正常と呼ぶ性的身体を作り出す鍵である。それらは、病気から健康へ、怪物から正常へと移行する道を舗装する。三つ目と四つ目のテクノロジーは、学校や家庭など、公私の制度に属するもので、性別化と「ジェンダー化」の永続性の保証となる。

ときに対立し、ときに補完し合うこれらの技術のあいだに存在する緊張感を考えると、時間というファクターは性の割り当てにとってきわめて重要である。子どものセックス／ジェンダーの割り当てが比較的に遅い——つまり生まれてから割り当てまでにタイムラグがある——という事実は、性別の真理を生産するテクノロジーにおいて決定と選択が果たす偶然性を十分に示している。たとえば、家庭や教育機関がジェンダーレスの身体に対して再性別化や再ジェンダー化という機械的で再生産的な任務を遂行するわけにはいかないから、社会制度や医学言説は、性の割り当ての「期限」というプレッシャーにさらされる。また、形態や染色体からみて曖昧さがあるにもかかわらず、赤ちゃんの性別を迅速に決定するよう医師に求めるのは、誰よりもまず親である。ケスラーの取材に応じたある医師は、「親は家に帰って、相手が女の子か男の子かをはっきり認識しながら子どもを育てる必要がある」[73]と指摘し、性別決定のプロセスに家庭からかけられるプレッシャーがあることを告白している。親子の絆を築き、子どもを教育するのに、性別やジェンダーを必要としないクィアな親のあり方を、いま初めて考えなければならない。

マネーは、セックス／ジェンダーのアイデンティティは生後一八ヶ月頃まで変えることができると主張した（思春期以後もホルモン療法や外科的治療が続く可能性はある）。しかし、それはその後の変化が不可能という意味ではない（トランスセックス者の性転換手術や性指定のやり直しがそのよい証拠である）。むしろそれが本当に意味するところは、幼児期以降の性の曖昧さや流動性がもたらす政治的・社会的な帰結に医学言説が向き合えていないということなのだ。だからこそ、性別はできるだけ早く、

(72) John Money, "Hermaphroditism and Pseudohermaphroditism," in *Gynecologic Endocrinology*, ed. Jay J. Gold (New York: Hoeber, 1968), 460, quoted in Kessler, "The Medical Construction of Gender," 251.
(73) Quoted in Kessler, "The Medical Construction of Gender," 244.

つまり一目見て即座に、決定的に、不可逆的に指定されなければならない、とマネーは言うのである。

形成外科学と内分泌学の発展、トランスセクシュアリティにおける女らしさの技術的構築、ホルモン剤と外科手術による異性愛女性たちの過剰な性別化〔過女性化〕、ホルモン避妊技術と人工授精技術の発展、そして乳児期の最初の瞬間から性別決定の基準としてペニスの外観と大きさを押し付けること――こうしたものが、私が第二次大戦後の性の知識体制の変化を明らかにし、性生産の二つのモデルを概観する要因である。二つのモデルのうち、第一のモデルは、性労働と生殖労働における分業にもとづくモデルで、工業－植民地的な資本主義の時期に対応している。このモデルは一八世紀にまで遡るが、セックスを生殖活動と同一視し、根本的に子宮の政治的管理を取り扱う。第二のモデルは、ポスト工業時代の新自由主義的資本主義に対応するモデルである。その特徴は、性的シニフィアンとしてのペニスの安定性、ジェンダー・パフォーマンスの複数性、性アイデンティティの拡散といったものであるが、それが帝国主義と、そしてシニフィアンとしての西洋的ペニスのグローバル化と並存しているのである。このモデルは、たとえば異性愛ポルノにおける性描写をつかさどっており、性を性器の外見、とくにペニスの外観とその最大のパフォーマンスと同一視している。これはバイアグラの世界新秩序であり、何がなんでもオーガズムという世界新秩序である。この二つのモデルは、白人異性愛中心主義の秩序が作り出した偏執狂的な夢を生み出す。二つのユートピア／ディストピアがある。それらはシステムの構造的基盤の表現である。すなわち、「母系（非白人）家族」と「ホモソーシャル」な男性ゲットーという二つのユー＝ディストピアである。これらのモデルは異なる時代に登場したが、現代では排除しあうことなく重なりあっており、このことは強調しておかなくてはならない。(74)

一九世紀には、医学言説が両性具有と認定したケースでは、卵巣の有無が性別決定の主要な基準であった。この器官経済において、解剖学的な性と社会的な性との関係は、生殖労働の分業を反映していた。ペニスがあろうがなかろうが、妊娠・出産が可能であれば、どんな身体も女性として扱われた。「性＝有性生殖＝子宮」というモデルは、「母系家族」というユートピア／ディストピアを生み出した。すなわち、男性の存在を精子の循環に強制的に還元し、女性を介した「種」の伝達を目指す生殖＝再生産《リプロダクション》システムである（プランテーション経済のようだ）。それは生殖母体〔再生産する母〕が休みなく働くグローバルな植民地子宮を作り出した(75)。

　マネーのやり方を研究してみてわかるのは、一九五〇年代以降、女性の性別指定は、遺伝的に男性の身体であっても女性の身体であってもつねに可能であるが、その一方で、男性の性別指定は、XY、XXの染色体をもつにせよ、正常な外見をしたペニスをもつ身体のみに限定されていることである。「セックス＝性的パフォーマンス＝ペニス」というモデルは、ホモソーシャルな男性ゲットーのユートピア／ディストピア、すなわち勃起したペニスの性的パラダイスを生み出す。このユートピア／ディストピアは、強くホモソーシャルな社会――そこではポスト工業的資本主義があらゆる経済価値をペニスに、あるいはその逆に変換することを約束しているように見える社会――の創出であり恐怖症である（本章の第一節「デリダの鋏――ディルドの論理」参照）。

(74)　こうした直観をもっと詳しく論じたものとしては、Paul B. Preciado, *Testo Junkie: Sex, Drugs, and Biopolitics*, trans. Bruce Benderson, introduction trans. Kevin Gerry Dunn（New York: Feminist Press, 2013）を参照されたい。

(75)　再生産＝生殖のこうした植民地主義的な理解は、たとえば E. Franklin Frazier, *The Negro Family*（1939; reprint, Chicago: Chicago University Press, 1969）のなかに見られる。このテクストの読解については、Angela Davis, *Women, Race, Class*（New York: Vintage Books, 1981), 14-23 を見よ。

この第二のモデルでは、医学言説は、私がジョン・マネーの「ディルド・タブー」と呼ぶものに従って性別の（再）割り当てを管理する。「尿道下裂のためであろうとなかろうと、ペニスの構造が出生時に同年齢の小さなペニスをもつ男子と同じくらいのサイズでないならば、その子に男性の性別を指定して男子として育ててはならず、男子としてホルモン療法や外科的治療を施してはならない[76]」。

ディルド・タブーとは、女性の身体に、クリトリスなどの視覚的に「ペニス」と見なせるような外性器をもつことを禁じるものである。言い換えればディルド・タブーは、性別指定や性転換において、ペニスの技術的な構築を禁止することに帰着する。ジェンダーの社会的構築に存在する非対称性が、医学的構築と性転換技術において再び浮かび上がってくる。かくして、現代の医学や法律の言説において、ペニスは、それがあたかも自然物でしかないかのように人工物の彼方に位置づけられることによって、準超越論的な性格を帯びている、と言うことができる。まさしくこのペニスの自然さの王国に、ディルドは「生きた亡霊」として乱入するのである。

ハラウェイの補綴——性《セックス》テクノロジー

セックスを「テクノロジー」と呼ぶことは、矛盾している、さらには支持できないとさえ思われるかもしれない。技術と自然という伝統的な対立を無視したセックスの定義には、支離滅裂と見える危険があるのではないか。資本主義の内部では、先端技術はつねに新しく、たえず改良され、つねに速く、つねに変化しやすいものとして提示され、それゆえ、歴史と時間の原動力そのものであるかのように見える。それに対してセックスは、まさにジェンダー（その歴史的、非自然的、構築的な性格は、一九八〇年代から一九九〇年代にかけて社会学やフェミニストの言説によって徹底的に暴かれた）と対立することによって、変化や変容に抵抗するトランスカルチャーの安定した枠組みとして描かれ続けている。セックスは、テクノロジーがジェンダー構築の仕事を終えた後の、自然の最後の残骸のように見えることがある。

テクノロジーという用語——テクネー（「技巧」）vs ピュシス（「自然」）に由来する用語——は、自然／人工、器官／機械、原始／現代という一連の二項対立を駆動させるが、「道具」はそのなかで対立項

(76) John Money, "Psychological Counseling: Hermaphroditism," in *Endocrine and Genetic Diseases of Childhood and Adolescence*, ed. L. I. Gardner (Philadelphia: Saunders, 1975), 610.

のあいだの仲介役を担っている。技術発展に関する実証主義的な語り（そこでは、人間は獰猛な自然を手なずけ、家畜化し、支配する主権理性として提示される）と、黙示録的でアンチ技術的な語り（たとえばポール・ヴィリリオ*81の預言は、否定的地平《ネガティヴ・ホライズン》のまさに入り口に鎮座し、領土の安全を見張り、自然を破壊し食い尽くす死の理性を吐き出す機械のさまざまな事故を記録する）は、共通の形而上学的前提をもっている。すなわち、自然としての生ける身体（限界点または第一秩序）と技術としての無生命な機械（解放的でも倒錯的でもある）との対立という前提である。

ダナ・ハラウェイは、人類学という植民地主義的な言説における人間性《ヒューマニティ》の定義が、いかにこのテクノロジーの概念に依拠しているかを示した。「人《ヒュー》－間《マン》」*82は、何よりもまず道具を使う動物として、「霊長類」や「女性」と対立するものとして定義されているのだ[77]。ハラウェイは、霊長類学の言説を批判的に分析し、一九世紀から二〇世紀初頭の植民地主義的な人類学が、技術／自然、道具／性という対立によって男女の身体の定義を支えていたことを明らかにした。テクノロジーとは、ある人間社会が到達した文化、合理性、進歩の程度を測るために植民者が用いる基準である。植民地主義の支配的な物語のなかでは、女性や「原住民」は、あたかもテクノロジーをもたず、「自然」の一部であり、それゆえ「白人男性」が支配し開拓しなければならない天然資源であるかのように描かれている。

したがって、「技術」という観念は、それを軸にして、種（人間／非人間）、ジェンダー（男性／女性）、人種（白人／黒人）、文化（先進的／原始的）などが構造化される重要なカテゴリーである。男性の身体は、テクノロジーが樹立する関係性を通して定義される。「道具」は男らしさを拡張し、さらにそれに取って代わる。伝統的な人類学は、アフリカの女性たちが開発した妊娠や教育の技術を厳密な意味でのテクノロジーとみなさなかった[78]。そのことを考えると、女性の身体はどんな種類の洗練された道具とも無縁であると考えられており、純粋に「性的なもの」として定義されていることがわかる。人類学の言説は、女性の身体をヒトの男性の身体との関係においてばかりでなく、霊長類のオスの身体との関係においても構築しており、人間の女性には発情期がないため、フルタイムの性的な身体であると特徴づけている。この定義は、（男性の場合のように）道具を獲得する能力に立脚しているのではなく、性行為や妊娠が定期的に可能かどうかで判断される。ハラウェイが精査した古典的人類学によれば、人間の女性の身体は、つねに（異性愛の）セックスに利用可能であることを強いられているがゆえに、霊長類のメスの身体とは異なる。人間の女性の身体は家庭内生殖のためにカスタムメイドされた身体なのである。

テクノロジーとセックスは、ヨーロッパ植民地主義の人類学言説における戦略的なカテゴリーであり、男らしさはテクノロジー装置との関係で、女らしさは性的有用性との関係で記述される。しかし、自然や女性の身体に限定されているように見える「有性生殖」は、特定の性行為、避妊や中絶の管理体制、出産時における医療行為や宗教儀式という、もろもろの文化的なテクノロジーによって最初から「汚染」されている。人類学におけるハラウェイと同じように、ジャン＝フランソワ・リオタール[*83]は形而上学の言説を解体しながら、科学や人類学の言説において自然とテクノロジーは対立するカテゴリーであ

（77）Donna Haraway, *Primate Visions: Gender, Race, and Nature in the World of Modern Nature*（New York: Routledge, 1998), 9.

（78）妊娠と教育の技術についての興味深い試論を集めた本として、Jan Zimmerman, ed., *The Technological Woman: Interfacing with Tomorrow*（New York: Praeger, 1983）を見られたい。

りながらも、実はどちらの言説も深いところで「自然な出産」に結びついていると指摘した。[79] テクノロジーと性というこの二つの概念のあいだには共犯関係があり、人類学はこれを隠蔽しようとするが、この共犯関係はギリシア語のテクネーの語源の背後ではためいている。人間の産出に関するアリストテレスの理論は、精子を、「珠心のなかにある (in nuce) 男たち」――つまり女性の受動的な子宮に預け*84られなければならない「ホムンクルス」――を含む液体として記述していた。この理論は一七世紀に卵巣が発見されるまで反論されることはなかったが、子孫を残すことを一種の身体的農耕技術として理解したのであり、そこでは男は技術者であり、女は自然の繁殖場なのである。リオタールが強調しているように、ギリシア語のテクネー（「産む」あるいは「生産する」という意味の動詞 tikto の抽象名詞形）という表現は、人工的な生産形態と自然な発生の両方を指す。実際、〔現代〕ギリシア語で「発電機」は teknotes であり、生殖細胞は teknon にほかならない。文化的な矛盾の典型例であるテクノロジーは、人工的な生産（この場合は、テクネー＝ポイエーシス*85である）と有性または「自然」な再生産〔生殖〕（この場合は、テクネー＝創造《クリエイション》である）の両方を呼び起こすのである。

しかし、こうしたテクノロジーと性的再生産〔生殖〕とのつながりを最初に指摘し分析したのはフェミニズム批評であった。一九七〇年代初頭、フェミニストたちは、女性の身体が技術によって占有される政治の歴史を書こうと試みた。フェミニズムの言説が、女性の身体を自然の歴史としてだけでなく政治の歴史の産物として描いたときの力は、間違いなく二〇世紀の最も偉大な認識論的切断の一つだった。多くのフェミニストにとって、テクノロジーは、女性の身体を客体《オブジェ》化し、コントロールし、支配する広範な技術（遺伝子検査やピルから〔無痛分娩に用いる〕硬膜外麻酔まで、そこで用いられる単なる道具や機械だけでなく、それらの手順や規則をも含む）を呼び起こすものであった。とはいえ、ダナ・ハラウェイが登場するまでは、フェミニストの「テクノロジー」分析の大半（バーバラ・エーレンライク、[86]ジーナ・コリア、[87]アドリエンヌ・リッチ、[88]メアリー・デイリー、[89]リンダ・ゴードン、[90]イヴリン・フォックス・ケラー[91]などによる分析）は、性テクノロジーを生殖技術の星座に還元してしまっていた。この種のフェミニストたちの歩みの難点は、女性というカテゴリーを本質化し均質化する罠に陥ることである。この作業は、一般に女性の身体と性とを生殖機能と混同することにつながり、テクノロジーが女性の身体にもたらす危険（支配、搾取、疎外）に重点を置くことになる。このフェミニズムは、性テクノロジーに対する批判を発展させるための二つの重要なチャンスを逃した。第一に、女性の差異の分析に集中するあまり、男性の身体と性同一性の構築された性格を見落とした。第二に、あらゆるテクノロジーを家父長制支配の装置として悪者扱いしてしまったために、このフェミニズムは、支配に抵抗するために可能な政治戦略として、テクノロジーの反体制的な使用や技術のクィア化を想像することができなかった。

　テクノロジーは男性が女性の身体を支配するための洗練された方法だとして拒否するフェミニズムは、あらゆる形態のテクノロジーを家父長制と同一視するだけに終わる。この種の分析は、自然と文化、女性と男性、動物と人間、原始と発展、再生産と生産といった二項対立を更新し、永続させる。こうしたフェミニズムの否定的な診断によれば、テクノロジーの究極目的は、単に子宮の生殖力を我が物にする

（79） Jean-François Lyotard, "*Logos* and *Techne*, or Telegraphy?" in *The Inhuman: Reflections on Time*, trans. Geoffrey Bennington and Rachel Bowlby (Stanford, Calif.: Stanford University Press, 1991), 52.〔「ロゴスとテクネー、あるいは電信」『非人間的なもの——時間についての講話』篠原資明・上村博・平芳幸浩訳、法政大学出版局、二〇〇二年〕

ことだけでなく、さらに進んで、人工子宮の付与や製造など、将来のバイオテクノロジーの複製力によって、（善良で自然で無垢である）「生物の女性」を「機械の女性」に置き換えることだ、という話になる。[80] このようなフェミニストによる物語のなかには、トランスジェンダー女性を家父長制的な資本主義テクノロジーの悪魔的な結果と見なすものもある。[81] また別のハイテク・ディストピア的な説明――アンドレア・ドゥウォーキンのそれ――では、女性は生殖専門の売春宿に住み、異性愛者の男性に奉仕する生物学的なセックス・マシーンの状態にまで貶められてしまう。[82]

これらのフェミニストによる批判の多くは、女性の身体を強制的・抑圧的な男性権力と近代テクノロジーから解放し、自然と一体化するための反テクノロジー革命を求めている。しかし、一九七〇年代から八〇年代におけるこれらのフェミニズム理論は、実は二重の再自然化に逢着した。

これらの理論は、性のテクノロジーを軽視しつつ、女性の身体をまったく自然なものとして提示する一方で、男性の支配権力を、管理と所有のテクノロジーに変貌させ、女性の最も本質的な能力と考えられた生殖に行使されるものとみなした。生殖は女性の自然な能力であり、技術の力が及ぼされる生の素材として描かれた。この言説では、女性はいつも自然であり、男性はテクノロジーなのだ。

シモーヌ・ド・ボーヴォワールは、ジェンダーを脱自然化する概念プロセスの口火を切ったが、彼女はみずからの構築主義的な分析を、男性およびジェンダーとしての男らしさへ拡張することには失敗した。「人は女に生まれるのではなく、女になるのだ」という彼女の言葉は、二〇世紀を通してフェミニズムの進化を促進したが、一九九〇年代のクィアやトランスフェミニストによる転換（ジェイコブ・ヘイル、[*92] ジャック・ハルバースタム、デル・ラグレイス・ボルケーノらが先導する）まで、フェミニズムは、この言葉の男性版、つまり「人は男に生まれるのではなく、男になるのだ」と言うことができなかった。一九七〇年代と一九八〇年代を通して、ラカン派精神分析のエンドレス・ソング（この歌はラカンその人からクリステヴァに至るまで無数の懐疑的な声によって歌われた）は、「女は存在するか」とは問いかけたが、しかしその相関項である「男は存在するか」という問いは、近年の男性研究の登場まで問かれることがなかった。同様に、一九八〇年代にウィティグは、「レズビアンは女ではない」と主張したが、この宣戦布告がもつきわめて明白な含み「ゲイは男性ではない」が日の目を見るまで、二十年以上もかかったのである。

本質主義的（生殖主義的）フェミニズムは、母性、生殖、女性的差異を再自然化することで保守的な立場へ引きこもった。それに対して、いわゆる構築主義的フェミニズムは、ジェンダー概念をめぐる多くの社会的・政治的差異を明確にしたおかげではるかに知的に鋭敏だったが、しかし鏡像の罠にはまってしまった。第一に、構築主義的フェミニズムは、女らしさが広範囲にわたる権力テクノロジーの手続きによって作り出された人工的な結果であると主張したが、その一方で、男性は一見自分自身の技術権力に服する必要がないように見えるために、逆説的にも男らしさが自然であるかのように思わせてしま

（80） Gena Corea, *The Mother Machine: Reproductive Technologies from Artificial Insemination to Artificial Wombs* (New York: Harper and Row, 1985).〔『マザー・マシン——知られざる生殖技術の実態』斎藤千香子訳、作品社、一九九三年〕

（81） こうした暴力的な物語の最も影響力のある例は、Janice G. Raymond, *The Transsexual Empire: The Making of the She-Male* (New York: Teachers College Press, 1979) である。

（82） Andrea Dworkin, "Sexual Economics: The Terrible Truth," in *Letters from a War Zone* (New York: Lawrence Hill Books, 1993), 117-25.

った。結局、男らしさが唯一の残存する自然となり、女らしさはたえざる構築と修正のプロセスにさらされたものということになった。一九五〇年代以降、ファッション、整形、生殖、薬理学におけるさまざまな技術が女性の身体を主な標的としたという事実は、このテーゼを立証するように見えた。このアプローチの問題点は、テクノロジーと自然の対立そのものを問わずに、テクノロジーは所与の自然を修正するものだという考えを維持する点にある。構築主義的フェミニズムが陥る第二の罠は、ジェンダーとセックスとの対立を社会的構築と自然との敵対関係として扱い、この対立を使って作業をおこなうことである。構築主義的フェミニズムは、歴史的‐文化的変数としてのジェンダーの構成的な性格を強調することによって、結局のところ、身体、セックス、性器を再び本質化することに終わったのであり、それらを文化的変動が通り抜けられない自然という限界に突き当たる場として考えてしまったのである。

しかし、セックスとジェンダーとのあいだにはいかなる厳密な対立もない。この二つの観念は、単に身体の異なる認識体制に属しているにすぎない。近代の性や性差の観念によれば、それらは自然から与えられたものであり、本質的に不変であるとされているが、一九五〇年代に「インターセックス・ベイビー」の性や形態の違いを技術的に管理するプロセスで発明されたジェンダーの概念のほうは、変化や変異を強調する。

フーコーのテクノロジー概念の長所は、第一に、技術を、モノ、道具、機械、その他のメカニズムの集合体として還元的に理解することを避け、第二に、性テクノロジーを生殖の管理に関わる技術に還元することを避ける点にある。フーコーにとって、テクノロジーとは、道具とテクスト、身体と道具、制度と社会儀礼、言説と身体統制、規約《プロトコル》と手続き、生命を最大化するための法と規則、身体の快楽と真理言明の規定、こうしたものを包括する、権力と知の複合装置なのである。セックス／ジェンダー・テクノロジーの最大の功績は、単に女性の身体を変化させただけでなく、ある種の政治的な差異を有機的に発明したことにある。私はこのような権力関係の自然化と物質化のプロセスを「ジェンダーの義体的生産」と呼ぶ。

一九七〇年代の終わり頃、フーコーは性《セクシュアリティ》について考えるとき、取り憑かれたようにテクノロジーという考えに立ち返った。カンギレムをやりすぎたのか、それともサンフランシスコの隠れ家《バックルーム》でフィストファックをやりすぎたのか。この問いにまだ答えはなく、これは今後のカウンターセックス研究の課題だろう。いずれにせよ、一九八二年のセミネールでフーコーが次のように述べたことは知られている。「私は二十五年以上にわたり、われわれの文化のなかで、経済学、生物学、精神医学、医学、そして行刑学など、人間が自分自身について知識を深めるさまざまな方法について、その歴史を描くことを目的としてきた。要点は、これらの知識を額面通りに受け入れるのではなく、これらのいわゆる科学を、人類が自分自身を理解するために用いる特殊な技術にかかわる、きわめて特殊な「真理ゲーム」として分析することである」[83]。そして、彼は四つの大きなタイプのテクノロジーを挙げた。生産テクノロジー(物を変形したり操作したりすることを可能にする技術)、記号テクノロジー、権力テクノロジー、そして自己テクノロジーである。

この「テクノロジー」という概念によって、フーコーは、一九六〇年代から七〇年代にかけて流通し

(83) Michel Foucault, "Technologies of the Self," in *Technologies of the Self: A Seminar with Michel Foucault*, ed. Luther H. Martin, Huck Gutman, and Patrick H. Hutton (Amherst: University of Massachusetts Press, 1982), 17-18.〔『自己のテクノロジー――フーコー・セミナーの記録』田村俶・雲和子訳、岩波現代文庫、二〇〇四年、一八―一九頁〕

ていた権力モデルが生み出すアポリアを取り払うことができた。第一の権力モデルは、合法的・自由主義的なモデルであり、それによると、主体はその本性《ネイチャー》＝自然においてもともと主権者であり、その主権は法によって承認され、有効とされなければならない。このモデルによれば、権力は中央集権的であり、国家や法体系のような実定的な制度から発出する。フーコーは、権力を所有／譲渡する自律的で主権的な主体という観念を捨て、特定の権力関係の産物としての、局所的で位置づけられた主体化プロセスという概念を採用した。

同時に、フーコーは、権力が経済構造から発生するという〈イデオロギー／革命〉の枠組みをも取り払った。この枠組みの観点からすると、権力はつねに弁証法的であり、集団を互いに闘争させるものである（古典的解釈ではブルジョワジーvsプロレタリアート、マルクス主義的フェミニズムでは男性・家父長制vs女性）。フーコーはテクノロジーを生産的な権力システムとして定義することによって、権力は社会的、心理的あるいは物理的な制裁に結びついた禁止として行使されると主張する高圧的・抑圧的な権力モデル（精神分析の「抑圧仮説」など）を拒否した。

フーコーにとってテクノロジーとは、トップダウン方式で働くのではなく、社会のあらゆるレベルで（国家という抽象的なレベルから身体のレベルまで）循環する一種の人工的かつ生産的なミクロ権力である。だからこそ、セックスとセクシュアリティは、私たちの最も内奥にある欲望の完全な発展を妨げる抑圧的な禁止の効果《エフェクト》＝結果ではなく、広範囲にわたる生産的な（単に抑圧的というわけではない）テクノロジーの成果なのである。では、性をコントロールする最も強力な方法とは何だろう。それは特定の行為を禁止することではなく、自然の素質（男／女、異性愛／同性愛など）に由来するように見えるさまざまな欲望や快楽を生産し、それらを最終的には物象化し、「性同一性」のような客観的な言葉にすることである。規律訓練型の性テクノロジーは抑圧的なメカニズムではない。それは〈知‐快楽〉の主体のさまざまな立場を創造する、欲望と知の再生産構造、欲望と知のテクノロジーなのである。

ジェンダーの補綴

「性テクノロジー」というフーコーの概念にもとづき、カウンターセクシュアリティは、「本質主義」と「構築主義」のあいだの果てしない論争を乗り越える。構築主義者は、男女のカテゴリーは自然なものではなく、構築されたもの、文化規範の理想であり、時代と文化のなかで変化していくものであると説く。本質主義者たちは、精神分析のキッチュなモデル（「父の名」や「象徴界」）や、セックス／ジェンダーという差異が遺伝子や染色体、神経細胞の構造に依存しているとする生物学モデル（文化や歴史の違いを超えて存続する不変体）に逃げ込む。

セックス／ジェンダーの区別は、本質主義と構築主義の区別に依拠しながら並行しており、現代のフェミニスト、ゲイ、レズビアン、クィア等の理論にとって中心的であり続けている。セックスや性差にかかわるあらゆること（たとえば生殖にかかわる生物学的な機能）が本質主義の枠組みによって最もよく包含されるのに対し、異なる歴史的・社会的文脈における性差の社会的構築物であるジェンダーのほうは、構築主義モデルの助けを借りて最もよく理解されるかのようだ。しかし、本質主義者と構築主義者の立場は、共通の形而上学的な土台をもっている。どちらのモデルも、精神と物質、心と身体のあいだの機械的な外部関係という近代の前提のうえに成り立っているのである。この前提は、最も急進的な構築主義の立場にさえ見出すことができる。

セックスとジェンダーを魂と肉体のテクノロジーとして理解することで、この対立を脱線させることができる。（受動的あるいは抵抗する物質としての）身体を、セックスやジェンダーの差異を構築する社会的な力から隔離することは不可能である。現代のテクノ科学の実践は、有機的なものと機械的なものの違いを知らない。テクノ科学は、生ける有機体に直接介入し、特定の構造を修正したり付与したりする。一九七〇年代、フーコーは生政治という言葉を用いて、生命そのものの生産と制御を目的とする現代社会のこの新局面を表現した。新しいバイオテクノロジーは、身体に働きかけると同時に、文化の可変性を制御し調整する社会構造にも働きかけることによって、世界のアンカーとなる。[84]どこで「自然の身体」が終わり、どこで「人工的なテクノロジー」が始まるのかを決定することはできない。サイボーグ化、ホルモン剤、臓器移植、ＨＩＶ共生者の免疫系の薬学的管理、インターネットなどは、生政治的な工作物のほんの一例にすぎない。

私は、本質主義／構築主義の立場がともに西洋形而上学の身体概念に依存していることを明らかにするために、両者の論争に少しだけ立ち寄ってみた。この身体概念においては、意識と精神は非物質的なものとされ、物質性は厳密に機械的で魂のないものと考えられている。[85]しかしカウンターセックスの観点から私の関心をひくのは、テクノロジーと身体との乱交的な関係である。具体的に言えば、テクノロジーはどのようにして「身体化する」のか、別の言い方をすれば、身体を「作り上げる」のか。この問題をさらに上手く位置づけるために、私は肉の生産の歴史を垂直に二つに切り、二〇世紀における技術的身体化の二つの主要なメタファー、すなわちロボットとサイボーグに立ち戻り、それを踏み切り台にしてテクノロジーとしてのセックスについて考えることにする。

政治的な形象としてのロボットやサイボーグは、植民地資本主義の歴史と切り離すことができない。ロボットのアイディアは、一九二〇年頃、チェコのカレル・チャペック[*93]というエンジニアによって初めて展開された。ロボットという言葉は、基本的な決定判断が必要な操作をおこなえる自動機構を指す言葉だった。チャペックは、工場の組み立て作業において人間の労働力を代替する一種の「人造労働者」の製造を期待していた（チェコ語でロボタとは「強制労働」という意味である）。

ロボット学の使命は、「オートマトン」と呼ばれる、人間の外見をした、動いて活動できる機械を設計することである。しかし日常会話で、ロボットは、「オートマトンの状態に縮減された人間」という意味でも言われる。ロボットとともに、身体は逆説的にも「器官《オーガン》」と「機械」とのあいだに捕らえられるのだ。とはいえ、一見したところ有機的《オーガニック》なものと機械的なものとは対極にあるように思われる。有機的なものは自然や生物に従うが、機械的なものは道具や人工装置に依存する。

しかし、この二つの言葉はいつも切り離されていたわけではない。Organ はギリシア語の ergon に由来し、他の部品と組み合わせて何らかの調整されたプロセスを遂行するのに必要な道具や部品のことを

（84）この種のバイブリッド化は、癌、エイズや類似の病気に関する医学言説のなかにはっきりと見て取ることができる。Donna Haraway, *Simians, Cyborgs, and Women: The Reinvention of Nature* (New York: Routledge, 1991)〔前掲『猿と女とサイボーグ』〕を参照のこと。

（85）西洋形而上学における意識の非物質化と物質の非生命化については、Jean-Luc Nancy, *Corpus*, trans. Richard A. Rand (New York: Fordham University Press, 2008)〔『共同-体《コルプス》』大西雅一郎訳、松籟社、一九九六年〕を参照のこと。Aristotle, *Politics*, trans. Benjamin Jowett (New York: Cosimo, 2008), book 1, part 4, p. 31.〔『政治学』山本光雄訳、岩波文庫、一九六一年〕

指す。アリストテレスによれば、「明確な領域をもつ芸術［テクネー］と同様に、労働者は自分の仕事を達成するために適切な道具［オルガノン］をもたなければならない」(86)。ちなみに、この意味で使われる organon という言葉は、アリストテレスの論理学の著作のタイトルでもある。したがってオルガノンは、表象の手段、知の道具という意味をもち、つまり現実を理解し生産するときに役立つ規範や合理的規則の集合体という意味をもつのである。たとえばインターネット・プロトコルは、異なるデバイスで情報が表示できるように符号化する方法であり、それはデジタル・オルガノンとして理解できるだろう。このようにオルガノンは、ハンマーが手を拡張するように、あるいは望遠鏡が遠くのものを目の近くにもたらすように、ある特定の活動を容易にする器具や装置《ディスポジティフ》である。まるでオルガノン概念の背後にいつも、生きた四肢ではなく義肢《プロテーゼ》が身を潜めていたかのようだ。「プロテーゼ」という概念は、ヨーロッパの植民地拡大や近代科学の勃興の時代である一五五三年頃に登場したが、文法用語として単語に接頭辞《プレフィクス》を付け加えることばかりでなく、義肢による身体の再構築をも指す用語として使われるようになった。文法《グラマー》はオルガノンであり、補綴《プロテーゼ》は言葉や身体の前に付けられるもの《プレフィクス》〔接頭辞〕である。

　ロボットのモデルは、自然／文化、神／人間、人間／動物、魂／身体、男性／女性といった近代形而上学の矛盾や逆説を触媒し解きほぐす*94。それはパロディとミメーシスにおける遂行性《パフォーマティヴィティ》の法（調整された反復プロセスとして定義される法）に従う。ロボットという発想も、生ける身体の組織化や操作を説明するメタファーとしての「機械」から力を得ている。しかし、身体／機械のメタファーは二重の意味をもつ。ラ・メトリ*95の人間機械は、デカルトの動物機械と同じく、生物学的な身体とその活動は機械的な電磁相互作用の複雑なシステムに還元できるという考えにもとづいている。アルベルトゥス・マグヌス*96が「オートマトン」と「機械の召使い」を描いたとき、彼は、人間の行為者の代わりとなる人工的なメカニズムをいつの日か設計できるようになることを望んでいた。一八世紀が人間の身体を一個の機械として考えたとすれば、一九世紀と二〇世紀は、人間のように行動する機械を夢見るに至った。機械に奉仕する労働用具として身体を理解することは、一七六五年の蒸気機関の発明につながり、じきにテイラー主義にもつながった。一九世紀全体を通した労働の工業化は、機械のメタファーの項を入れ替えた。すなわち、機械が主体、つまり「オルガノン」になったのだ。労働者は、メカニズムの無意識的な器官に適応する意識的な義肢にすぎなくなった。(87) 工業労働は、このような自然の四肢と機械の四肢とが一体となった産物だった。

したがって、ロボットは人体と機械のあいだの複線的な転移の場である。あるときは身体が有機構造の一部として道具を使用し（↓補綴）、またあるときは機械がメカニズムの一部として身体を統合する。一八世紀の人間‐機械のイメージでは、（男性の）身体が機械的な全体性として想像されていたが、それが一九世紀には、女性またはモンスターとして表象される「生ける機械」という脅威のイメージ（フリッツ・ラング[*97]の映画『メトロポリス』［一九二七年］に見られるように）に移行している。女性、動物、モンスター、そして意識を欲する機械は、ハラウェイのサイボーグを先取りしている。

二〇世紀に入り、男らしさはますます補綴的になっていった。マリー＝ルイーズ・ロバーツとロクサーヌ・パンチャシ[*98]は、身体の再建について、とくに両大戦間における戦傷男性兵士のリハビリテーショ

(86) Aristotle, *Politics*, trans. Benjamin Jowett (New York: Cosimo, 2008), book 1, part 4, p. 31.〔同前、同所〕
(87) Christoph Asendorf, *Batteries of Life: On the History of Things and Their Perception in Modernity* (Berkeley: University of California Press, 1993), 42–43.

ンについて研究している。[88] この干渉政策の着想は「ロボット」の機械モデルから得られており、このモデルによれば、「再建された男性身体」は「労働力」の一部とみなされ、工業生産の連鎖のなかに再統合されなければならない。一九二〇年代にフランスの「労働補綴技術軍事ラボ（labor prosthetics military laboratory）」の所長であったジュール・アマールは、一連の義手と義足をデザインした。その当初の目的は自然の手足を模倣することではなかった。彼が試みたのは、障害者の身体を、それが戦争機械の本質的な歯車であったのと同じように、工業生産機械にとっても本質的な歯車となるように修復することだった。アマールは『手足を失った人々の補綴と労働』（一九一六年）で、失った手足に感覚を覚える幻肢症（後に「ウィアー・ミッチェル現象」*99 と呼ばれる症状）の説明と治療法を提出したが、その治療は、機械による補綴の助けを借りて働く全体性として身体を再建することだった。[89]

ジュール・アマールの義体労働者と義体兵士は、西洋資本主義のなかで、男性の身体が技術的に規定され、労働用具として構築されたことを証明している。障害をもった男性身体の再建が機械の補綴の助けを借りておこなわれたとすれば、それは男性労働者の身体がすでに「ロボット」のメタファーで想像されていたからである。西洋資本主義の奴隷制（プランテーション経済）とテイラー主義の労働管理（平時の産業にして戦時の大量破壊産業）のフレームのなかで、「男性の身体」は、それ自身において、そしてそれ自身から、すでに、いっそう巨大なメカニズムに奉仕する有機的な義体をなしていたのである。戦後の男性身体は、義肢によって人工的に再構成しうる機械装置として考えられた。「作業アーム」や「ペダル足」を使うことで、労働者は産業機械に組み込まれ身体化されるのである。この技術的な身体再構築は、性差のカテゴリーに従って遂行された。第一次世界大戦後の義体技術による再構築の第一ターゲットは、女性ではなく、男性だった。奇妙なことに、アマールは性器を技術的に代替可能な器官とは決して考えなかった。義肢によるリハビリは、工業的な労働器官に限定されていた（もちろん、ペニスはそのような器官と見なされなかった）。アマールにとって、「手足を失った者」や「障害者」は、「運動のための器官を切断された人」なのであって、「不能者《インポテンツ》」（生殖再生産の仕事を遂行する能力をすべて失ったため「機能回復」が不可能な人）と混同してはならないのである。[90]

このインポテンツの定義は、男性の性器が義肢による再構築の埒外に置かれていたことをよく示している。爪を持ち、バイオリンを弾くことができるほど巧妙な機械の指は生産されたが、いわゆる性機能障害者のための機能的な補綴物は提案されていない。実は、男性の肉体の再建を約束する義体技術は、家庭、産業、国家における男性の「自然な」権力の座を脅かすものだった。もし男性の身体（性器も含む）が補綴によって構築できるとすれば、それはまた脱構築され、移し替えられ、そして取り換えられるだろう（そうならないわけがない）。アマールの義肢は、幻肢症を治すこと、その症状が生み出す、有機物／無機物、生者／死者、現にあるもの／見えないもの、そうしたもののあいだの不安定さを食い止めることを目的としていた。しかし、それ自体が生けるものとなる義肢は、さらなる安定性を混乱させるものとして到来するのである。

義肢の幻覚的身体化は、ロボットモデルからサイバーモデルへの移行の徴候的な瞬間をしるしている。

---

(88) Marie-Louise Roberts, *Civilization Without Sexes: Reconstructing Gender in Postwar France* (Chicago: University of Chicago Press, 1994), 27; Roxanne Panchasi, “Reconstructions: Prosthetics and the Rehabilitation of the Male Body in the World War in France,” *Differences* 7, no. 3 (1995): 109–40.

(89) Jules Amar, *La prothèse et le travail de mutilés* (Paris: Dunot et Pinat, 1916).

(90) *Ibid*.

カウンターセックスの観点から興味深いのは、身体化した義体が意識を獲得し、身体の記憶を吸収し、感じて行動する能力である。幽霊的な感覚を体験できる義体は、〈無機質な手足は失われた四肢に代わる単なる道具であるべき〉という機械的モデルと縁を切る。義肢を安定させることは不可能になり、義肢を、機械なのか有機体なのか、身体なのか機械なのかなどと定義することはできなくなる。義体は生ける身体に一時的には属するが、決定的な統合には抵抗する。それは、分離され、外され、捨てられ、取り替えられる。身体に縛られ、身体化され、見かけは意識があるように見えても、いつ何時、物体に戻ってしまうかわからない。義体は、身体と心を分ける形而上学や主客関係の現象学に従う感情と行動の意味を混乱させるのである。

　義肢の境界線的な在り方は、「自然」と「人工」、「身体」と「機械」とのあいだに明確な線を引くことが不可能であることを示している。〈身体－機械〉の関係は、特定の作業のために結合された無機的な部品の単なる組み立てとして理解することはできないのであり、この事実を義肢は私たちに突きつける。有機的身体の生きた活動の改変に関するかぎり、義体は機械的な秩序を凌駕している。幻覚的な義体は、すでにサイボーグである。

　マーシャル・マクルーハン[*100]は、『メディアを理解する――人間の拡張』〔邦題『メディア論』〕のなかで、二〇世紀のテクノロジーの特徴は、自然の機能を代補する補綴という性格にあると述べている。[91] 障害についての規範的な理解では、義体とは、生体器官の人工的な代替物であり、不完全な代補物《サプリメント》であり、機械的なコピーである、と暗に前提されている。しかし、身体とテクノロジーの関係、つまり主体性の生産プロセスは、つねにすでに補綴的であり、感性の構造を変容させるものである。義体は単に不在の器官の代わりになるだけではない。それは技術的な代補の助けを借りて、生きた器官に手を加え、発展させるものでもある。電話は耳の補綴物として、遠く離れた二人の話し手がコミュニケーションをとることを可能にする。テレビは目と耳の補綴物であり、不特定多数の視聴者が共同的だが実体のない体験を共有することを可能にする。映画を夢の補綴物として懐かしむこともできるだろう。新しいサイバーテクノロジーは、サイバー手袋によるヴァーチャルタッチのような、触覚と視覚の新しい、ヴァーチャルな、ハイブリッドな展開を予想させる。建築物、自動車、その他の交通手段も、さまざまな通信システムやネットワーク（電気ケーブルからコンピューターまで）を使って、そこに他の感覚補綴装置を接続することができる複合的な補綴物たちである。このような増殖する接続性の論理のなかで、身体は補綴器官と融合し、新しいレベルの組織化を生み出し、有機と無機の連続体（これは個人的なものだろうか？　トランスパーソナルなものだろうか？）を生成させるように見えるのである。

このように自然なものが補綴によって構築される有様を理解する道を、ジョルジュ・テイソ[*101]は「障害《ディスアビリティ》の一般理論」と呼ぶ。[92]義肢は、当初、工業－植民地主義体制下で「身体的障害」と考えられていたものを軽減することを目的としていたが、そのうち、それがなければ人体が不－能《アンエイブル》になると考えられる、複雑な行動やコミュニケーション・システムを作り出すようになる。たとえば、タイプライターは視覚障害者が機械を使って文字を書けるようにするために発明されたが、その後、書く作業の補綴技術として広く普及し、「できる《エイブル》」人々〔健常者〕のコミュニケーション方法を根本的に変えた。盲目というわゆる障害は、補綴技術としてのタイプライターの構造上、必要不可欠であり、架空の盲目がタ

(91) Marshall McLuhan, *Understanding Media: The Extensions of Man* (New York: McGraw-Hill, 1964).〔『メディア論——人間の拡張の諸相』栗原裕・河本仲聖訳、みすず書房、一九八七年〕

(92) Georges Teyssot, "Body Building," *Lotus* 94 (September 1997): 121.

イピングを学ぶ人にとって至上命令となる（「キーボードを見ないで打ちなさい！〔ブラインドタッチで打ちなさい！〕」）。まるで補綴物を使ってさらにややこしい状態に至るために、能力差を経験することが必要であるかのようである。

言い換えれば、どんな技術的な「器官」も、私たちが不能者と同時に有能者ともなる「新しい自然条件」を再発明するのである。さらに言えば、新しい技術が生まれるたびに、新しい活動を遂行するための私たちの自然の営みは損なわれ、その活動をテクノロジーによって補填しなければならないのである。たとえば、新しい体外受精の技術は、いわゆる通常の（異）性愛的生殖における「欠陥」を補うために開発された。まさにその瞬間、この技術は、異性愛関係を必要とせず、誰にでもアクセス可能で、私たちが仕方なく「男」や「女」と呼び続けているものの身体化を変形させる可能性をもつ、そうしたさまざまな再生産方法を生み出したのである。ここで私が提唱しているのは、セックスとジェンダーは義体化の形態と考えられるべきであるということ、そしてそれは自然なものとして通用するが、しかしその解剖－政治的な「自然さ」にもかかわらず、たえざる変容と変化のプロセスにさらされているということ、これである。

ハラウェイのサイボーグは、義体化の矛盾と可能性とを結実させる。『サイボーグ宣言』（一九八五年）は、フェミニズムのラディカルな転換点《ターニング・ポイント》である。(93) さらに正確に言えば、テクノロジーを悪魔化することからテクノロジーを政治的に投入することへと移動する、決定的《クリティカル》なシフトを開始するものである。反テクノロジー・フェミニズムからポスト自然／ポスト文化への移行は、ロボットからサイボーグへの移行と一致する。すなわち、工業型資本主義から、新自由主義的、グローバル的、金融的、コミュニケーション的、バイオテクノロジー的、デジタル的な段階にあるテクノバロック型資本主義への移行である。ノーバート・ウィーナー[*102]は、ある意味で、この新しい資本主義の条件を彼のサイバネティクスの定義において確立した。ウィーナーの仕事は、生物と機械のあいだのコミュニケーションと調整に関する理論の集合である。(94)ロボットが工場やテイラー主義の生産ラインで作られたのだとすれば、サイボーグはバイオテクノロジー・ラボで作られている。最初の「ポストモダン」サイボーグは、第二次世界大戦後、遺伝子工学者が生ける動物にサイバネティクス回路を移植し、その動物の情報システムを電気回路やホルモン剤、化学的・生物学的液体で人工的に飽和させることによってデザインされたものだった。サイボーグは、数学的・機械的な閉じたシステムではなく、生物学的・コミュニケーション的な開いたシステムである。サイボーグはコンピューターではない。それはコンピューターを経由する視覚的・ハイパーテクスト的なネットワークに接続された生物であり、そこで接続された身体は、さまざまなネットワークシステムからなる思考する義体となるのである。

サイボーグの法則は、模倣的な反復にあるのではなく、むしろコンピューター科学が言う意味において最も水平なコミュニケーションを生産することにある。「サイボーグは、テクスト、機械、身体、そしてメタファーである。――すべてがコミュニケーションの観点から理論化され、実践されている」。(95)カウンターセックス研究の対象となりうるバイオ社会的なサイボーグ技術の例を少々挙げるなら、快楽

(93) Donna Haraway, *A Cyborg Manifesto* (New York: Routledge, 1985).〔『サイボーグ・フェミニズム〔増補版〕』巽孝之・小谷真理訳、水声社、二〇〇一年〕
(94) Norbert Weiner, *The Human Use of Human Beings* (New York: Avon, 1954).〔『人間機械論――人間の人間的な利用』鎮目恭夫・池原止戈夫訳、みすず書房、一九七九年〕
(95) Haraway, *Simians, Cyborgs, and Women*, 212.〔前掲『猿と女とサイボーグ』、四一三頁〕

を体験するディルド、エイズと共生する人々、トランスセックスの身体、妊娠中の身体などがある。

これは、ロボットとサイボーグのどちらを選ぶかという問題ではない。私たちはすでに、サイバネティクスやロボットの補綴を身体に取り入れたサイボーグである。もう後戻りはできない。機械技術やサイバネティクス技術は、後で多少とも倫理的な目標を適用できるような科学の楽園から生まれた中立的な道具ではない。テクノロジーとは（ハイテクのオンライン・コミュニケーション・システムから美食法、はたまた性交《ファッキング》のようなローテクにいたるまで）、最初から特定の社会経済構造の再生産を保証する政治システムだった。ハラウェイの主張によれば、テクノロジーは本来的に「きれい」でも「汚い」でもない。現代のバイオテクノロジーとサイバーテクノロジーは権力構造の産物であるが、しかし同時に、その権力に抵抗する可能性をもつ飛び地でもある。それらは自然を発明しなおす可能性の場所なのだ。

テクノロジーの最も洗練された動向は、みずからを「自然」として提示することであった。生物やコミュニケーションのシステムは物質の形而上学から逃れる論理に従って機能するということが証明されているが、それにもかかわらず、自然科学や社会科学の言説は、身体／精神、自然／技術という二元論的なデカルトのレトリックに縛られたままである。これらの二項対立は、特定の集団（動物、女性、非白人、クィア、トランスセックスおよびインターセックスの身体、身体障害、精神障害など）の政治的なスティグマ化を支えており、彼らを生産し物象化するテクノロジー（テクスト、言説、身体におけるテクノロジー）に彼らがアクセスすることを組織的に妨害しているのである。

4

カウンターセックス読解練習

ケツの穴でやる冴えた方法としての哲学について
——ドゥルーズと「分子的同性愛」

ただ一つのセクシュアリティしかない。それは同性愛だ……
ただ一つのセクシュアリティしかない。それは女性的なものだ。

——フェリックス・ガタリ「欲望の解放」

同性愛は愛の真理である。

——ジル・ドゥルーズ『プルーストとシーニュ』

ジル・ドゥルーズとフェリックス・ガタリの「分子的同性愛」という概念は、『アンチ・オイディプス』におけるその戦略性や、このフランス人デュオが一九七〇年代にみずからのアイデンティティを

「分子的同性愛者」として頻繁に主張していたにもかかわらず、ドゥルーズ批評ではめったに分析されない周辺的なものにとどまっている。「私たちは統計的あるいはモル的には異性愛者であるが、しかし個人的には、そうと知らず、十分に意識することなく同性愛者であり、最終的には、原基的・分子的な意味でトランスセクシュアルである[1]」。

カミングアウトはアイデンティティや行為の証拠《エビデンス》に還元できるものではないが、このカミングアウトを通して具体化された「分子的」あるいは局所的な同性愛は、間違いなく、ドゥルーズが公に自分を提示したさまざまな特性の集合に属している。彼の「分子的同性愛」や長く伸びた手入れされていない爪は、ドゥルーズ(ジャック・デリダやミシェル・フーコーといった同時代の他の多くの人物よりも、はるかに人目を忍ぶ性格の人)が認識されたり戯画化される際にもち出される、奇妙な個人的な属性であるが、その哲学的・政治的重要性はしばしば聖人伝のような逸話に還元されがちだ。

存在論と政治のあいだにありうる二つの関係について語るとき、ドゥルーズとガタリは、モル性と分子性という化学の用語を用いた。モル性とは、厳格な切片性の特徴であり、生成変化のない固定した政治的同一性を生み出す。それに対して、分子性は、生成変化のプロセスを終わりなく開きつづける切片化の進行中の移行運動のことを指す。ドゥルーズとガタリがモル的な同性愛を拒否し、自分たちを「分子的同性愛者」と自認するとき、奇妙にも彼らは自分たちが同性愛者であると言う(おのおの結婚しており女性の愛人もいると知られているにもかかわらず)ばかりではなく、自分たちと「モル的同性愛者たち」(後者にとって同性愛はアイデンティティである)との心理的な距離をも確保している。

ドゥルーズの「分子的同性愛」は、たしかに「フィンガーネイル効果」[*1]と呼ばれるものの一部として説明できるのかもしれない。つまり一種の奇抜さや概念の気まぐれ(「ガルボの濃いサングラスのよう

[2]な」スノッブな気取り）、一度見抜けば彼の主要概念の解読に影響を与えることのない観念／不注意、こうしたものに還元できるのかもしれない。しかしながら私は、「論理操作《ロジカル》は身体操作《フィジカル》でもある[3]」という『アンチ・オイディプス』の仮説に「分子的同性愛の事例」を当てはめてみることにしよう。

これは、どのような身体操作が概念としての「分子的同性愛」を生み出すのかを理解しようとする試みを含んでいる。「分子的同性愛」という曖昧な概念と「女になる」という繰り返し朗誦されるマントラとのあいだには、どのような関係があるのだろうか[4]。ドゥルーズが、分子的同性愛とモル的同性愛と

（1）Gilles Deleuze and Félix Guattari, *Anti-Oedipus*, vol. 1 of *Capitalism and Schizophrenia*, trans. Robert Hurley, Mark Seem, and Helen R. Lane (Minneapolis: University of Minnesota Press, 1983), 70.〔前掲『アンチ・オイディプス　資本主義と分裂症』上、一三六頁〕

（2）ドゥルーズは、Michel Cressole, *Deleuze* (Paris: Éditions Universitaires, 1973), 105 を以下で引用している。Gilles Deleuze, "Letter to a Harsh Critic," in *Negotiations 1972–1990*, trans. Martin Joughin (New York: Columbia University Press, 1995), 5. ミシェル・クレソルがドゥルーズに浴びせた非難の一つは、ドゥルーズが同性愛を、ガルボがサングラスを使うのと同じように、気取るために使ったというものだった。〔「口さがない批評家への手紙」『記号と事件　1972–1990年の対話』宮林寛訳、河出文庫、二〇一〇年、一五頁〕

（3）Gilles Deleuze and Félix Guattari, "Sur *Capitalisme et schizophrénie*," interview by Catherine Backès-Clément, *L'Arc* 49 (1972), translated in "Gilles Deleuze and Félix Guattari on *Anti-Oedipus*," in Deleuze, *Negotiations, 1972–1990*, 15.〔「フェリックス・ガタリとともに『アンチ・オイディプス』を語る」、同前、三六頁〕

（4）「分子的同性愛」と「女になる」という観念の関係については、本章では考察する余裕がないが、これはそれ自体として分析に値する問題である。また、ドゥルーズの著書『プルーストとシーニュ』を議論した本章の箇所でも、アルベルティーヌという複雑な人物については、「アルベルティーヌ・アヌス」（未発表原稿）という別の論文で扱ったことがあるため、考察していない。アメリカのフェミニズムが「女になる」という観念に対して慎重であるこ

いう二種類の同性愛を注意深く区別する目的は何だろうか。ガタリやドゥルーズが「分子的同性愛者」と宣言することを可能にした、一九六八年以後のフランス知識人の公的議論の条件とはどのようなものだったのか。別のほうを見れば、サンフランシスコのSMクラブの秘密の場所に頻繁に出入りしていたゲイ男性であるフーコーは、彼の同性愛分析から一人称の言明を一切省き、一九七〇年代から八〇年代にかけてフランスで台頭した新しいアイデンティティ・ポリティクスの形成を前にして立場をとることを避けていた。フーコーがドゥルーズやガタリと共有しなかった「分子性」とは何なのか。分子性の代償は何なのか。そして誰が彼ないし彼女自身を分子的と宣言できるのだろうか。

一九七〇年代、ヴァンセンヌ大学（現在のパリ第八大学）において、ドゥルーズは、ルネ・シェレル[*2]、トニ・デュヴェール[*3]、ギィ・オカンゲム[5][*4]というフランスの三人のゲイの活動家と作家の哲学的助言者《メンター》となっただけでなく、「同性愛革命行動戦線（Front Homosexuel d'Action Révolutionnaire）」にも助言している。シェレルは、ドゥルーズが同性愛者でなくとも（つまり「モル的同性愛者」でなくとも）、「この闘いに参加し、支持した」と書いている。[6] このグループには、欲望の哲学と称されるものとの一体化をめぐってドゥルーズと最初の衝突を起こしたミシェル・クレソル[*5]もいた。[7]『リベラシオン』紙の若いクィアの左翼ジャーナリストで、ドゥルーズの個人的な信用ならない友人でもあったミシェル・クレソルは、麻薬、精神分裂病、同性愛について依存症や精神病やアナルセックスの経験のない人間が書いた言説の哲学的・政治的真理に初めて疑問を呈した。一九七三年、クレソルはドゥルーズに公開書簡を送り、彼の立場の曖昧さを直接的に攻撃した。「あなたは、狂気、薬物、アルコール、そしてアヌスの前に、自分の身体でもって立っていることを、いつも納得させたかったのでしょう。たしかに、あなたがご自身を系譜学者や機能主義者として提示しているときには、ちょうどアルトーがキャロルにしたように、あなたの痴呆や糞尿のとてつもない上品さや偽善をとがめることはできないでしょう」(8)。続けて批判は、さらに辛辣に、「あなた」（ドゥルーズ）とクィアたちとの対立、啓発的な（偏執症的ではあるが）新しい対立に的を絞っていく。

ゲイの人たちがどうなっているかを見て、あなたが見たままを全部話すと、それがゲイの人たちには好評で、すべてが彼らにとって上手くいっているように見えるんです。けれども、子供のように無邪気なゲイたちが、

とについては、Ian Buchanan and Claire Colebrook, eds., *Deleuze and Feminist Theory*（Edinburgh: Edinburgh University Press, 2000）を参照のこと。

（5）一九七二年にギィ・オカンゲムは、*Le désir homosexual*（*Homosexual Desire*, trans. Daniella Dangoor [Durham, NC: Duke University Press, 1993]）〔『ホモセクシュアルな欲望』関修訳、学陽書房、一九九三年〕を出版した。その本のなかでオカンゲムは、同性愛を政治体制として捉えるマルクス主義的な読解を展開したが、それは『アンチ・オイディプス』にも触発されたものであった。ドゥルーズは、Guy Hocquenhem, *L'Après-Mai des faunes*（Paris: Grasset, 1974）に序文を書いている。この序文の英訳については、原注16を参照のこと。

（6）René Schérer, *Regards sur Deleuze*（Paris: Éditions Kimé, 1998), 72.〔『ドゥルーズへのまなざし』篠原洋治訳、筑摩書房、二〇〇三年、一二九頁〕この資料からの引用文の翻訳は、とくに断りのないかぎり、すべてケヴィン・ジェリー・ダンによるものである。

（7）«Unité d'une prétendue philosophie du désir», Deleuze, *Proust et les signes*（Paris: Presses Universitaires de France, 1964), 43-46 を参照のこと。このようなドゥルーズの浮き沈みの話は、François Chatelet, *Chronique des idées perdues*（Paris: Stock, 1997）に見られる。

（8）Cressole, *Deleuze*, 102, English translation by K. G. Dunn.

そう言っている人がどこにいるのか、「本当に」そこにいるのかを確かめに戻ってくると、リップサービスとしてみせかけに胸を叩いてみせるだけの、正しい親切な人に出会うのです。彼らに何も禁じることなく、いつも彼らを擁護する用意をしているが、ただ「彼らを擁護する」だけの人、何も変わらないという彼らの苦しみのために、善意による抗議のように抗議する人がいるのです。(9)

クレソルにとって、ドゥルーズのいわゆる分子的同性愛は、悲しみや怒りを表すために大げさに胸を叩いてみせる形式であり、その背後には偽善的としか言いようのない痴呆と糞尿が潜んでいるのだった。とはいえ、クレソルの言葉を借りれば「正しい親切な人」であったドゥルーズが、なぜ同性愛者というアイデンティティを立て、分子的という形容詞を付けたアイデンティティをもつ者として、自分を異性愛から隔てる必要があったのかは、依然として不明である。

二五年後、オーストラリアの学会で（これは英語の翻訳を通したドゥルーズ哲学のグローバル化の確立の証明だろう）、イアン・ブキャナン[*6]はミシェル・クレソルの批判に対して、「横断性《トランスヴァーサリティ》」あるいは「横断的関係」という概念で応えようとした。ドゥルーズによれば、場所を変えずに旅行することが可能であるように、物質的な経験を経ずに現象について横断的に考えたり書いたりすることは可能である。フェリックス・ガタリは、一九五〇年代にクール・シュヴェルニーのラ・ボルド診療所[*7]で、すでに「横断性《トランスヴェルサリテ》」の観念に慣れ親しみ、精神療法に活用していた。ドゥルーズが採用した横断的関係という概念は、このスキゾ分析における概念ばかりでなく、とくにデイヴィッド・ヒューム[*8]の発想、すなわち、あるプロセスのどんな効果もつねに他の手段によって生み出すことができるという発想(10)を拾い上げたものでもある。ドゥルーズがこの概念を説明するために最も頻繁に用いた例の一つが、ヘンリー・ミラー[*9]

のいわゆる酩酊であり、水を飲むだけで酔っぱらうという実験であった。[*10] ドゥルーズでは、横断性は、「生成」のある種の経験のための可能性の条件であるように思われる。たとえば「抽象的ノマディズム」は、移動せずに旅行することが可能であることを意味するだけではなく、さらには通常の旅行の経験を、ひとが休んでいるときにのみ適用される横断的な実践に対立させる。本当に旅がしたいのであれば、「あまり動き回ってはいけない。さもないと、生成変化を窒息させてしまう」[(11)]。

ドゥルーズの異性愛は分子的同性愛において、ヘンリー・ミラーの酩酊における水のように、あるいは抽象的ノマディズムにおける休止のように、横断的に作用している。クレソルの手紙に対するドゥルーズの返答は、こうした横断的な効果にはっきりと言及している。

> 別の手段で同様の効果を得られるのであれば、ゲイやアルコール中毒者、薬物使用者と私の関係などどうでもよいでしょう……。私はあなたに何も借りはありません。借りがあるとしても、あなたが私に借りがあるのと同程度です。私にはあなたがたのゲットーに加わる必要はありません。私には私のゲットーがあるからです。この問題は、あれこれの排他的な集団の性格とは何の関係もなく、ある特定の方法（同性愛や薬物など）で生み出された効果は、つねに他の方法でも生み出すことができるという横断的な関係にか

（9） *Ibid.*, English translation by K. G. Dunn.

（10） David Hume, *An Enquiry Concerning Human Understanding* (1748; reprint, London: Simon and Brown, 2011), "Cause and Effect" in part 1.〔『人間知性研究』斎藤繁雄・一ノ瀬正樹訳、法政大学出版局、二〇〇四年〕

（11） Gilles Deleuze, "On Philosophy," in *Negotiations 1972–1990*, 138.〔「哲学について」、前掲『記号と事件』、二七七頁〕

かわるのです。(12)

この主張のなかで、同性愛はアルコールやドラッグと並んで、ある種の効果をもつ有害なゲットー体験として提示されている。毒やゲットーは好ましくないとしても、その横断的な効果は「存在論的異質性」(13)を生み出すために不可欠であると見える。ドゥルーズの心を占めていたのは、ゲイや麻薬中毒者、アルコール中毒者が得るのと同じ効果を、なんとかそれらのゲットーの毒を縮減しながら、自分なりの方法で——つまり横断的に——得ることだったようだ。この「横断的関係」に批判力があるとすれば、それによってドゥルーズがアイデンティティ・ポリティクスの問題を、少なくともレトリックの上でかわすことができるようになるからである。(14) 横断的関係は、個人や固有性の次元に存在するのではない。たとえば、酩酊の体験は個人が所有しているものではなく、物質そのもの、つまり酩酊が一定時間作られる流れである。また、それは共同体や集団の次元に存在するのでもない。「アルコール依存者」という身分規定《アイデンティファイ》は、酩酊という化学的あるいは向精神的な出来事や、ヘンリー・ミラー流の水による酩酊の可能性を説明するものではない。

どうやらドゥルーズは、アイデンティティをめぐって生じる言説には関心がなかったようである（自分自身にもゲットーがあると告白しているにもかかわらず。しかし、どんなゲットーだろうか？）。彼に言わせれば、「二人の人間の特権的な経験」など、過剰な「フラットなリアリズム」を苦にする「弱い反動的な議論」にすぎない。(15) ドゥルーズがギィ・オカンゲムの『牧神たちの五月の後』の序文で書いているように、同性愛は同一性《アイデンティティ》でも本質でもない。「誰も自分が同性愛者だと言うことはできない」。

オカンゲムが特定の観念や宣言の妥当性を疑うようになったのは、異性愛者になるといった変化のためでないことは言うまでもない。永遠に同性愛者のままであり、ますます同性愛者であり、ますます快調に同性愛者であることによってこそ、「そう、誰も実は同性愛者ではない」と言えるのだ。これは、誰でも同性愛者である、あるいは将来そうなる、などという陳腐でつまらない考えより何千倍もよいことだ。私たちはみな、無意識のうちに潜在的なクィアなのだ。(16)

この所見は、〈同性愛者であることはできない〉と〈ますます快調に同性愛者でなければならない〉とのあいだに緊張を生み出すだけでなく、〈無意識のうちにクィアであること〉と〈分子的に同性愛者であること〉とのあいだにも緊張を生み出す。

さらに言えば、同性愛のアイデンティティが「私」の言表上の真理を保証する指示対象として役立た

---

(12) Deleuze, "Letter to a Harsh Critic," 11.〔前掲書、二八―二九頁〕強調原文。

(13) Félix Guattari, *Chaosmosis: An Ethico-aesthetic Paradigm*, trans. Paul Bains and Julian Pefanis (Bloomington: Indiana University Press, 1995), 61, a translation of *Chaosmose* (Paris: Editions Galilee, 1992).〔『カオスモーズ』宮林寛・小沢秋広訳、河出書房新社、二〇〇四年、一〇〇頁〕

(14) イアン・ブキャナンがおこなった議論については、*A Deleuzian Century?* ed. Ian Buchanan (Durham, N.C.: Duke University Press, 1999), 5 の導入部を参照のこと。

(15) Deleuze, "Letter to a Harsh Critic," 12.〔前掲書、三〇頁〕

(16) Gilles Deleuze, "Preface to Hocquenghem's *L'Après-Mai des faunes*," in *Desert Islands and Other Texts, 1953–1974* (Los Angeles: Semiotext(e), 2004), 284.〔「『牧神たちの五月後』への序文」笹田恭史訳、『ドゥルーズ・コレクション2 権力/芸術』宇野邦一監修、河出文庫、二〇〇三年、一三五―一三六頁〕

ないのと同様に、同性愛のコミュニティも「私たち」の言表上の真理を保証する指示対象として役立つことはできない。ドゥルーズは、哲学の問題とは、誰が何を考え、話すことができるかを決定することではなく、新しい発話を生み出すための一連の条件を作り出すことだと考えたのである。

とはいえ、このように論理上の調整をおこなっても、ドゥルーズの「分子的同性愛」の問いがきっぱりと解決されたわけではない。やはり問うべき問題が残っている。横断性のメカニズム——すなわち、ドゥルーズがゲットーの糞尿と毒を避けながらも、「同性愛者である」ことを可能にした転換の通路のメカニズム——とは、どのようなものだろうか。ゲイに「何も負う」ことなく「同性愛者である」ことを可能にする、ドゥルーズが分子的に到達したと考えた効果とは、どのようなものだろうか。同性愛を普遍的な発言の立場として肯定することを可能にする論理操作は、どのようなものだろうか。そして、もしそれが可能だとして、アイデンティティやゲットーや性の実践にかかわりなく、いったいどのような意味が、この洗練された概念的《コンセプチュアル》同性愛にはあるのだろうか。

プルーストのモル性

「分子的同性愛」という表現は、一九七一—一九七二年の『アンチ・オイディプス』まで登場しないが、ドゥルーズはすでに『プルーストとシーニュ』（一九六四年）で同性愛者の形象を詳細に分析し、マルセル・プルースト[*11]の小説『失われた時を求めて』（一九一三—一九二七年）を同性愛的記号の解読作業として分析していた[(17)]。他の作家（ニーチェ、スピノザ、フーコー、ベルクソン、ライプニッツなど）の個別《モノグラフィック》研究においてよく見られるように、ドゥルーズは『プルーストとシーニュ』においても、ドゥルーズ流に読みの対象を製造することによってのみ機能する解釈マシーンを生み出すに至った。私は、こうした〔ドゥルーズにおける〕パフォーマティヴな要素を利用して、ドゥルーズを彼自身のプルーストに照らして遡及的に解読してみようと思う。

まずドゥルーズは、『失われた時を求めて』を、時間の過ぎ去りや記憶の喪失をエクリチュールによって補償する作品として捉えるのではなく、一種の性愛的な学び、すなわち愛による学習のプロセスと捉えることによって、従来のプルースト解釈から逸脱している。まず彼は、記憶を過去の事実や出来事の表象を集めたものとみなす古典的な定義を拒絶する。記憶は累積だという考え方は、時間のそれぞれのユニットが等価であると想定している。記憶とは、各瞬間と一個の事実が対応している心理表象の、それなりに精巧なアーカイブにほかならないというわけである。もしそうであれば、『失われた時を求めて』は、事実／イメージを時系列に並べた詳細な分類学になってしまうだろう。しかし、ドゥルーズにとって『失われた時を求めて』は、すべての出来事に共通の分母となるいかなる時間単位も存在しないため、事実／イメージの単なる連続的な集合体ではありえない。一瞬一瞬の強度の差異が時間の流れのなかで屈折や陥入を引き起こし、時間は強制的に時間自身に折り畳まれる。だからこそ、時系列上離れた二つの瞬間が一つのイメージ、一つの記憶ユニットでもって表象されるのである。たとえば「マドレーヌ」には、一つの事実や一瞬には還元できない、記憶のモナド的な密度が含まれている。ドゥルー

（17）Gilles Deleuze, *Proust and Signs: The Complete Text*, trans. Richard Howard (Minneapolis: University of Minnesota Press, 2000).〔『プルーストとシーニュ』宇野邦一訳、法政大学出版局、二〇二一年〕

ズにとって、プルーストの『失われた時を求めて』は、さまざまなタイプの記号を解読する時間的な学びである。私たちが時間を理解できるのは、解読という具体的な活動を通してである。時間から学ぶこと。ドゥルーズは、一九七〇年代のパリにおけるポスト・ソシュール的、ポスト・イェルムスレウ的な記号論の環境と共鳴し、[18] 現実は客体としてではなく、コード化された記号として主体に提供されると主張した。ゆえにドゥルーズは自分のプルースト分析を、解読された記号の特殊性に基礎づけたのである。その特殊性とは、記号群の物質性と形式性、それらが引き起こす効果、記号とシニフィエとの関係、解読プロセスの前提となる技能、記号の時間構造、そして最後に、記号群が真理ととりもつ特定の関係などである。

『失われた時を求めて』の解読にかけられる最初の記号圏は「社交界の世界性[19]」である。面白いことに、社交界の世界性の記号は友情と哲学に現れる記号である。ドゥルーズにとって、それらは空虚で愚かな記号であり、知性に利用可能ではあるが、忘却によって特徴づけられている。それは表象と同じ誤謬に依拠する残酷で不毛な記号である。つまり、記号が時間の構造のなかで置換をおこなう操作であることを知らずに、記号が客観的な現実であると信じるという幻想に依拠しているのである。哲学が真理を探究するときに善意に依拠しているのと同じように、友情も、記号の解釈においてある種の善意に依拠している。ドゥルーズは、友情には愛を、哲学には芸術を対置する。友情と哲学が善意の餌食になるのに対し、愛と芸術は、人を欺く記号の交換に依拠し、すなわち、いまから見るように、ドゥルーズが暗号的《クリプティック》同性愛の形態と定義するものから発せられる嘘に依拠するのである。

記号のコード化の第二の圏域は、愛の世界である。[20] ドゥルーズによれば、プルーストが『失われた時を求めて』で描いてみせたのは、恋に落ちることは、他者をその人の特異な記号によって認識する術を学ぶことにほかならない、ということだった。愛には、最愛の人が発する特別な記号《サイン》を強烈な仕方で読み解こうとする試みが必要である。『失われた時を求めて』の恋人は、何よりもまず、あらゆる出会いのなかに愛の記号《サイン》を読み解こうとする記号の探求者であり、翻訳者であり、通訳者なのだ。しかし、恋のサインの解読は逆説的である。恋人は最愛の人のサインを解読することを学ぶと同時に、自分がそのサインを作った人ではないことを思い知るのである。「愛する人のサインを解釈するには、私たちを待たずに形づくられた世界、他の人たちとともに形づくられた世界、そして私たちが最初は他のものと同じ一個の客体でしかない世界に入り込むしかない」(21)。だからこそ、かつて恋人を愛に誘った同じサインが、今度は恋人を嫉妬の苦しみに誘うのである。このように愛しい者のサインが解読者を締め出すとき、解読は失望と幻滅になる。せっかく相手のサインを学んで読み解くのに時間をかけたのに、無駄になってしまったような気がするのである。

ドゥルーズは、この愛の解読と愛の本当らしさとの反比例する関係を「愛の矛盾」という言葉で表現している。すなわち、愛しい人のサインを解読することに上達すればするほど、恋の終わりと嫉妬の苦い失望に近づいていくのである。しかし、ドゥルーズはまさしくこの点において、嫉妬を単に痛みをと

(18) ドゥルーズとガタリは、フェルディナン・ド・ソシュールが記号をシニフィアンとシニフィエに分けたことに従うのではなく、ルイ・トロル・イェルムスレウの定式を使って、記号が内容の形式と表現の形式とに展開されるとする。
(19) Deleuze, *Proust and Signs*, 5.〔前掲『プルーストとシーニュ』、八頁〕
(20) *Ibid*., 11.〔同前、一六頁〕
(21) *Ibid*., 8.〔同前、一二頁〕

もなう愛情としてだけではなく、知のプロセスとしても、つまり無駄に解読に費やされたように見える時間を正当化する真理としても定義するために、概念の方向転換をおこなう。嫉妬の発生は、愛から学ぶ一連のプロセスのなかで決定的に重要な啓示の瞬間である。嫉妬は痛みや失われた時間とともに、愛そのものよりも強い真理の喜びを初めて恋人に与える。「主観的には、嫉妬は愛より深く、愛の真理を含んでいる」(22)。記号を嘘として認識し、嫉妬を排除として、つまり解読し続けることの不可能性として発展させることで、恋人は愛する人の世界を放棄し、探索を続けることになる。かくして、記号解釈としての愛の最初の連続的な反復が始まる。この最初のアプローチの段階では、愛は単に連続する異性愛的な一夫一婦制にならざるをえない。

　しかし、この嫉妬の記号論は、ドゥルーズがプルーストを読みながら反復と系列の問題（ついでに言えば、異性愛と一夫一婦制の問題）を解決する方法でなかったならば、よくある話でしかないだろう。嫉妬の最初の突発に始まる記号《サイン》の深まりは、恋人が、自分が最愛の人の記号《サイン》の世界から偶然ではなく構造的に排除されていることを認識したときに転機を迎える。最愛の人が出すサインが他の男性に向けられたものではなく、実は他の女性に向けられたものであったからだ（他の男性にだったら、自分と比較し張りあうことができる）。男女の愛の真理は、嘘のかたちで語られている。ドゥルーズはプルーストに倣って、異性愛の愛は、隠された他者を狙う記号交換の欺きの産物である、と主張する。男は他の男のためにサインを作り出し《プロデュース》（「ソドムのサイン」）、女は他の女のためにサインを作り出す（「ゴモラのサイン」）。愛とは、異性愛の関係が、二つの交差した流れ弾の、偶然だがしかし必然的な出会いの結果となる記号の射撃場であるように見える。ドゥルーズは書いている。「愛では、本質が具体化するのは、第一には欺きの法においてであるが、しかし第二には同性愛の秘密においてである。欺きは、それが隠している真理としての同性愛にかかわるのでなければ、それを本質的かつ重要なものにする一般性をもたないだろう。すべての嘘は、同性愛を中心に組織され、同性愛を中心に回転している」[23]。ルネ・シェレルがのちに指摘するように、異性愛の特徴が「表面的な深さ」であるのに対し、ソドムとゴモラの愛は「真理で飽和した表面」の化けの皮を剝ぐのである[24]。

こうして私たちは、なぜ記号の学習が、善意やある種の真理への傾倒に依拠するのではなく、私たちを探求へ駆り立てる具体的状況の暴力に依拠するのかを理解することになる[25]。友情と哲学が記号の生産に近いところにありながらも、解読に必要なクィアの道具を欠いているのはこのためである。というのも、友情と哲学は基本的に「実在主義的《リアリスト》」であり、嘘というかたちで自己を多重化する記号を直視できない無邪気な異性愛的な活動だからである。愛の真理は、哲学が望むがごとく、根拠《リーズン》を前提とするものではなく、失敗のなかにのみ成功を見出す解読プロセスの残滓あるいは残骸なのだ。真理とは、異性愛の系列的な反復の快楽を恋人に諦めさせる暴力の結果であり、恋人が嘘を信じる必然性であり、ソドムとゴモラの脅威を前にして、苦痛という選択を恋人の意志に押しつける力である。「同性愛者」である他者への嫉妬は、異性愛の系列的な反復の消失点と散逸線をなしている。

最終的にドゥルーズは、後に『アンチ・オイディプス』（これは単なるプルースト解釈を超えている）

（22）*Ibid.*, 9.〔同前、一三頁〕
（23）*Ibid.*, 80-81.〔同前、一〇六頁〕
（24）Schérer, *Regards sur Deleuze*, 65, translation as given in Deleuze, *Proust and Signs*, 81.〔前掲書、一一八頁〕
（25）Deleuze, *Proust and Signs*, 15.〔前掲書、二二頁〕

で初めてその存在意義を見出すことができるある種の惰性に従って、「同性愛は愛の真理である」[26]と主張する。この点で、『プルーストとシーニュ』は気味の悪い複雑さをもっている。第一に、ドゥルーズはインターセックス愛という言葉を異性愛の関係を言うのに用い、一九世紀末に使われていた医学用語に忠実にインターセクシュアルとホモセクシュアルとを対立させているが、[27]そこに孕まれる問題には明確な注意を払っていない。[28]第二に、同性愛は実はもともと両性具有の産物であることが明らかにされ、両性具有の二つの身体の結合が「インターセックス愛」だとされる。

> われわれの愛の無限性にこそ、元来の両性具有はある。しかし、両性具有者は自己複製が可能な存在ではない。それは男女を統合するどころか分離させ、ソドムとゴモラという二つの発散する同性愛の系列を発生させ続ける源である。「両性は、それぞれ別の場所で死ぬだろう」というサムソンの預言の鍵を握っているのは両性具有者である。インターセックス愛[29]は、それぞれの性の行きつく先を覆う外見にすぎず、あらゆるものがそこで練り上げられる呪われた深層を包み隠している。[30]

いまや、なぜ同性愛が愛の真理なのかが明確に理解できる。「愛の真理とは、何よりもまず、両性の隔離［cloisonnement］である」[31]。同性愛は、アイデンティティや実践である以前に、生物の性的構造《アーキテクチャ》であり、本当は異性愛的である同性愛劇場を成立させる男女の原初的な分離なのだ。

おそらくこの複雑さに応答してだろう、ドゥルーズは一九七〇年に『プルーストとシーニュ』に第二部を追加した。彼はこの第二部を「文学機械」と呼んだ。そこには、プルースト的なギリシアの同性愛とユダヤの同性愛との区別だけでなく、プルーストにおける同性愛の基本的な比喩（これはスキゾ分析に不可欠だった）である植物モデルと電気機械モデルの分析も含まれている。この第二部では、包括的だが特殊な同性愛と局所的だが非特殊的な同性愛との区別についても言及されている。この区別は、『アンチ・オイディプス』でモル的同性愛と分子的同性愛との対立として主題化されることになる。最終的に、同性愛は、シャルリュス*12の姿において最も強力な文学機械の一つとして明らかにされ、『アンチ・オイディプス』や『千のプラトー』*13における部分対象、欲望機械、器官なき身体の先取りとなる。(32)

---

(26) *Ibid.*, 81.〔同前、一〇六頁〕

(27) プルーストの父アドリアン・アシルは、失語症、ヒステリー、神経衰弱症の研究に従事する疫学者であった。医者の息子で、九歳から喘息（当時は精神病的な状態の症候とみなされていた）だったプルーストは、性的な病理の医学的な記述によく通じていた。ドゥルーズがプルーストの分析のなかで医学言説をもち出すことはないが、プルーストの（ひいてはドゥルーズ自身の）同性愛の解釈とカール・ハインリッヒ・ウルリッヒスの《第三の性》の理論とのあいだに近さを見ることは可能である。この接続について、私は「男性同性愛者《アーニング》になること」（未発表原稿）で詳しく論じた。

(28) 『アンチ・オイディプス』では、ドゥルーズはインターセクシュアリティという言葉よりも異性愛という言葉のほうを好んでいる。

(29) ここで使用している『プルーストとシーニュ』の英訳は、les amours intersexuels を intersexual loves ではなく、heterosexual loves と誤って訳している〔邦訳も「異性間の愛」と訳している〕。Gilles Deleuze, *Proust et les signes* (Paris: Presses Universitaires de France, 1964), 8〔前掲書、一六頁〕を参照のこと。

(30) Deleuze, *Proust and Signs*, 10–11.〔同前、一五―一六頁〕

(31) *Ibid.*, 80.〔同前、一〇五頁〕

(32) Deleuze and Guattari, *Anti-Oedipus*; Gilles Deleuze and Félix Guattari, *A Thousand Plateaus*, vol. 2 of *Capitalism and Schizophrenia*, trans. Brian Massumi (Minneapolis: University of Minnesota Press, 1987).〔前掲『千のプラトー』〕

ドゥルーズにとって、同性愛は、それが生み出す自律的な記号によって説明されるのではなく、むしろ原初的な統一性、基盤となる植物的な神話への準拠によって説明されなければならない。

ここでは、《有機体としてのロゴス》に対立して、植物の主題がその完全な意味をもつ。両性具有は、いまは失われた動物的全体性の特性ではなく、同じ一つの植物に実際に存在する二つ性の仕切りである。「男性器は女性器と仕切りで分けられている」……。与えられた性(ただし集団や統計においてしか、性は与えられない)をもつ個体は、直接的にはコミュニケーションできないもう一方の性を自己自身のなかに抱えている。(33)

同性愛も異性愛も、男女の「植物的」器官を分離し、それらが一緒であり続けることを断罪する二元論的な規律体系の産物である。したがって、ドゥルーズにとって、すべてのインターセックス関係は、同じ性をもつ魂たちのあいだで両性具有のサインが交換される舞台であり、「仕切られた性たちのあいだの横断的な次元で起こる常軌を逸したコミュニケーションなのである」(34)。この関係こそ、彼が「分子的同性愛」と呼ぶものである。これは、「男性が男性に関係し、女性が女性に関係するという二系列の分離した集塊的で特殊な同性愛ではもはやなく、男性が女性のなかに男性的なものを、女性が男性のなかに女性的なものを求め、しかもそれが部分対象としての二つの性の分割された隣接のなかで生じる、そのような局所的で非特殊的な同性愛」である。(35)

ドゥルーズはすでに、二つの注意深い戦略的な置き換えをおこなっている。第一に、彼は「異性愛」と言うべきところを「インターセクシュアリティ」と言っていた。第二に、このようなインターセックス関係の個別の形態に、「局所的または分子的同性愛」という名前を与えた。第三のシニフィアンの位置ずらしは、さらに暴力的で正当化されないが、ドゥルーズが「分子的同性愛」を「トランスセクシュアリティ」と等号で結ぶことである。(36) ドゥルーズがこの同性愛の特殊形態を「横断性」という概念を使って説明したことに、今さら驚く必要はないだろう。まさしくシャルリュスは、ドゥルーズ的記号の離散的な交換を間違いなく複雑にするような仕方で、「花粉媒介昆虫」として働き、両性を受精させることによって、横断的な仕事を実行したのである。

シャルリュスという人物に少し足を止めて、彼を通して、『プルーストとシーニュ』の二つの部分のあいだの推移（六年の隔たりがあり、その間にドゥルーズの仕事においてガタリの存在感が増していた）、あるいはむしろ、「同性愛は愛の真理である」という主張と一九七〇年以降にみられる同性愛の分子様式への制限とのあいだの推移を追ってみよう。

シャルリュスに惹かれたドゥルーズは、同性愛について二つの相反する読みのあいだで揺れ動いているように見える。一方では、同性愛は、両性の根源的な分離が演じられる痛ましい舞台として提示される。シャルリュスはこの分裂のよい見本であり、仕切られた両性を接合させようとする授粉をおこなう。この意味では、同性愛者は何よりもまず教育的な存在であり、すなわち異性愛者が記号《サイン》の未来と自分

(33) Deleuze, *Proust and Signs*, 135.〔前掲書、一八〇―一八一頁〕 ここで使用している『プルーストとシーニュ』の翻訳は、二つの部を同じ一巻にまとめて収録している。
(34) *Ibid.*, 136.〔同前、一八二頁〕
(35) *Ibid.*, 136–37.〔同前、一八二―一八三頁〕 強調原文。
(36) *Ibid.*, 137.〔同前、一八四頁〕

自身の性別の両性具有的な分離とを、まるで他人事のように安心して観察するための鏡である。シャルリュスは一種のレンズであり、知の方法であり、異性愛の基盤をなすメカニズムを表象するツールである。〔しかし他方で〕シャルリュス自身がどうであるかと言えば、彼はジェンダーの解消の先触れ、器官同士の結合としてのセックスの終わりであるように見え、かくして同性愛と異性愛の区別を脅かすのである。

　シャルリュスは『失われた時を求めて』における卓越した同性愛者のキャラクターであるばかりでなく、最も重要なことに、彼は男性同性愛者の典型例でもある。この小説の語り手は他の男性に同性愛の女々しい特徴を認めたとき、「彼はシャルリュスだ」と言う。シャルリュスはもろもろの欺く記号からなる襞であり、コードとデコードのゴルディアスの結び目である。シャルリュスの身体は記号で埋め尽くされ、あたかも肉と骨からなるテクストのように、解読《デコード》の労働にその身を提供している。ドゥルーズはシャルリュスを記号の格子細工として描いているが、そのとき面白いことに、のちにイヴ・コゾフスキー・セジウィックが『クローゼットの認識論』（一九九〇年）で論じた、〈見せる／隠す〉の弁証法の説明に近づいている[37]。シェレルが指摘するように、同性愛者は、まさに彼を覆い隠す記号を通して見られる。「身振り、視線、沈黙、姿勢、これらはヒエログリフの文字列である」[38]。単なる（欺く）記号《サイン》の送り手というよりも、シャルリュスは記号《サイン》そのものである。しかし、記号作用は彼の意味のインフレーションを是正しない。ドゥルーズにとって、同性愛は優れた知の様式である。なぜなら西洋形而上学のあらゆる矛盾が同性愛のうちに消え去るからである。記号論の供儀儀礼のいけにえであるシャルリュスの姿は、シニフィアンとシニフィエ、低きものと高きもの、女性と男性といった対立が立っている真理の垂直面に、ある転換を引き起こす。これは倒錯の最初の契機である。倒錯、すなわちニーチェが言う、すべての対立物の逆転、すべての価値の転倒である。しかし第二段階では、倒錯は何よりも真理の垂直面のねじれであり、そこでは記号類とそれらが呼び出す超越的な真理とのあいだの照応関係が変質《オルターレーション》〔他性化〕する。同性愛の水平面は、記号が超越的な参照物をもつことなく、その辺をうろつく劇場である。ドゥルーズによれば、精神分裂者が意味のない記号の連鎖の流れに身を委ねるのと同じように、シャルリュスはシミュレーションの進行に喜びを感じる。ドゥルーズとガタリが『アンチ・オイディプス』で、「それゆえ、シャルリュスは間違いなく狂人だ」と言った[39]のは、おそらくこのためだろう。狂気とクィア性の両方の姿をロマンチックに描き、一九世紀と二〇世紀の精神病理学の言葉を無批判に採用したドゥルーズは、性的二元論と異性愛コードの規範的な枠組みの外で同性愛とトランスセクシュアリティを考えることができないでいるように思われる。

シャルリュスは植物的な両性具有の化身であると同時に、分裂した両性のあいだのコミュニケーションを成立させる花粉媒介昆虫でもある。しかし、ドゥルーズが「トランスセクシュアル」と呼ぶこの授粉は、矛盾したかたちで記述されている。

> しかし、分離され仕切られた両性が同じ個体のなかに共存しているため、問題は複雑である。「原初的な両性具有性」、これは植物やカタツムリのように、「他の両性具有体によらなければ」受精することができない。

---

(37) Eve Kosofsky Sedgwick, *Epistemology of the Closet* (Berkeley: University of California Press, 1990).〔『クローゼットの認識論——セクシュアリティの20世紀』外岡尚美訳、青土社、一九九九年〕

(38) Schérer, *Regards sur Deleuze*, 65.〔前掲書、一一七頁〕

(39) Deleuze and Guattari, *Anti-Oedipus*, 318.〔前掲書下巻、一九一頁〕

すると、媒介者は男女のコミュニケーションを実現する代わりに、それぞれの性をそれ自身で分裂させてしまう事態になる。同性愛的で、不毛で、間接的であるからこそ、いっそう感動的な自己受精の象徴。(40)

シャルリュスは個人の秩序には属さず、ユニセックスの主体を超えて、授粉という仕事を引き受ける植物的な空間に立っている。ドゥルーズとガタリによれば、シャルリュスはアナル授粉によってオイディプスの性的ジレンマを回避することができる。「オイディプスは、自分が親であるか子であるかを知ってはならないし、また自分が生きているか死んでいるか、男であるか女であるかも知ってはならない。近親相姦を犯すことになれば、ゾンビや両性具有になってしまうだろう」(41)。シャルリュスは、父と子の関係に入ることなく、受精することができる。彼はアヌスを明け渡し、近親相姦を回避する。残酷に繰り返される有性生殖を脱出する創造の可能性。私たちは思い切って、こう言ってよいだろう。ドゥルーズを魅了したもの——彼が分子的同性愛と呼んだもの——は、花粉媒介昆虫としてのシャルリュスが、本来なら不毛であるはずの人々のまっただなかで、受精、世代産出、創造というプロセスを実行する能力だったのだ、と。ドゥルーズが魅了されるのは、男性的母性という謎、つまり女性の身体の外での世代産出の可能性である。

シャルリュスは、両性具有者たちのあいだに受精のコネクションを確立する偉大な花粉媒介昆虫である。彼は「不妊受精」(42)という逆説的な仕事をするのだ。分子的なシャルリュスは、歴史の前と後に立ち、人間へと至る動物の進化の前に、そしてオイディプスの異性愛の系譜としての人類の後にみずからを位置づけ、かくして反ロゴスの無意味な秩序、機械、芸術、思想の秩序に接近するのである。彼は罪悪感やゲットーに同化しない(43)。ソドムとゴモラという「聖書の二つの都市を再現した呪われた結社」に取り込まれることをよしとしないのである。(44) パラノイアとスキゾフレニアの区別、アイデンティティとしての同性愛と横断的生成変化としての同性愛との区別と同じく、モル的シャルリュスと分子的シャルリュスとの区別も、いまやいっそう明確になった。ドゥルーズとガタリは『アンチ・オイディプス』のなかで以下のように述べている。

> つまり、大きな集塊とミクロな多数多様体という二種類の集団もしくは人民の違いのほうが重要なのである。いずれの場合でも、備給は集団的なものであり、それは集団的領野の備給である。孤独な粒子であっても、この粒子が現前する共存空間を規定する流れとして、結合的な波動をもっている。どんな備給も集団的なものであり、どんなファンタジーも集団的なファンタジーであり、その意味でリアリティを措定するものである。しかし、この二種類の備給は根本的に異なる〔…〕。一方は、隷属集団の備給であり、その

---

(40) Deleuze, *Proust and Signs*, 80.〔前掲書、一〇五頁〕

(41) Deleuze and Guattari, *Anti-Oedipus*, 83.〔前掲書上巻、一四七頁〕

(42) ドゥルーズにとって、シャルリュスは花粉媒介昆虫であり、欲望機械である。ギィ・オカンゲムにとっては、シャルリュスとジュピアンはむしろ、「セックスをもたない……彼らはまさに性的欲望の機械である」(*Homosexual Desire*, 91〔前掲書、七六頁〕)。

(43) 罪悪感と法の憂鬱な良心については Deleuze, *Proust and Signs*, 131-36〔前掲書、一七五—一八〇頁〕; Gilles Deleuze, "Coldness and Cruelty," introduction to *Venus in Furs* by Leopold von Sacher-Masoch, in *Masochism*, trans. Jean McNeil (New York: Zone Books, 1991), 81-90; Deleuze and Guattari, *Anti-Oedipus*, 42-44〔前掲書上巻、八四—八六頁〕; Schérer, *Regards sur Deleuze*, 71-73〔前掲書、一二七—一二九頁〕を参照のこと。

(44) Deleuze, *Proust and Signs*, 81.〔前掲書、一〇七頁〕

主権形態と畜群的集合の植民地形態とのどちらにおいても、個人の欲望を社会的・心理的に抑圧する。他方は、欲望を分子的な現象として伝える――つまり集塊や個人と対立する部分対象や流れとして伝える――横断的な多数多様体への主体集団の備給である。(45)

分子的なシャルリュスはたえまない生成変化――女‐になること、動物‐になること、花‐になること、アヌスを出入りする流れに一瞬なること――から作り出されるが、女にも虫にも花にも糞にも同一化しない。シャルリュスは、ケツでやって受精するから、分子的なのだ。

分子性は同性愛を、受精、世代産出、創造に制限している。(46) この意味で、創造という行為は、男性「作者」同士のある種の「不妊受精」をともなっているのであり、その世代産出は無垢で、植物的、機械的、処女的であり、また……肛門的でもあるのだ。おそらく、だからこそ、ドゥルーズの著作で最も頻繁に挙げられる哲学的創造の定義の一つ（かなり奇妙なことに、これはドゥルーズのクレソルへの返答に由来する）が、「背後《バック》からの授精」なのだろう。「哲学の歴史は一種のアナルセックス[encoulage]であり、あるいは結局は同じことだが、無原罪の御宿りである。私は作家の背後から近づき、子ども――たしかに彼の子どもであるが、しかし怪物のような子ども――を生ませるところを想像したのである」(47)。こうした観点からみると、哲学の歴史は、ゲットーも罪悪感ももたない分子的同性愛者たちのアヌス受精の連鎖にも似てくる。つまり、自分自身の異性愛ゲットーをもつ「インターセックス」の男性同士が、しかしながら異性愛的な（女性的な）生殖の法を逃れ、両性具有の回路《サーキット》のなかで、彼らのあいだで生殖するのである。(48)

オイディプスを支配しているように見える「自然な」世代産出の呪い（男をイヴとの関係に縛りつけ、

ひいては罪悪感とアイデンティティに縛りつける子宮生殖）を超えて、同性愛は人工的で怪物的な受精に分子的なアヌスを開く。「ヒエログリフや秘密の言語を解読するためにわれわれが侵入する地下室、そうした薄暗い場所にあらゆるものが存在する。エジプト学者とは、あらゆることにおいて、秘儀伝授を受ける者、つまり弟子である」[49]。男性の異性愛的哲学者たちは、互いに繁殖するために分子的同性愛者でなければならない。西洋の男性哲学は、それによって記号論的アヌスが子宮（女性）となり、のち

（45） Deleuze and Guattari, *Anti-Oedipus*, 280.〔前掲書下巻、一二六頁〕強調原文。

（46） ドゥルーズは一九六九年にガタリと出会い、哲学的な訓練を受けていないにもかかわらず、「創造性の状態で哲学と対峙する」ガタリのやり方に感銘を受ける（Robert Maggiori, "Nous deux: Entretien avec Deleuze et Guattari," *Libération*, September 12, 1991）。それ以来、ドゥルーズとガタリは、二十年以上にわたって、いくつかのプロジェクトで共同作業をおこなった。

（47） ドゥルーズとガタリ『千のプラトー』の訳者序文（p. X）でブライアン・マスミ（Brian Massumi）が引用している文章。Gilles Deleuze, "I Have Nothing to Admit," trans. Janis Forman, in *Anti-Oedipus*, special issue of *Semiotext(e)* 2, no. 3 (1977): 112, http://azinelibrary.org/approved/anti-oedipus-psychoanalysis-schizopolitics semiotext-e-volume-ii-number-2-1977-1.pdf の翻訳を使用しているが、若干修正を加えている（とくに「ねじ込む」を「アナルセックスをする」に置き換えた）。

（48） ここで、女らしさ、性差、同性愛の研究の下に潜む異性愛の問題をあらわにするために、オットー・ワイニンガー、フリードリヒ・ニーチェ、ジークムント・フロイト、ジャック・ラカン、その他の著作を読みなおさなければならない。またスラヴォイ・ジジェクの *Metastases of Enjoyment* (New York: Verso, 1995)〔『快楽の転移』松浦俊輔・小野木明恵訳、青土社、一九九九年〕におけるワイニンガー、ニーチェ、フロイトについての分析も参照のこと。

（49） Deleuze, *Proust and Signs*, 92.〔前掲書、一二二頁〕

にはたえず授粉する昆虫（動物）となるような、そんな家父長制的な人工授精の一形態なのだ。アヌス哲学者たちは全歴史を通して、アヌスとチンコをつなぎ、解釈と翻訳をおこなうひな菊《デイジー》[*14]のテクスト状の流れに鎖でつながれてきたのである。モル的な男性異性愛が、ここでの「分子的同性愛」の真理である。私たちが本稿の全体を通して追究してきた解釈の問題は突如として反転したようだ。問いはもはや、なぜドゥルーズとガタリが自分たちを「分子的同性愛者」として主張したのかではなく、なぜ彼らが一九七〇年代に男性異性愛者であることをカミングアウトできなかったかなのだ。

ディルド

紀元前三世紀には、性的な人工器具や性のおもちゃの製造に関連する文献が見つかっている。小アジアで栄えた都市ミレトスは、ギリシア人のあいだでオリスボス〔olisbos 女性用の人工ペニス〕の生産と輸出で有名だった。当時オリスボスは、木で作られ皮でくるまれた「男性器の模造品」として知られており、使用前にオリーブオイルをたっぷりと塗らなければならなかった。多くの文献から判断すると、オリスボスは、女性の快楽を顧みない性文化を補うために多くの女性がマスターベーションに使用しただけでなく、ギリシアではトリバダス（tribadas）と呼ばれる女性たちが、生物学上の男性を含まない性行為のなかで使用していたようである。[50]

『フランス語歴史辞典』には、性的快感を得るための道具を指す言葉として godemichi（一五八三年）と godmicy（一五七八年）が登場したことが記されている。gode には、「まだ妊娠していない雌の羊」や「軟弱で女々しい男」という意味がある。[51]

これらの定義によれば、ディルドは快楽の生産のことばかりでなく、女らしさ――自慰的であり、つ

（50） Reay Tannahill, *Sex in History* (New York: Scarborough House, 1980), 99 を参照のこと。

（51） Alain Rey, *Dictionnaire historique de la langue française* (Paris: Le Robert, 1992), under *godemichi* and *godmicy*.

まり異性愛の生殖行為での器官の使用という観点から見れば、不毛であり偽りでもある女らしさ――をも指しているようである。エドモン・ユゲ[*15]とアラン・レー[*16]は、godemichéの語源として二つの可能性に狙いを絞った。一つ目は、中世ラテン語のgaudereまたはgaude mihiに由来し、「快楽を得る」「性的興奮を覚える」という意味である。二つ目は、ディルドの生産地だったガダメス（Ghadames）[*17]の革を意味するカタルーニャ語のgaudameciである。[52] godeo, godesco, godibleは、似たような定義を持つスペイン語だが、ディルドを指す言葉として使われたことはない。ピエール・ギロー[*18]によれば、godemichéという言葉は、goder（「ふざける《ジョーク》」あるいは「だます《トリック》」）とMichel（一六世紀にはエロティックな意味あいをもっていた名前）との合成語から来ている可能性があるという。一九三〇年頃、godeはgodemichéの短縮語として「人工ファルス」の意味で使われるようになった。[53] ここで、一九八〇年のフランス語版『ブリタニカ百科事典（*Encyclopaedia Britannica*）』が、ゴダール（Godard）[*19]とゲーテ（Goethe）[*20]のあいだにgodemichéを入れ忘れていることに触れておくのも意味があるかもしれない。

ディルドという英語が登場するのは一六世紀であり、「快楽」や「歓喜」を意味するイタリア語のdilettoから来ているようである。中世英語では、to dudoという動詞が女性を性的な仕方で「愛撫する」という意味だった。一七世紀から一八世紀のイギリスでは、ディルドはごく当たり前のように使われていたらしい。たとえば、ジャイルズ・ジェイコブ[*21]の両性具有に関する古典的な論文『両性具有論』（一七一八年）[*22]では、女性同士で生活し、違法に男性になりすます女性の存在が指摘されている。「女性の夫」は「ペニスの不足を補う」ためにディルドを使うと言われている。[54] 当時のこの好色な法医学の文献には、皆が（妻も含めて）、「夫」の死後、その本当の「性」を知ってショックを受けたという逸話が残っている。

一九世紀のスラングでは、ディルドは「人工ペニス」または「(蠟、角、革、インドゴム、ガッタパーチャ[*23]などの柔らかい素材で作られた)ペニスのような形をし、女性がペニスの代わりとして使う道具」を意味した。しかし、ディルドという言葉には「バカ」「アホ」という意味もあった。[55] 語源はいろいろと考えられるが、繰り返し現れる主な意味は次の二つである。すなわち、dildo と gode は、「ヴァギナへの挿入の際にペニスの代用となる物体」または「軟弱で女々しい男」という二つの意味を指す。[56] ついでに言っておけば、dudo は北米の砂漠地帯に生育する、非常にトゲの多い、ピンクの花を咲かせるサボテンでもある。

不思議なことに、ジョアン・コロミナス[*24]の『スペイン語語源辞典』には、ディルドと godemiché の意味をカバーする単語は一つも載っていない。[57] スペインでは、consolador, cinturón polla, polla de plástico(慰めもの、ペニスバンド、プラスティック・ペニス)などの言葉は割愛された。最初の単語は、レズ

---

(52) Edmond Huguet, *Dictionnaire de la langue française du seizième siècle* (Paris: Edouard Champion, 1925–1967), and Rey, *Dictionnaire historique de la langue française*, under *godemiché*.
(53) Pierre Guiraud, *Dictionnaire érotique* (Paris: Payot, 2006), under *godemiché*.
(54) Giles Jacob, *Tractatus de hermaphroditis* (1817), Project Gutenberg, http:// www.gutenberg.org/files/13569/13569-h/13569-h.htm.
(55) John S. Farmer and William Ernest Henley, *A Dictionary of Slang: An Alphabetical History of Colloquial, Unorthodox, Underground, and Vulgar English* (1903; reprint, London: Wordsworth Editions, 1982), under *dildo*.
(56) Jonathon Green, *Green's Dictionary of Slang*, digital ed. (2018), https://greensdictofslang.com/, under *dildo* and *gode* を参照のこと。
(57) Joan Corominas, *Diccionario crítico etimológico de la lengua Castellana*, 4 vols. (Bern: Francke, 1954).

ビアンの性文化では、ディルドのことを言うときに使わない。consoladores の代わりに vibradores と言うだろう。この研究から私は、ディルドという言葉の傘の下に集められる性玩具の大半は、単なるプラスティックやシリコン製の「陰茎《コック》」の模造品ではないし、またそうであろうともしていない（たとえば義手や舌に近いものもある）という結論に達した。この研究のスペイン語版では、スペインやラテンアメリカのゲイやレズビアンの文化ですでに使われているディルドという言葉をヒスパニック化することにし、規範的で睥睨的な言葉である pola de plástico や cinturón polla という言葉は使わないことにした。

スペイン語でディルドという言葉を使うのは、現代スペイン語の dilección のルーツの一つであるラテン語の dilectio（愛、喜び、快楽）との関係でも語源的に正当化されるだろう。現代スペイン語の dilección は、『スペイン王立アカデミー辞典』によれば、voluntad honesta y amor reflexivo（誠実な意志と思慮深い／反省的な愛）と定義されている。実際、後者の〈反省的《リフレクシヴ》＝反射的な愛〉という意味は、ディルドの定義としてとても素敵だと思う。

我が愛しの義体(58)

ジグザグのために

これは、地球上で最初に歩いたブッチたちの物語である。それはすべて、コンピューターがまだ何百枚、何千枚ものパンチカードで作られた哀れな戦争機械に過ぎない時代以前に始まった。私が覚えているわけではない。しかし信じてほしい。それは男と女の身体の単調な進化に不可逆的な変化をもたらしたのだ。

一九四五年九月二日。初のレズビアン大統領夫人であるエレノア・ルーズベルト[*25]は、政府の執務室で待機し、戦場から帰ってきた黒人や白人の兵士たちを迎えた。かわいそうに！　彼らには家で帰りを待っている人が誰もいない。年配の女性も新婚の女性も、白人の女性も黒人の女性も、みんな戦時中に工場で働くことを覚えたのだ。彼女たちは、工業化時代のアマゾネス[*26]のように生き抜いた。国民

（58）このテクストは最初フランス語で、『カウンターセックス宣言』とは別に、以下のものとして公にされた。"Prothèse, mon amour," in *Attirances: Lesbiennes fems/Lesbiennes butch*, ed. Christine Lemoine and Ingrid Renard（Paris: Éditions Gaies et Lesbiennes, 2001), 329–35.

をミルクではなく、機械油で養ったのだ。

合衆国は、まだ髭も生えていない、つるつるしたお尻の少年たちを第二次世界大戦に送り込み、国民に秩序をもたらすことに躍起になっていた。その大事な兵士たちが、共産主義者やオカマたちと同じくらい不潔であることを、誰が国民に伝えようとしただろうか。しかしアメリカやヨーロッパの兵士たちは、連合国もその敵も、《アヌスの呼び声》を聞いた。彼らは榴弾砲の暴力と、棍棒による柔らかい直腸の感触を知ったのだ。そう、戦争は平和ではなかったが、アメリカで最初の同性愛者のコミュニティの誕生を促した。そして、この戦争と同性愛の同時生産がもたらした多くの副作用とは何か。その後、どうやって攻撃性を防ごうとしたのか。未来の性のコミュニティと軍の部隊とをどう区別するつもりだったのだろうか。

手足を失った兵士もいた。軍事工場は、家電製品だけでなく、戦闘で損傷した身体を修復するための義手や義足を製造する産業へと転化した。かつて機関銃や爆弾を生産していた工場で、いまやピカピカの関節付き義足が作られていた。一九五〇年代の最も重要な二人の建築家チャールズ&レイ・イームズ*27は、戦争から平和への移行は、武器をリサイクルし、それを台頭する快適な消費社会のための新しいオブジェに変えることを意味すると理解していた。そこでイームズ夫妻は、負傷した兵士の手足を固定するベニヤシートを作るときに使ったのと同じ繊維板を用いて、アメリカの学校や会議室向けに色とりどりの椅子を製造したのである。新しい市場の要請は、素材の可塑性と手頃な価格であった。戦時中の食糧貯蔵のために発明された缶詰も、いまや現代の主婦の欠かせない同盟国になった。

リトルボーイは、一九四五年八月六日、広島のすべての人の身体に刺青を入れ、硝酸セルロースのフィルムにその足跡を残した。戦争テクノロジーと表象テクノロジー——同じ一つの戦いだ。現代のストレートの白人アメリカ人カップルの背後、消費者の飽くなき肉体の背後、テレビとそのやがて飽和する色鮮やかな映像の背後、産業規模で鋳造されたプラスティックの背後、自動車と住宅地に向かう高速道路の背後、ピルの背後、出生前診断の背後、そして水爆の背後に、同じ単一の技術プロセスがあったのである。私は何も見なかった。でも、マリリンとエルヴィスが薬物と炭素化合した二つの完璧なプラスティックな身体であり、彼らの声を収録したビニールレコードとまったく同じくプラスティックであることは知っている。あのなめらかな、光を放射する《レイディエント》身体は、広島の灰の中から生まれた。ハリウッドの新しい男らしさ・女らしさのプロトタイプはすでに人工的であり、エルヴィスがドラァグキングでないことに、マリリンがシリコン製のトランスセクシュアルでないことに、一ドル賭ける人など誰もいなかっただろう。[28] 数年後、ラスベガスのシーザース・パレス（Caesars Palace）でマリリンとエルヴィスのコンテストが開催され、全米から彼らをモデルにしたプラスティック・ヒーローの模造品たちが集まった。

戦後はこんな具合だったのだ。最大の補綴システムである世界統合資本主義は、性アイデンティティの生産物を食い尽くし、商業化することに着手した。一般消費財も、義足も、シリコン製の乳房も、同じような設計・生産・販売の手順で産業的に生産されるようになった。工作され、再設定され、メインラインで大量供給され、[29] プラスティック化された身体たち。彼らは、放射線、ビタミン剤、ホルモン剤を使って自分を処置した。ジェンダー・パフォーマンスも、新しい性産業の再生産メカニズムであり、この新しい産業化された身体に属するものだった。資本主義マシーンが成功するかどうかは、物質的・身体的な可塑性《プラスティシティ》〔プラスティック性〕を新しい消費者主体の産出に役立たせることができるかどうかにかかっていた。そして、この可塑性は少しずつ地球規模へ広がるようになった。地球そのものが巨大な生政治産業となったのである。こうしたすべての製造の背景には、男性の機械的な身体と母親の「自然な」肉（食用肉）の永遠なる再生産を正当化する、異性愛による植民地主義の物語があった。

消費財の大量生産
＝新しいプラスティック身体文化
＝新しいジェンダー・パフォーマンス

ニクソン[30]がソ連に洗濯機を売っているあいだに、アメリカのレズたちは、兵士たちがしていたように、ひそかに筋肉を鍛えはじめた。彼女たちは、父親が怖がるような人工器具を互いに提供し始めた。筋肉とディルドが自分たちに似合うと彼女たちが気づくのに、さほど時間はかからなかった。サンフランシスコからニューヨークの都市の路上では、トランスセックスの女性たちが観光客に可鍛的な乳房を売って生き延びていたが、そうした場所の近くにいくつかのバーが開かれ、そこでラバーディルドとラバーブーツを身にまとった最初のブッチたちと最初のフェム[31]たちが出会った。国中の物体や身体がプラスティック化され、（脱）着色されていくなかで、いったい誰がプラスティックのコックを却下できるだろうか。

プレハブ住宅やキッチンロボットに囲まれたなかで、ブッチは、そのデザインが技術的には単純で手頃だが社会的・政治的には非常に複雑でコストがかかる身体のように見えた。あたかもテクノ家父長制的な資本主義と同じ変容に従うかのように、一九五〇年代のレトロ・レズの身体は、機械のリズムに合わせて変身していった。ブッチはＵＦＯに乗って私たち――つまりあらゆる種類の自然人たち――

のところにやって来たのではない。また共産主義のスプートニクから降りてきたのでもない。彼女は工場で育ったのだ。階級、ジェンダー、人種、性的欲望のために多重に抑圧されたブッチは、人類の主観性と想定されたものよりも、機械の物体性や外在性に近い存在である。彼女はプロレタリアであり、ゲリラである。彼女は体を張ることを恐れない。彼女は肉体労働をよく知っている。

強制収容所と実験室の継承者である戦後の植民地主義的な人類学は、霊長類は親指の解放によって動物の状態を脱し、道具を作り、武器を扱うことができるようになったと説いている。さて、このフィクションをヨーロッパの白人男性の手を取ってもう一ひねりしてみれば、ブッチは彼女の労働する手のおかげで女性の状態を捨てたと言うこともできるだろう。彼女の手は、卑猥で、ずれた、不適切な身振りで女らしさを裏切り、仕事道具を身体に取り込み、優秀な操作手となり、思いがけず機械と番《つが》い、身体の配管工事をやすやすとおこない、優しく支配するのである。

ジェンダー化された行動、体位、性的な身振り、オーガズムの叫びの単調な繰り返し——こうしたものの退屈さに囲まれながらも、たまさか蒼き月夜に、ある出来事が起こる。すなわち、解剖学の地図の法則を書き換え、皮膚を変え、快楽を別の名前で呼ぶという必死の試みが起こる。ブッチとは、そのような出来事である。彼女は異性愛の身体の反復に切断を引き起こしたのだ。

ポスト形而上学時代の娘であるブッチは、手のしぐさ、道具の使い方、機械の知識などが、男女の単一の本質に自然と結びついてなどいないことに気づいた。そのとき、彼女はテクノロジー泥棒となった。彼女は、大胆なスパイのように、白人の異性愛者の夫婦とその子供たちがテレビを見ている寒い部屋に忍び込み、男性がみずからの支配を自然なものとして装うための補綴物を盗んだ。彼女は、間違いなく最も見事な一撃で、男らしさをシミュレートした。間違いなく最も賢い戦略で、ジェンダー生産の調度品を密輸した。まず、白いTシャツ、チノパン、革ベルト、胸を平らにするさらし、ヘアジェル。だがまた運動とコミュニケーションを向上させる装置もあった。最初はオートバイ、次にタイプライター、カメラ、コンピューター。まずはディルド、次にホルモン剤、そして肉体そのものと主体性。

最初ブッチは、フェムのためのジェンダーの反転に過ぎなかった（ブッチは「完璧なボーイフレンド」であり、すべての女の子が夢見る「王子様」であった）。それからブッチは異性愛という制約を逃れ、自分の変身を限界まで推し進め、見かけ上の目的《テロス》である男性の身体から自分を解放した。長らく男性の特権であったさまざまな多少洗練された補綴物を使用しても、いかなる場合にも〔男性の場合と〕同じ支配の効果は生じなかった。補綴は本質ではない。それは通過点《トランジット》〔乗り換え点〕である。それは多重効果であり、単一の起源ではない。それは接ぎ木《グラフト》＝移植の具体的な文脈のなかにのみ存在する。男らしさに縛られた権力の実践から切り離された道具と器具は、カウンターセックスの脱コンテクスト化の対象《オブジェ》である。

性文化のこのような歴史のなかで、ブッチは働く女性をコンセプチュアル・セックスに導いた。生殖器をサッポー・マシーンでリサイクルしながら。チャチャチャ、アー、アー、アー！　男抜き、女抜きでファック？　セックス／ジェンダーの役割転換の外には、ある種の補綴的関与《コミットメント》の外には、いかなるブッチ／フェムのセックスもない。快／苦、コピー／ペースト、頂点《トップ》／底辺《ボトム》、ブッチ／フェムなどは、多数多様な欲望の異他発生的な詩的《ポイエティック》生産の発散ベクトル、操作マトリックス、可変的形象《フィギュア》にほかならない。

ブッチは自分を作った。彼女は戦争よりも冷たく、石よりも硬い。彼らは彼女を石《ストーン》ブッチと呼ぶ。不可触《アンタッチャブル》な彼女は、カウンターセックスの背進経済を運営し、自分の（女性的）身体の最小限のスペースを快楽にあてる。彼女は自分の身体の外側で、可塑的かつ肉感的な、つねに差異化する空間で、最大量の快楽を生み出す。ブッチは触られることも貫かれることもない。私には何も見えていないが、快楽は身体――男女の身体――からではなく、補綴の肉体化〔義体化〕から、つまり自然と人工物が出会うインターフェースから生まれるのだと知っている。

　しかしブッチはまた、男らしさの模倣とそれに取って代わる女らしさの生産とがショートした産物でもある。彼女のアイデンティティは、反復のプロセスにおける逸脱、脱線の出来事から生まれてくる。頭を剃り、片手にタバコをもったブッチは、一見男性に見えるが、男性自身がもっておらず体現することもできない（男たちは男らしさを信じているからだ）虚構の男性像の相続人であると宣言する。ブッチだけが虚構の男性像をうまく演じ模倣できるのである。

　このように、ブッチは異性愛的男性像の対極にある。石のようでありながら敏感、屈強でありながら柔和、触れることができない存在《アンタッチャブル》であるのにマルチ・オーガズム。否定されると同時に拡張された彼女の身体は、貫かれることなく犯され、犯すことなく貫く。

　異性愛の男らしさ／女らしさのステレオタイプの特徴では、ブッチ／フェムの出会いが生み出すセクシュアリティの入れ替えを言い当てることはできない。ジョーン・ネスル[*32]は、真のフェムはディルドをハンドバッグに入れずに街へ出ることはないと言う。ブッチの腰、腕、脚にディルドを慎重に装着するのはフェムなのだ。フェムレスのブッチとは、セックスレスのブッチのことである。ブッチは、フェムから渡されたディルドでフェムを犯す。この器官の行き来はどうすれば安定するのだろうか。ディルドは誰のものなのか。誰が貫く身体で、誰が貫かれる身体なのか。身体化の出来事はどこで生産されているのか。

ブッチのディルドは数ある補綴のうちの一つにすぎない。それは彼女の労働する手に認められた能力を拡張し、増大させる。このディルドは、何よりもまず、ブッチから精神的な原動力を提供される手の機械である。この巧妙な手をブッチの胴体に移植し、骨盤のプラスティックな延長物にすれば十分である。一方で、男は自分の自然な優位を確信し続ける。

補綴は不在を幻想で補うものではない。それは幻覚でも妄想でもなく、むしろシュレーバー判事*33の裸の胴体にある乳房のように、生産的な強度の帯域を構成する。(59) ある種のテクノロジーや精神分析の学派も共有している「不在」の形而上学は、私たちはみな何かを欠いているのだと説得したがる。女性にはペニスがなく、男性には子宮と乳房がなく、どちらも「超越論的ファルス」——つまりメガディルド——を欠いているからこそ、世界は正常に機能しているのだと言う。動物には魂がなく、サイバネティクス・マシーンには肉体と自由意志がないと言う。その欠落を、電気的な接続が過剰な情報で補っていると言う……。私たちは何も欠いていない。ペニスを欠いてもいないし、胸を欠いてもいない。身体はすでに多数多様な強度の交差点である。私たちは欲望が生産する数だけ多くの器官をもっている。私たちに欠けているのは気概だけだ。残りは大いにもっている。

それがブッチの特殊性である。彼女の生産的な欲望、気迫。おてんば娘が単に男らしさを演じているだけで、「欠けているもの」を補っているように見えるとき、ブッチは主導権を握り、身体を作り上げているのである。

一九五〇年代のブッチは、工場で作られ、家庭で操作されるローテクの性のサイボーグであった。彼女のアイデンティティは、異性愛の廃品置き場から拾ってきたスペアパーツでできた超有機的な織物であり、社会的な家電製品であった。彼女の身体は、新しい性的器官の移植と置換のための特権的な空間であった。ブッチは一個の器具であると同時に、他の補綴同士がそこで接続しあう端末《ターミナル》でもあった。モニク・ウィティグのように、彼女にはいかなるヴァギナもない。彼女のセックスは生殖器ではないのだ。彼女の身体は、婦人科学や内分泌学の解剖学的対象ではなかった。異性愛秩序の再生産を変質させ、自然な模倣の連鎖を断ち切り、ブッチは進化の法則から逸脱した。彼女はポスト・ヒューマンであり、ポスト進化論的であった。それは細胞で、器官で起きている政治的な突然変異《ミューテーション》だったのである……。

しかし、この革命の契機は、決して未来主義的[*34]でもユートピア主義的でもなかった。いかなる魅惑もなかった。最初のブッチはシックでも、粋《ヒップ》でも、クールでもなかった。この筋肉質な腕とたくましい脚が街を歩くと、声をひそめたコメントがする。「あのブッチを見ろよ」、「よお兄弟、あのレズ野郎を見ろ」、「あのレズは自分を男だと思ってるのか」。

男たちが歌う ♪ ♫ ♫ ♫ **ブッチ**は醜い ♫ ♫ ♫
フェムが応じる ♪ ♫ ♫ ♫ **ブッチ**はセクシー ♫ ♫ ♫

補綴の醜さは、レズビアンの身体の前衛美学である。

---

(59) Gilles Deleuze and Félix Guattari, *Anti-Oedipus*, vol. 1 of *Capitalism and Schizophrenia*, trans. Robert Hurley, Mark Seem, and Helen R. Lane (Minneapolis: University of Minnesota Press, 1983), 19.〔前掲書上巻、一五頁〕

移植、ディルド、インプラント、薬、ホルモン剤……。他にも多くの補綴術、多くのジェンダーの生産ゾーンがある。補綴は身体化の生起であり、歴史的に見れば、私たちのポスト産業社会のなかで「身体である」ための唯一の方法である。補綴は抽象物ではない。それは、今ここに、この身体のために、この文脈の中にしか存在しない。私には何も見えていないが、二一世紀にはすべてのジェンダーが義体化されていることだろう。男らしさや女らしさとかいうものは、歴史上の（おそらく時代遅れの）身体化構造を指す用語となるだろう。だからこそ、補綴的身体＝義体としてのブッチは例外ではなく、一般化されたアイデンティティ生産プロセスの一部なのだ。マッチョマンのスペイン人はブッチに劣らず人工的だし、ビビ・アンデション[*35]の身体の曲線はパメラ・アンダーソン[*36]と同じように人工的である（そして同じように輝かしい！）。

知ってか知らずか、私たちはみな、ペドロ・アルモドバル[*37]の映画『オール・アバウト・マイ・マザー』のアグラード[*38]のように、自分の身体が補綴によってトランス生産されるのを待っている。新しいモデム、新しいペースメーカー、骨髄移植、新しい抗ウィルス剤、さらなるエクスタシー、クリトリスを成長させるが毛を生やさないホルモン剤、男性用のピル、主婦用のバイアグラ……。

来たる世紀のブッチはジェームズ・ディーン[*39]のように見える必要はないし、パパのようなチンコをもつ必要もない。ブッチたちは、異性愛的な進化から自分たちを切り離すDNA配列と戯れているのであり、**突然変異進行中**なのである。

ニューヨーク、二〇〇〇年一〇月三〇日

著者による注

このマニフェストは、フランスとアメリカとのあいだの旅の日記でもある。

私は一九九九年一月、ジャック・デリダの招きでパリに到着し、社会科学高等研究院の彼のセミネールに出席した。「脱構築をする」ということがフランスではどういうことなのかを見にいったのだ。また、モニク・ウィティグの失われた足跡をたどってみたいという思いもあった。私が「脱構築」と言うとき、ジャック・デリダの哲学の大西洋を越えた受容、とりわけジュディス・バトラーのようなフェミニストのクィアの読者たちのレンズを通した受容のことを、そして一九七〇年代にクィア理論として知られるようになったものを指している。

大西洋の両岸でおこなわれている読みと翻訳の実践について、私たちが問わねばならないのは間違いない。フランスでは、脱構築は政治的に中立な知的遊戯のように見えるが、アメリカでは、脱構築は何よりも政治制度や社会制度の規範化・自然化の機能を掘り崩し、それらを不可逆的な転換に巻き込む、潜入と言語のハイブリッド化の実践である。クィア脱構築だろうか？　「移動的」脱構築とか「移植的」脱構築、あるいは単にディルド学と言ったほうがよいかもしれない。

この小さな本は、もし『ストレート・マインド』[*1]がフランス語で出版されていたら、もしその著者が砂漠に逃亡しなければ、[*2]そしてもしフランスの急進派レズビアニズムが白人リベラル・フェミニズムを隠れ蓑にして自分自身を裏切らなかったら、そうだったとしたらフランスに残されていたかもしれない政治的・理論的な空間に、その場所《スポット》を「見つけ出す」。

クィア哲学の常軌を逸した「正典《カノン》」をなすべきテクストは何か？　性や政治におけるラディカルな運動の起源をまだ覚えている主体＝代理人《エージェント》はどこにいるのか？　フランスのレズビアンの連鎖を理解するためのアングロ－サクソン系の糸は、どうすれば見つかるのか？　クィア哲学を語ることは、ガイドブックをもたず、目に見えない地図を作りながら旅をすることであり、最終的には、どんな決まったプログラムもなく、目的も見えないまま、《アーカイブ》を発明することなのである。

謝辞

フランスのクィア活動家ZOO[*1]と、私がこの本の中心になるアイディアのいくつかを書いていた一九九九年冬と二〇〇〇年春のQセミナーの参加者のみなさんに。とくに、Xavier Lemoine, Martine Laroche, Sophie Courtial, Nini Francesco Ceccherini, Jacques Isnardi, Bernadette Henique, Gérard Verroust そして Catherine Viollet に。とりわけ、Suzette Robichon-Triton には、レズビアンの資料のほぼすべてを負っており、私が資料を発見する必要はなかった。フランスで何度かセミネールや対談の機会を与えてくれたフェミニストたち、すなわち、Nicole Claude Mathieu, Danièle Charrest, Gail Pheterson, Françoise Duroux に。

ニュースクールの哲学科と当時の教授たちに。すなわち、Jacques Derrida, Agnes Heller, Richard Bernstein, Alan Bass, Jessica Benjamin, Jeffrey Escoffier, Dion Faquhar, Yirmiyahu Yovel, Alan Berubé, Joël Whitebook に。合衆国-スペイン交流フルブライト委員会に。この本を書いた当時、私が学位論文を執筆していたプリンストン大学建築学部、とくに Beatriz Colomina, Mark Wigley に。義体化と補綴技術について考える手助けをしてくれた George Teyssot に。私は彼ら全員から学んだが、彼らは自分たちの教えが意図しない結果を招いたとしても、いっさい責任を感じるべきではないだろう。

ドゥルーズに取り組むことを勧め、彼の分子的同性愛に関するカウンターセックス的演習となる公開朗読を初めておこなう機会を与えてくれた Maryvonne Saison に。

私のディルド・コレクションを快く増やしてくれたニューヨークの Toys in Babeland[2] の Gabbie さん。

深い信念をもちながら、私の読書と執筆を支えてくれた両親へ。

スペインでの最初の読者だった Fefa Vila[3] とＬＳＤ[4]に。ニューヨークで初めて『ストレート・マインド』をくれた Ana Gil Costa に。レズビアンとしての私の知的活動を、知ってか知らずか、さまざまなかたちで支えてくれたすべての人たちへ。Pino Ortiz, Coloma Fernández Armero, Isabel Armero, Carlota Armero, Sally Gutiérrez, Beatriz Acevedo, Laura Cottingham, Luz María Fernández, María Mercedes Gómez, Antonio Blanch, Anne Rousseau, Marine Rambach, Charo Corral, Azucena Veites, María José Belbel.　とくに、私の姉妹にして友人である Coché Echarren に。

そして最後に、私の信頼するフランス人編集者、栄光あるアヌス、そして卓越したディルド運搬人である Guillaume Dustan[5] に。

私が本書の翻訳を見直し、序文を書いた場所であるＬＵＭＡ財団[6]に。

〈訳者あとがき〉

トランスワールドへようこそ!

本書はPaul B. Preciado, *Countersexual Manifesto*, translated by Kevinn Gerry Dunn, Columbia University Press, 2018の全訳である。ただし、著者プレシアドの指示で、「序論」の部分だけは、二〇二〇年に本書の出版二〇周年を記念してスペイン語版として出版された*Manifiesto contrasexual, Edición del 20.º aniversario con una nueva introducción del autor*, Traducción de Julio Díaz y Carolina Meloni, Editorial Anagrama, Barcelona, 2020に新たに付された「『カウンターセックス宣言』への新しい序論」から訳出した。

本書の成立過程はややこしい。まず最初に二〇〇〇年にフランス語で出版され、それが二〇〇二年にプレシアドの「母語」であるスペイン語に翻訳され(その際に著者がかなりの加筆をおこなっている)、そしてそのスペイン語版から、本訳書が底本とした右記の英訳がなされたわけだが、その際にプレシアド本人が英訳を確認(場合によっては一緒に翻訳)し、さらに数々の箇所で加筆・修正・削除を大々的におこない、英訳独自の「序論」も付した。その結果、最初の仏語版、その翻訳であるスペイン語版と、本書が底本とした英訳版はほぼ別物といってよいものに変容(ミュータント化)している。一応、著者本人は英訳が決定版と言っているが、二〇二〇年に出版された『カウンターセックス宣言』二〇周年版(英訳からのさらなるスペイン語訳版である)には、この英訳版「序論」をさらにスペイン語版オンリーの「『カウンターセックス宣言』への新しい序論」に差し替えている。

このように、『カウンターセックス宣言』は、それが翻訳・出版されるたびに著者自身が介入し、次々と文章を上書きしていくという独特な生成変化のプロセスを経ており、こうした錯綜体としてのテクストの成り立ち自体がすでに哲学的・思想的に深い意味を醸し出している。もはや原書なのか翻訳なのか、著者なのか翻訳者なのか（あるいは註釈者なのか）判然としない多数多様体としての各個物の存在様態（デリダ流に言えば「亡霊」様態）こそが、プレシアドが主張する「トランス」の運動性そのものの表現となっているとも言えるだろう。さらにそこに私は日本語による「トランス」を、翻訳（trans-lation）を、付け加え、代補しようというのである。はたして私は何を翻訳しているのか。本書は何の翻訳なのだろうか。

ポール・B・プレシアドは、現在、世界で最も注目されているトランスジェンダーの思想家である。一九七〇年九月一一日（！）、スペインのブルゴス生まれ。レコンキスタの英雄エル・シッドの街であり、スペイン内戦ではフランコ反政府軍の拠点でもあったブルゴス。その保守的で厳格なカトリックの街と家に生まれ、「女性」の性を割り当てられた「彼女」は、早くから性的違和を覚えるトランスであることに苦しんだようだ。三〇代半ばからテストステロンを使ったオペなしの「緩やかなトランス」を開始し、二〇一五年にはベアトリスという出生時に与えられた女性名からポールに名前を変え、二〇一六年には戸籍上の性も変更し公式に「男性」となり、ベアトリスという女性名を放棄した。もともとはラディカル・フェミニストであったが、現在はノンバイナリーなトランスの立場をとっている。

一九九〇年代にフルブライト奨学生としてニューヨークに留学。ニュースクール・フォー・ソーシャルリサーチで、ジャック・デリダとアグネス・ヘラーに師事。二〇〇〇年にパリに移り、フランス最初のドラァグキングのアトリエを組織する（二〇〇二年）などの活動をした後、アメリカに戻ってプリンストン大学の建築学科で二〇〇四年に博士号を取得した（この博士論文をもとにした著作が『ポルノトピア』である）。そのほかにも、パリ第八大学のプロジェクト研究員、ニューヨーク大学やプリンストン大学の招聘教授を務めたり、バルセロナ現代美術館やソフィア王妃芸術センターのキュレーターとして幅広く活躍している。

主要著作は以下の通り。

Manifeste contra-sexuel, Paris, Balland, 2000.

Testo junkie : sexe, drogue et biopolitique (trad. de l'espagnol par l'auteur), Paris, Grasset, 2008.

Pornotopia: an essay on Playboy's architecture and biopolitics, New York, Zone Books, 2014.

Un appartement sur Uranus : Chroniques de la traversée, Paris, Grasset, 2019.

Je suis un monstre qui vous parle : Rapport pour une académie de psychanalystes, Paris, Grasset, 2020.

カウンターセックス宣言

カウンターセックスとは何か。文字通りには「反セックス」あるいは「対抗セックス」である。もちろん、無セクシュアリティ（性や性欲をまったく感じない存在様態）までをも視野に収めるが、直接的には特に近代の性愛体制である異性愛的セクシュアリティに反抗し対抗する、他なる多様なセクシュアリティの主張である。第二波フェミニズムあるいはラディカル・フェミニズムが抉り出したように、バイナリズム（男女二分法）の異性愛主義は、家父長制的な政治・経済・社会構造が生み出した社会的構築物であり、決して自然なものではない。この社会的構築物であるいわゆるジェンダー（性差、性同一性）が、政治や経済の権力、家族や地域といった社会権力、道徳や宗教のモラル権力、そして医学・生物学・心理学などの科学権力と密接に絡み合いながら、男女の異性愛があたかも「自然」で「必然」であるかのように思わせてきたのである（異性愛的想像界）。

しかしこうした社会構築主義的な批判や家父長制打倒の闘争のみであれば、すでに旧来のフェミニズム（マルクス主義フェミニズムであれ、ラディカル・フェミニズムであれ）がおこなってきたところである。その成果をプレシアドは否定するわけではない。「フェミニズムの言説が、女性の身体を自然の歴史としてだけでなく政治の歴史の産物として描いたときの力は、間違いなく二〇世紀の最も偉大な認識論的切断の一つだった」（本書一六二頁）とプレシアドは評価している。しかし、それだけでは足りない。伝統的なフェミニズムは、ややもすれば女性のヘテロトピア（異所性）という別種のユートピア（プレシアドにとってはディストピア）、異性愛体制の反転的内面化としての閉鎖空間を作り出しかねない。異性愛体制批判がいつのまにか男女の分断を前提とした（分離主義）、男主義ならぬ女主義のホモソーシャル権力を生み出してしまう。異性愛体制に対する問題提起や突破口の一つとして同性愛を利用しながらも、最終的にプレシアドが同性愛を批判し乗り越えようとするのはこのためである。同性愛は異性愛の舞台装置のうえで演じられる対抗劇であり（異性愛の鬼子としての批判的価値は否定されるべきではないが）、同性愛の真理は異性愛なのである（これが第4章のドゥルーズの「同性愛」概念に対する批判の要である）。そこにはトランスの運動力がない。重要なのは、女性であることや男性であること（それらの存在が「自然」であれ「本質」であれ、「固有＝本来のもの」であれ「工作されたもの」であれ）の存在論ではなく、その生成変化であり、生成変化のテクノロジーを具体的に手に入れることである。フェミニズムを観念論の呪縛から解放し、唯物論化すること。「性差の認識論」を突破し打ち破るために、身体レベルでの改造を可能にするテクノロジーを、男女のみならず、あらゆる「身体たち」が手に入れること。これがプレシアドにとってダナ・ハラウェイの「サイボーグ・フェミニズム」の意義である。「ダナ・ハラウェイが登場するまでは、フェミニストの「テクノロジー」分析の大半〔……〕は、性テクノロジーを生殖技術の星座に還元してしまっていた。この種のフェミニストたちの歩みの難点は、女性というカテゴリーを本質化し均質化する罠に陥ることである」（本書一六二―一六三頁）。

フェミニズム的分断を超えて

従来のフェミニズムは二重の問題を抱えている。一つには、女性の差異や特異性の分析に集中するあまり、男性の身体や存在も社会権力によって構築されたものであることを忘却し、逆に自然化＝本質化してしまう（男性身体の可塑性の忘却）。そのため異性愛の固定的な分断支配を助長する。ボーヴォワールは「人は女に生まれるのではなく、女になるのだ」と言い、フェミニズムの前進を促したが、その言葉の「男性版」、つまり「人は男に生まれるのではなく、男になるのだ」と言うことができなかった。本書でのフーコー的考古学の分析の中心は、もちろん女性なるものと女性の身体の性生産テクノロジーとその暴力性・権力性の解明にあるが、また同時にプレシアドは、ペニスの美学や近代的な工場や戦争におけるロボットとしての男性の身体の系譜学を詳細に追跡することで、男性の身体も政治的・社会的な「義体」の権力によって工作されており（しかもヒエラルキー的に）、決して「自然」でも「ニュートラル」でもないこと、そして男性身体の社会工作がどのようにして女性身体の工作と連動しているかをも描出している。プレシアドの言う「家父長制的‐植民地主義的異性愛」体制は、男女の身体のどちらにも相互補完的に働きかけているのであり、この「弁証法」を見逃してはならない。

二つ目には、多くのフェミニズムは、女性なるものを工作する性テクノロジーを家父長制の男性権力と同一視し、悪魔祓いしてしまうために、性テクノロジーの反体制的な使用や技術のクィア化を想像することができず、実質的・具体的な戦いの武器を失ってしまう。それに対して、プレシアドは、権力が使用している支配の道具・支配テクノロジーを被支配者たちが流用・奪取・再利用することによって、分断統治を打ち破り連帯する可能性を主張する。支配権力側がみずからの原動力・武器・道具としているシステム（資本主義的生産様式）やエージェント（労働者）を横領して当の体制側に向け返す発想は、資本家の「武器＝道具」として「使用＝搾取」されていた「労働者」を覚醒させ、資本主義システムに転換（革命）をもたらそうとしたマルクスの戦略を彷彿とさせる。これはいわばクィアなマルクスであり、マルクスのクィア化である。ここには、身体と心をともに社会的に工作され支配された者同士（男女のバイナリーであれ、それ以外のセクシュアリティ存在であれ）が、同じ被工作体として分断工作を乗り越えて、工作権力を自分たちの手に取り戻すために連帯する新たな性のプロレタリアートの姿がある。

ディルドの哲学

このジェンダー領域に移植された新プロレタリアート（トランスな身体たち）の戦い（男女の分断支配を超えた、あらゆる存在のトランスのための戦い）の戦略基盤となるのが、性テクノロジーであり、プレシアドはその哲学的・技術的モデルとしてディルドを立てる。一般にディルドはペニスの模造品と考えられている。実際にレズビアンやトランスたちがディルドを使用すると、「偽物を使ってまでペニスを欲している」とか「ペニス主義の内面化にすぎない」といった揶揄や批判が、男根主義者からもレズビアン（特にラディカル・レズビアン）たちからも出てくる。しかしこうした批判は、〈ペニス＝自然あるいは起源〉という設定・想定に立脚しており、そもそもペニス自体がそのように社会や通念によって「自然」なものとしてすでに「工作」された義体であり、言ってみればディルドであることを忘れている（あるいはほおかぶりしている）。それはみずからの工作物としてのあり方を不可視にするほど強力なメガ・ディルド（ラカン風に言えば「マスター・シニフィアン」）だというだけのことであって、立派だろうが貧相だろうがディルドにはかわりがない。いや、自然な快楽を超えた人工的な快楽を最大限に与えるがゆえに「立派なペニス」としてまかり通るのだと言うべきだろう。

プレシアドは、自然化され魔術化されたペニスの帝国の化けの皮を剝ぎ、義体的なディルドの群島に連れ戻す。ここではデリダの脱構築、とくに代補（supplément）の概念が利用されている。代補（サプリメント）には薬物的な用法もある点に注目）は、なにか起源に代補すべきものが先在することを想定させるが、しかし実際には代補の活動や行為がなされて初めて、「事後」的に起源や先行者（アプリオリなもの）は産出される（その意味であらゆる起源的なものはノスタルジー効果である）。たとえ先在的なものがあったとしても、代補作用がなければそれは端的な無であり、なんらかのシステムや体制を保証するものではいささかもない。むしろシステムの穴、その無能力と不可能性を証明する亀裂である。この意味で、ペニスあるいはファルスは端緒から自己去勢＝自己脱構築を起こしている（立つと同時に萎えている）のであって、それは根源的にはディルドだと言ってよい。「ディルド（工作物・偽物）＝ペニス（自然・本物）の模倣」という通念図式は、万物は転移するディルドであるというこの根源様態（世界の至る所にディルドという「穴」が「立って」いるという「真理」）を覆い隠すための想像界の幻想、穴埋めにすぎない。

ディルドの存在様態こそが、あるいはディルド造成術《テクトニクス》こそが、世界の真理であること、少なくとも「急所」であることを明らかにしなければならない。ディルド（バイブレーター）は最初はヒステリー治療における男性による女性身体の支配ツール、医学的な知と技術による女性身体の管理ツールであった（本書一一一―一三五頁）。しかしたとえ最初の意図や存在が男根主義的・異性愛主義的・植民地主義的であったとしても、使用されたテクノロジーが永遠に初期の目的にのみ奉仕し続けるとは限らない。あらゆるツールは権力的な使用法もできれば、反権力的な使用法、（当初のエージェントの意図や目的からみれば）「クィア」な使用法も、工夫次第でいくらでも可能である。フーコー的な考古学ないし系譜学の手法を用いながらプレシアドが描くディルドの歴史は、まさにこのテクノロジーの可塑性（変身可能性）のよい例である。女性のヒステリー症を医学知が認知・確証し治療するためにヒステリーを人工的に引き起こす医療器具として発明されたバイブレーター（ディルド）が、その後、医学の帝国の診察台を離れて、小さな家庭のベッドや椅子のうえに移動すると、それは生殖目的から解放された純然たる快楽のためのツールとして再活性化するのである。一九世紀に開発されたマスターベーション抑止のためのさまざまな器具も、その後、BDSMやレズビアン文化のなかで快楽ツールへと反転した（拘束具やピアシング等々）。どちらの場合も、医療目的・治療目的の道具であるときは奨励されるが、その同じものが反転し「サブカル化」すると非難・軽蔑・バッシングの対象になるというこの価値変化自体が、権力の本質と急所を示している。

トランスの生政治＝性政治

プレシアドが描くこうした支配テクノロジーの反転実践の横領戦略は、フーコーの権力論、生政治論に多くを負っている。フーコーが晩年に彼のライフワーク、最終的な仕事としたのが『性の歴史』だったことも意味深長であるが、フーコーがいわゆる「ミクロ権力論」を展開し、従来の左右両極の権力論（どちらも結局はトップダウン方式のマクロ権力論に帰着する）を刷新した功績は大きい。伝統的には権力というと、なにか強力な権限や権力や権威をもった「（お）上」から高圧的・抑圧的・弾圧的に命令や禁止として否定的に押しつけられる明確な（暴）力というイメージであるが（とくに家父長制権力はこうしたイメージで語られることが多い）、そうではなく、具体的なささやかな小物類・小道具を通して私たちの小さな身の回りに浸透し、私たちの小さな日々を、感（受）性を、無意識レベルの感情や行動パターンを、そして欲望を、構築し工作する生産的な権力のあり方、これがミクロ権力であり、生政治権力である（本書一六六―一七〇頁）。一見したところ、個別の差異に対応した、サービスのよい、快適でエンターテインメントな、そうした柔らかな権力空間、場合によっては「優しさ」と「寄り添い」によって抱擁され、しかしじわじわと真綿で首を締めつけられるような権力空間。むろんマクロとミクロの二つの権力は別々に作動するのではなく、二重に絡み合いながら駆動するのであるが、従来の権力論は後者のミクロ権力に対する眼差しが弱かった。セクシュアリティとは、このミクロ権力が最も日常的に稼働している現場であり、真っ先に踏み込むべき闘争の現場である。ディルドを代表として、一見卑属にみえる多種多様な性管理と性生産の道具類を権威ある医学言説と接続しつつ、性のミクロ権力、性の生政治をプレシアドが描くとき、フーコーの生政治論とプレシアドのトランス存在とが、思想と実存と運動のなかで見事に連結している。そしてミクロなレベルにおける生権力＝性権力の生産メカニズムをしっかりと把握すればこそ、ミクロなレベルでの反乱が、支配テクノロジーを横領し反転させる戦略が有効になる。世界を変えるのに、世界をトランスさせるのに、巨大な権力闘争や革命転覆は必要ない。必要なのは、いまここにある小さなディルドの潜勢力をラディカルに肯定し、拡大することなのだ。

生殖主義からの脱出

ディルドの論理を全面化すること。それは性にまつわる身体マップを書き換えることを意味する。伝統的な性概念や性医学・性科学は、男女の性的身体を生殖の行為と能力によって規定してきた。生殖にかかわる身体部位（つまりペニス、ヴァギナ、子宮）にいわゆる性感の中心を設定し、それ以外の部位（たとえば、鼻、耳、指、足など）は本来性感があってはならない（あるはずがない）場所とされ、それらの部位で性感を得るとしても、それは副次的であり、さらには変態や倒錯あるいは病とみなされた。この点はセクシュアリティを社会的な構築物と見るフェミニズムにおいても、また自然的なセックスと社会的なジェンダーを区別し、社会的なジェンダーを重視した現代性科学の父ジョン・マネーでも同様である。つまり男女を問わず、性の身体性は生殖を軸にしてその地図が作り出され、その地図をガイドにして身体的な性リビドーの経済は運営・管理されていたのである。

ディルドはこの身体地図を書き換え、身体という地殻・地層の動態が含みもつ潜勢的なエネルギーを至る所に転移させ、解放する。これがプレシアドの言うディルド造成術《テクトニクス》である。第2章「カウンターセックスの反転実践」で紹介されているディルド造成術に眉を顰める人も多いだろうが、ラディカルかつ挑発的でありながら、ユーモア溢れる実践は、まさに生殖器の中央集権体制に反抗《カウンター》し、身体の性快楽センターを分散・拡散（デリダ流に言えば「散種」）させ、たえず転移する性感の新たな身体マップを作り出すテクノロジーである。これはプレシアド流の「器官なき身体」論であり、「地図作成術」である。ここにドゥルーズ／ガタリの多数多様体としての身体（個体）の思想が、セクシュアリティのフィールドに移植され、受け継がれている（性にまつわる身体地図やリビドー整流の問いはすでに『アンチ・オイディプス』で提出されている）。大雑把にドゥルーズ／ガタリのタームで言えば、プレシアドは、ツリー型のセクシュアリティではなく、リゾーム型のセクシュアリティを構想していると言えるだろう。その根源的な運動の可能性をプレシアドは、ドゥルーズ／ガタリのように「同性愛」に見るのではなく、「トランス」のうちに見るのであり、プレシアドにとっては、「トランス」こそが真に「ノマド」的な性のあり方なのである。

ポストヒューマンの性

多くのフェミニズムですらが想定してしまっている、生殖器官への性エネルギーの集中管理の暴力性とその諸問題を、転移する性快楽メカニズムとしてのディルドは抉り出す。このディルドという代補物・工作物が具体的な水準でも象徴的な水準でも示しているのは、人間社会を長い間縛ってきた生殖という必要事（この単なる必要事がいつのまにか「必然性」や「宿命」に、また生殖主義というイデオロギーにすり替えられてきた）からの身体たちの解放の可能性である（女性の身体であれ、男性の身体であれ、ゲイやレズの身体であれ、さらに障害者の身体であれ）。実際、生殖の必要に拘束されつつそこに根拠を見出すバイナリーな異性愛主義は、生殖医療や遺伝子工学の発達によって根拠を失った（これらの技術が確立される以前も実は無根拠ではあったが）。もはや人類は、世代の再生産《リプロダクション》（生殖）

をおこなうのに、「自然」と想定されてきた性行為を必要としない。どんなに洗練された論拠を積み上げても結局は生殖の必要性に帰着してきたバイナリズムの正当性は、それが立脚してきた「自然主義」（似非自然についてのイデオロギーにすぎなかったが）それ自体によって否定される。生殖の「自然」のメカニズムが「自然」の生殖行為の不要さを肯定したのである。この単純な生殖技術の発展は、社会的なジェンダー幻想を徹底的に打ち壊すその単純さ、あまりのシンプルさにおいて深甚なものである（この単純さからまた別種の新たな複雑さも生じてくるが、その議論は今はしない）。また、生命科学や性医学の新知見は、「自然」の生命体や動物の新生児においても、雄雌のバイナリーに分割できないインターセックスの存在を単に「自然」のレベルで否定できなくなっている。二〇二〇年の講演『あなたがたに話す私はモンスター』でもプレシアドが述べているように、いまだにバイナリーな性の認識論や自然主義を信じている人々は、かつてのコペルニクスの時代において天動説を信じていた人々と変わりないのである。

　この生《バイオ》テクノロジー（性《セクシュアル》テクノロジーはその一部である）の全面的な導入が、ダナ・ハラウェイ以前／以後のフェミニズムを切り分けるエポック・メイキング的な契機である。プレシアドはハラウェイのいわゆる「サイボーグ・フェミニズム」をさらに推し進めようとしているが、それは私たちの文字どおり「革命」的な技術環境の変化、生命・医療・情報・化学・工学における新テクノロジーや新科学による唯物的な裏付けをもっている。ヴィルヘルム・ライヒの時代においては、社会構築主義的なレベルで、または思想や観念の思弁的なあるいはコンセプチュアルなレベルで（つまりマルクス流に言えば「上部構造」のレベルで）夢見られた「性革命」（とそれにもとづく社会革命）が、さまざまな領域の技術発明によって「実装」化され始めたとも言えるだろう。プレシアドは、有力な男性ホルモンであるテストステロンを注射することによって、薬学的に自身の身体を男性にトランスさせた。まさに生成変化を身をもって薬物的に「体現」してしまったのであり、ドゥルーズ／ガタリが思想的に展開した「分子的反乱」をまさにフィジカルに、素朴に分子的なレベルで達成してしまったのである。

この流れを安直にレイ・カーツワイル等が主張する「ポストヒューマン論」や「トランスヒューマン論」に接続することは慎まなければならないが、もちろん、いわゆるポストヒューマン状況とプレシアドの『カウンターセックス宣言』とは大いに関係があるだろう。しかしプレシアドは、カーツワイルのようにシンギュラリティの神学に陥ることはない。サイボーグ技術や生命工学やAIを使って、セクシュアリティの拘束からの解放神学や新たなセクシュアリティのユートピアは語られない。性の解放政治はありえても、すべてが救済される解放神学はありえない。プレシアドは『……モンスター』のなかで、「彼/彼女」のトランスの経験のなかに英雄的なところは一つもないと述べている。巨大な未来予想図もない。「クィア哲学を語ることは、ガイドブックをもたず、目に見えない地図を作りながら旅をすることであり、最終的には、どんな決まったプログラムもなく、目的も見えないまま、《アーカイブ》を発明することなのである」（本書二二二頁）。

トランスクィアの身体的コミュニズム

トランスの経験は日常的な経験であり、けっして敷居の高いものではない。今までも起こってきたように、本を読んだり、映画を見たりして人生が変わる人もいるだろうし、芸事やスポーツ、さらには新しい友人や恋人との出会いで自分が変わる人もいるだろう。アルコールを飲んだり、クスリをやって「飛ぶ」人もいるだろう。ファッションや美容整形で新しい自分になる人もいるだろう。それらも立派なトランスの経験であり、人間はいつの時代もそうしたトランス経験と付き合いながら、それを利用しながら（さらにそれをコントロールしながら）、生きてきたのである。そこに今後は、その日の気分によって目や髪や皮膚の色を変えたり、性別を変えて出かけたり、自分の感覚情報の範囲をコントロールするトランス技術が付け加わってくるかもしれない。そうした日常生産のテクノロジーの進化と浸透の深度を考えればこそ、トランス・テクノロジーの共同管理・共同運営と自己決定権の確立へ向けた思想と制度設計が必要だろう。トランスの自由と権限と実効性の共同生産・共同分配の構築。「リバタリアン的身体による惑星規模の協働主義、すなわち、地球のふところで地球とともにある（すべての）生ける身体の協働作業の構築」（本書三三頁）。「惑星規模の身体的コミュニズム」（本書八頁）というと話が大きくなりすぎるきらいはあるが、しかしこの義体たちのコミュニズムが伝統的なコミュニティとは比べものにならない広がりと速度のなかで展開せざるをえないことは確かである。義体的コミュニズムは、義体的な新たな種族と世代産出とセクシュアリティ（ドイツ語で言えば、どれもゲシュレヒト Geschlecht である――デリダの「ゲシュレヒト」論を参照のこと。たとえば拙訳『哲学のナショナリズム』）を生み出し、世代間倫理を始めとする新たな倫理や責任の問いを召喚するだろう。トランスクィアの政治や責任や倫理が求められ、それが来たるべき社会革命になる。

家庭内生殖にとどまらず、生殖の論理一般を免れ、ヴァーチャル化しアバター化するディルドの性テクノロジーが普遍化してゆくとき、社会の基礎単位である家庭や家族のあり方は根本的に変容し、翻って社会全体も変容していく。性の革命こそ真の社会革命である。あるいは社会の急所は、性の可塑性の自己決定権にある。フーコー、ドゥルーズ、デリダが希求した来たるべき開放的な社会のプロジェクトは、カウンターセックスのトランスクィアな構想力としてバトンリレーされた。プレシアドはＦＤＤ（フーコー、ドゥルーズ、デリダ）の思想を現代と未来世界において再生させる、彼らの異端性の正統な後継者である。神学的・社会的・政治経済的な伝統的な契約（実はこれらは私たちの知らぬ間に密輸入された「契約」にすぎない）をパロディ化した「カウンターセックス契約」に、あなたたちは驚き、抵抗や反発をさえ感じるかもしれない。しかし、なぜそうした抵抗や反発が生じるのかを考えてみよう。そのとき抵抗や反発は新たな気づきの突破口となるだろう。そして、この契約の呼びかけ《アピール》の意義も理解できるだろう。それは特定の利害関心のための契約ではなく、真の社会革命とその土台となる存在論的革命へ向けた賭けの決意表明という意味でのマニフェストなのである。

二〇二二年八月四日　雷鳴轟く一日の明け方に

藤本 一勇

人名索引

サ 行

タ 行

ナ 行

ハ 行

マ 行

ラ 行

事項索引

ア 行

カ 行

サ 行

タ 行

ナ 行

ハ 行

マ 行

ヤ 行

ラ 行

ワ 行

参考文献

Amar, Jules. *Organisation physiologique du travail*. Paris: Dunod et Pinot, 1917.

——. *La prothèse et le travail de mutilés*. Paris: Dunot et Pinat, 1916.

Aristotle. *Politics*. Translated by Benjamin Jowett. New York: Cosimo, 2008.

Asendorf, Christoph. *Batteries of Life: On the History of Things and Their Perception in Modernity*. Berkeley: University of California Press, 1993.

Bataille, Georges. *Consumption*. Vol. 1 of *The Accursed Share*. New York: Zone Books, 1991.

——. *The History of Eroticism and Sovereignty*. Vols. 2 and 3 of *The Accursed Share*. New York: Zone Books, 1993.

Bernauer, James W. "Michel Foucault's Ecstatic Thinking." In *Michel Foucault*, vol. 1, edited by Barry Smart, 251–80. New York: Routledge, 1994.

Bornstein, Kate. *Gender Outlaw: On Men, Women, and the Rest of Us*. New York: Routledge, 1994.

Briquet, Pierre. *Traité clinique el thérapeutique de l'hystérie*. Paris: J. B. Baillière, 1859.

Buchanan, Ian. Introduction to *A Deleuzian Century*, edited by Ian Buchanan, 1–12. Durham, N.C.: Duke University Press, 1999.

Buchanan, Ian and Claire Colebrook, eds. *Deleuze and Feminist Theory*. Edinburgh: Edinburgh University Press, 2000.

Bullough, Vern. *Sexual Variance in Society and History*. New York: Wiley, 1976.

——. "Technology for the Prevention of 'les maladies produites par la masturbation.'" *Technology and Culture* 28, no. 4 (1987): 828–32.

Bullough, Vern L. and Martha Voght. "Homosexuality and Its Confusion with the 'Secret Sin' in Pre-Freudian America." *Journal of the History of Medicine and Allied Sciences* 28 (1973): 143–55.

Butler, Judith. *Bodies That Matter: The Discursive Limits of Sex*. New York: Routledge, 1993.

——. "Doing Justice to Someone: Sex Reassignment and Allegories of Transsexuality." *GLQ* 7, no. 4 (2001): 621–36.

——. *Excitable Speech: A Politics of the Performative*. New York: Routledge, 1997.

——. *Gender Trouble: Feminism and the Subversion of Identity*. New York: Routledge, 1990.

Califia, Pat. *Sex Changes: The Politics of Transgenderism*. San Francisco: Cleis

Press, 1996.
Canguilhem, George. *Knowledge of Life*. Translated by Stefanos Geroulanos and Daniela Ginsburg. New York: Fordham University Press, 2009.
Chase, Cheryl. "Hermaphrodites with Attitude.: Mapping the Emergence of Intersex Political Activism." In *The Transgender Studies Reader*, ed. Susan Stryker and Stephen Whittle, 300–14. New York: Routledge, 2006.
Châtelet, François. *Chronique des idées perdues*. Paris: Stock, 1997.
Corea, Gena. *The Mother Machine: Reproductive Technologies from Artificial Insemination to Artificial Wombs*. New York: Harper and Row, 1985.
Corominas, Joan. *Diccionario crítico etimológico de la lengua Castellana*. 4 vols. Bern: Francke, 1954.
Creith, Elain. *Undressing Lesbian Sex*. London: Cassell, 1996.
Cressole, Michel. *Deleuze*. Paris: Éditions Universitaires, 1973.
Davis, Angela. *Women, Race, Class*. New York: Vintage Books, 1981.
De Beauvoir, Simone. *The Second Sex*. Translated by Constance Borde and Sheila Malovany-Chevallier. New York: Vintage Books, 2011.
De Lauretis, Teresa. *The Practice of Love: Lesbian Sexuality and Perverse Desire*. Indianapolis: Indiana University Press, 1994.
Deleuze, Gilles. "Coldness and Cruelty." Introduction to *Venus in Furs* by Leopold von Sacher-Masoch. in *Masochism*, translated by Jean McNeil, 9–123. New York: Zone Books, 1991.
——. "I Have Nothing to Admit." Translated by Janis Forman. In *Anti-Oedipus*, special issue of *Semiotext(e)* 2, no. 3 (1977): 110–16. http://azinelibrary.org/approved/anti-oedipus-psychoanalysis-schizopolitics-semiotext-e-volume-ii-number-2-1977-1.pdf.
——. *Marcel Proust et les signes*. Paris: Presses Universitaires de France, 1964.
——. *Negotiations 1972–1990*. Translated by Martin Joughin. New York: Columbia University Press, 1995.
——. "Preface to Hocquenghem's *L'Après-Mai des faunes*." In *Desert Islands and Other Texts, 1953–1974*, 284–88. Los Angeles: Semiotext(e), 2004.
——. *Proust and Signs: The Complete Text*. Translated by Richard Howard. Minneapolis: University of Minnesota Press, 2000.
——. "The Rise of the Social." Foreword to Jacques Donzelot, *The Policing of Families*, trans. Robert Hurley, ix–xvii. New York: Pantheon, 1979.
Deleuze, Gilles and Félix Guattari. *Anti-Oedipus*. Vol. 1 of *Capitalism and Schizophrenia*. Translated by Robert Hurley, Mark Seem, and Helen R. Lane. Minneapolis: University of Minnesota Press, 1983.
——. *Mille plateaux*. Vol. 2 of *Capitalisme et schizophrénie*. Paris: Éditions de Minuit, 1980.

——. "Sur *Capitalisme et schizophrénie*." Interview by C. Backès-Clément. *L'Arc* 49 (1972): 47–55.

——. *A Thousand Plateaus*. Vol. 2 of *Capitalism and Schizophrenia*. Translated by Brian Massumi. Minneapolis: University of Minnesota Press, 1987.

Derrida, Jacques. *De la grammatologie*. Paris: Minuit, 1967.

——. *Of Grammatology*. Translated by Gayatri C. Spivak. Baltimore: Johns Hopkins University Press, 1976.

——. "Plato's Pharmacy." In *Dissemination*, translated by Barbara Johnson, 61–155. Chicago: University of Chicago Press, 1981.

——. "Signature Event Context." In *Margins of Philosophy*, translated by Alan Bass, 307–30. Chicago: University of Chicago Press, 1982.

——. *Writing and Difference*. Translated by Alan Bass. Chicago: University of Chicago Press, 1978.

Devor, Holly. *Gender Blending: Confronting the Limits of Duality*. Bloomington: Indiana University Press, 1989.

Didi-Huberman, Georges. *Invention of Hysteria: Charcot and the Photographic Iconography of La Salpêtrière*. Cambridge, Mass.: MIT Press, 2004.

Donzelot, Jacques. *The Policing of Families*. Translated by Robert Hurley. New York: Pantheon Books, 1979.

Dworkin, Andrea. *Letters from a War Zone*. New York: Lawrence Hill Books, 1993.

Farmer, John S. and William Ernest Henley. *A Dictionary of Slang: An Alphabetical History of Colloquial, Unorthodox, Underground, and Vulgar English*. 1903. Reprint. London: Wordsworth Editions, 1982.

Feinberg, Leslie. *Transgender Warriors: Making History from Joan of Arc to RuPaul*. Boston: Beacon Press, 1996.

Fontanus, Nicolas. *The Womans Doctour; or, An Exact and Distinct Explanation of All Such Diseases as Are Peculiar to That Sex with Choise and Experimentall Remedies Against the Same*. London: n.p., 1652. https://quod.lib.umich.edu/e/eebo/A39862.0001.001?rgn=main;view=fulltext.

Foote, Edward B. *Plain Home Talk About the Human System*. NewYork: n.p., 1871.

Foucault, Michel. *The Care of the Self*. Vol. 3 of *The History of Sexuality*. Translated by Robert Hurley. New York: Pantheon Books, 1986.

——. *Discipline and Punish: The Birth of the Prison*. New York: Vintage, 1977.

——. "The Gay Science." Interview by Jean Le Bitoux, translated by Nicolae Morar and Daniel W. Smith. *Critical Inquiry* 37 (Spring 2011): 385–403.

——. *The Order of Things: An Archaeology of the Human Sciences*. New York: Random House, 1970.

——. "Technologies of the Self." In *Technologies of the Self: A Seminar with Michel Foucault*, edited by Luther H. Martin, Huck Gutman, and Patrick H. Hutton,

16–49. Amherst: University of Massachusetts Press, 1982.
——. *The Use of Pleasure*. Vol. 2 of *The History of Sexuality*. Translated by Robert Hurley. New York: Pantheon Books, 1985.
——. *The Will to Knowledge*. Vol. 1 of *The History of Sexuality*. Translated by Robert Hurley. New York: Pantheon Books, 1978.
Frazier, E. Franklin. *The Negro Family*. 1939. Reprint. Chicago: Chicago University Press, 1969.
Garber, Marjorie. *Vested Interests: Cross-Dressing and Cultural Anxiety*. New York: Routledge, 1992.
Gilman, Sander L. "AIDS and Syphilis: The Iconography of Disease." *October* 43 (1987): 87–108.
Grace, Delia. *Loves Bites*. London: GMP, 1991.
Gray, Chris Hables, ed. *The Cyborg Handbook*. New York: Routledge, 1995.
Green, Jonathon. *Green's Dictionary of Slang*. Digital ed. 2018. https://greensdictofslang.com/.
Guattari, Félix. *Chaosmose*. Paris: Editions Galilée, 1992.
——. *Chaosmosis: An Ethico-aesthetic Paradigm*. Translated by Paul Bains and Julian Pefanis. Bloomington: Indiana University Press, 1995.
——. "A Liberation of Desire." Interview by George Stambolian. In *The Guattari Reader*, edited by Gary Genosko, 204–14. Oxford: Blackwell, 1996.
Guiraud, Pierre. *Dictionnaire érotique*. Paris: Payot, 2006.
Halberstam, Jack. *Female Masculinity*. Durham, N.C.: Duke University Press, 1998.
Halberstam, Judith. "F2M: The Making of Female Masculinity." In *The Lesbian Postmodern*, edited by Laura Doan, 210–28. New York: Columbia University Press, 1994.
Halperin, David. *Saint Foucault: Towards a Gay Hagiography*. New York: Oxford University Press, 1995.
Haraway, Donna. *A Cyborg Manifesto*. New York: Routledge, 1985.
——. "A Game of Cat's Cradle: Science Studies, Feminist Theory, Cultural Studies." *Configurations* 2, no. 1 (1994): 59–71.
——. *Primate Visions: Gender, Race, and Nature in the World of Modern Nature*. New York: Routledge, 1989.
——. *Simians, Cyborgs, and Women: The Reinvention of Nature*. New York: Routledge, 1991.
Hart, Michael and Toni Negri. *Empire*. Paris: Exils, 2001.
Heuze, Stephanie. *Changer le corps*. Paris: Musardine, 2000.
Hocquenghem, Guy. *L'Après-Mai des faunes*. Paris: Grasset, 1974.
——. *Homosexual Desire*. Translated by Daniella Dangoor. Durham, N.C.: Duke University Press, 1993.

Huguet, Edmond. *Dictionnaire de la langue française du seizième siècle*. Paris: Edouard Champion, 1925–1967.

Hume, David. *An Enquiry Concerning Human Understanding*. 1748. Reprint. London: Simon and Brown, 2011.

International Commission on Civil Status. *Transsexualism in Europe*. Strasbourg: Council of Europe, 2000.

Jacob, Giles. *Tractatus de hermaphroditis*. 1817. Project Gutenberg. http://www.gutenberg.org/files/13569/13569-h/13569-h.htm.

Kessler, Suzanne J. "The Medical Construction of Gender: Case Management of Intersexual Infants." In *Sex/Machine: Readings in Culture, Gender, and Technology*, edited by Patrick D. Hopkins, 241–60. Bloomington: Indiana University Press, 1998.

Kessler, Suzanne J. and Wendy McKenna. Gender: *An Ethnomethodological Approach*: Chicago: Chicago University Press, 1978.

Kleinberg-Levin, David Michael, ed. *Modernity and the Hegemony of Vision*. Berkeley: University of California Press, 1993.

Kristeva, Julia. *Powers of Horror: An Essay on Abjection*. Translated by Leon S. Roudiez. New York: Columbia University Press, 1982.

Lacan, Jacques. "The Signification of the Phallus." In *Écrits*, translated by Bruce Fink, 575–84. New York: Norton, 2007.

Laqueur, Thomas. *Making Sex: Body and Gender from the Greeks to Freud*. Cambridge, Mass.: Harvard University Press, 1990.

Lemoine, Christine and Ingrid Renard, eds. *Attirances: Lesbiennes fems/Lesbiennes butch*. Paris: Éditions Gaies et Lesbiennes, 2001.

Livingston, Ira. "Indiscretions: Of Body, Gender, Technology." In *Processed Lives: Gender and Technology in Everyday Life*, edited by Terry Jennifer and Calvert Melodie, 95–102. New York: Routledge, 1997.

Lyotard, Jean-François. "*Logos and Techne*, or Telegraphy?" In *The Inhuman: Reflections on Time*, translated by Geoffrey Bennington and Rachel Bowlby, 47–57. Stanford, CA: Stanford University Press, 1991.

Macey, David. *The Lives of Michel Foucault*. London: Vintage Books, 1993.

Maggiori, Robert. "Nous deux: 4 Entretien avec Deleuze et Guattari." *Libération*, September 12, 1991.

Maines, Rachel P. *The Technology of Orgasm: Hysteria, the Vibrator, and Woman's Sexual Satisfaction*. Baltimore: Johns Hopkins University Press, 1999.

McLuhan, Marshall. *Understanding Media: The Extensions of Man*. New York: McGraw-Hill, 1964.

Merleau-Ponty, Maurice. *The Phenomenology of Perception*. Translated by Donald A. Landes. New York: Routledge, 2013.

Money, John. "Hermaphroditism and Pseudohermaphroditism." In *Gynecologic Endocrinology*, edited by Jay J. Gold, 449–64. New York: Hoeber, 1968.

——. "Psychological Counseling: Hermaphroditism." In *Endocrine and Genetic Diseases of Childhood and Adolescence*, edited by L. I. Gardner, 609–18. Philadelphia: Saunders, 1975.

Money, John, Tom Mazur, Charles Abrams, and Bernard F. Norman. "Micropenis, Family Mental Health, and Neonatal Management: A Report on Fourteen Patients Reared as Girls." *Journal of Preventive Psychiatry* 1, no. 1 (1981): 17–27.

Namaste, Vivian K. " 'Tragic Misreadings': Queer Theory's Erasure of Transgender Subjectivity." In *Invisible Lives: The Erasure of Transsexual and Transgendered People*, 9–23. Chicago: Chicago University Press, 2000.

Nancy, Jean-Luc. *Corpus*. Translated by Richard A. Rand. New York: Fordham University Press, 2008.

Newton, Esther. *Female Impersonators in America*. Chicago: University of Chicago Press, 1972.

Panchasi, Roxanne. "Reconstructions: Prosthetics and the Rehabilitation of the Male Body in the World War in France." *Differences* 7, no. 3 (1995): 109–40.

Preciado, Paul B. "Prothèse, mon amour." In *Attirances: Lesbiennes fems/Lesbiennes butchs*, edited by Christine Lemoine and Ingrid Renard, 329–35. Paris: Éditions Gaies et Lesbiennes, 2001.

——. *Testo Junkie: Sex, Drugs, and Biopolitics*. Translated by Bruce Benderson. Introduction translated by Kevin Gerry Dunn. NewYork: Feminist Press, 2013.

Prosser, Jay. *Second Skins: The Body Narratives of Transsexuality*. New York: Columbia University Press, 1998.

Raymond, Janice G. *The Transsexual Empire: The Making of the She-Male*. New York: Teachers College Press, 1979.

Rey, Alain. *Dictionnaire historique de la langue française*. Paris: Le Robert, 1992.

Roberts, Marie-Louise. *Civilization Without Sexes: Reconstructing Gender in Postwar France*. Chicago: University of Chicago Press, 1994.

Rosario, Vernon A. *The Erotic Imagination: French Histories of Perversity*. New York: Oxford University Press, 1997.

——. ed. *Science and Homosexualities*. New York: Routledge, 1997.

Rosen, Michel A. *Sexual Art: Photographs That Test the Limits*. San Francisco: Shaynew Press, 1994.

Rubin, Gayle, with Judith Butler. "Sexual Traffic." Interview. In *Feminism Meets Queer Theory*, ed. Elizabeth Weed and Naomi Schor, 68–108. Bloomington: Indiana University Press, 1997.

——. "The Traffic in Women." In *Towards an Anthropology of Women*, edited by

Reyne R. Reiter, 157–210. New York: Monthly Review Press, 1975.
Rush, Benjamin. *Medical Inquiries and Observations Upon the Diseases of the Mind*. Philadelphia: n.p., 1812.
SandMUtopian Guardian. No. 34 (1999).
Schérer, René. *Regards sur Deleuze*. Paris: Éditions Kimé, 1998.
Sedgwick, Eve Kosofsky. *Epistemology of the Closet*. Berkeley: University of California Press, 1990.
Smart, Barry, ed. *Michel Foucault: Critical Assessments*. Vol. 1. New York: Routledge, 1994.
Smith, Terry, ed. *Visible Touch: Modernism and Masculinity*. Chicago: University of Chicago Press, 1997.
Smyth, Cherry. *Lesbians Talk Queer Notions*. London: Scarlet Press, 1992.
Stambolian, Georges and Elaine Marks, eds. *Homosexualities and French Literature: Cultural Context/Critical Texts*. Ithaca, NY: Cornell University Press, 1979.
Stoler, Ann Laura. *Race and the Education of Desire: Foucault's History of Sexuality and the Colonial Order of Things*. Durham, N.C.: Duke University Press, 1995.
Stoller, Robert J. *Sex and Gender*. New York: Aronson, 1968.
Tannahill, Reay. *Sex in History*. 1980. Reprint. New York: Scarborough House, 1992.
Teyssot, Georges. "Body Building." *Lotus* 94 (September 1997): 116–31.
——. "The Mutant Body of Architecture." *Ottagono* 96 (1990): 8–35.
Tissot, Samuel Auguste. *A Treatise on the Diseases Produced by Onanism*. Translated by "a physician." New York: Collins & Hannay, 1832.
Vance, Carol. *Pleasure and Danger: Exploring Female Sexuality*. London: Pandora Press, 1984.
Venturi, Robert, Denise Scott Brown, and Steven Izenour. *Learning from Las Vegas: The Forgotten Symbols of Architectural Form*. Cambridge, Mass.: MIT Press, 1972.
Virilio, Paul. *Speed and Politics: An Essay on Dromology*. New York, Semiotext(e), 1977.
Volcano, Del LaGrace. *Love Bites*. London: Gay Men's Press, 1991.
Walther, Daniel J. *Sex and Control: Venereal Disease, Colonial Physicians, and Indigenous Agency in German Colonialism, 1880–1914*. New York: Berghahn, 2015.
Weiner, Norbert. *The Human Use of Human Beings*. New York: Avon, 1954.
Wells Bones, Calvin. *Bodies and Disease: Evidence of Disease and Abnormality in Early Man*. London: Thames & Hudson, 1964.
Wittig, Monique. *The Straight Mind and Other Essays*. Boston: Beacon Press, 1992.
Zimmerman, Jan, ed. *The Technological Woman: Interfacing with Tomorrow*. New York: Praeger, 1983.
Žižek, Slavoj. *Metastases of Enjoyment*. New York: Verso, 1995.

訳注

献辞

＊1　Monique Wittig (1935–2003)　フランスの小説家，哲学者，レズビアン・フェミニスト活動家。唯物論的フェミニズムの立場に立ち，「異性愛契約」という概念でフェミニズム理論に大きな影響を与える。68年の学生闘争に参加するが，左派のなかにも存在する男性優位主義への批判から，ジェンダーに縛られないフェミニズム運動を模索し，「小さなマルグリットたち（Les Petites Marguerites)」を創設する。そして1970年8月26日，FMA（Féminisme, Marxisme, Action）や他のフェミニスト活動家らとともに，「二人に一人は女性」と書かれた横断幕を掲げたデモをおこない，（男性）無名戦士がまつられた凱旋門に「無名戦士の妻たち」を追悼する花束を捧げる。この象徴的な行動は，フランスにおける女性解放運動の創出の出来事となる。同年9月には，急進的フェミニスト集団「革命的フェミニストたち（Féministes révolutionnaires)」の設立に参加し，このグループは翌年，パリで初めて結成されたレズビアン・グループ「赤きレズビアンたち（Les Gouines rouges)」となる。ボーヴォワールらが創刊した，最も重要なフェミニスト雑誌だった『フェミニストの問い（*Questions féministes*)』にも参加し，『ヌーヴェル・オプセルヴァトゥール』が出した「中絶の権利を求める343人のマニフェスト」に署名した。しかし，女性解放運動のなかで，レズビアンであることを他の女性運動家たちから非難され差別されたウィティグは次第に運動のなかで孤立し排除されるようになる。その結果，1976年ウィティグはパートナーであるサンド・ゼイグ（Sande Zeig）と一緒にアメリカへ移住。ヴァッサー大学やカリフォルニア大学バークレー校など，いくつかのアメリカの大学で客員教授や作家として活動。1990年ツーソンにあるアリゾナ大学のフランス研究学部の教授となり，その後，女性学部の教授になった。1986年には，パリ社会科学高等研究院でジェラール・ジュネットの指導のもと博士号を取得している。ウィティグの思想は唯物論的フェミニズムであり，男女の性差とは，政治的・経済的・社会的・科学的・文化的な権力関係（男性中心主義）によって工作されたものであり，いささかも「自然」ではないと主張し，さらに女性の本質なるものは存在しない（なぜなら「女性」なるものは「男性」との劣位的な関係性においてのみ男性体制のなかで構築されたものであるから）と考え，同時代の多くのフェミニズム

が陥っていた「女性の本質主義」（一種の女性神話）との絶縁をも宣言した。そこから有名な「レズビアンは女ではない」という文言も生まれた。ウィティグは，こうした性差にもとづく「異性愛契約」を破棄して，異性愛や同性愛ばかりでなく，バイセクシュアルやトランスジェンダーをも認める新しい普遍主義的な社会契約に置き換える必要を主張した。この新しい社会契約の発想が，プレシアドのカウンターセックス契約の源である。その普遍主義的な発想は「女性的エクリチュール（écriture féminine）」をめぐる文学理論にも表れている。「私にとって女性文学なんてものはありません。そういうものは存在しません。文学には，女性も男性もありません。一方は書き手であり，他方はそうではない，ただそれだけです。文学は性別に限定されないメンタルな領域です。人は自由のための領域をいくつか持つべきです。言語はそれを許してくれます。つまり，性から解放されたニュートラルなものというアイディアを構築するということです」（Kirkup, James, "Monique Wittig". *The Independent*. Archived from the original on 2007-10-01. Retrieved 2007-06-08）。

Nathalie Magnan（1956-2016）　フランスのメディア理論家，フェミニズム活動家，映画監督。パリ第10大学（ナンテール校）で美術学士号を取得後，渡米。1986年から1990年までカリフォルニア大学サンタクルーズ校の助教授を務め，メディア研究，文化研究，写真史を教える。フランスに戻ると，パリ第8大学で教えた後，1998年，ディジョンの国立高等美術学校の正教授に就任。2012年まで教え，フェミニズム，クィア，ポストコロニアルの諸問題に関するメディアの分析と批判を展開した。フランスにおけるサイバー・フェミニズムの先駆者の一人であり，2002年にダナ・ハラウェイの『サイボーグ宣言』を翻訳・出版した。フェミニズム活動家としても活躍し，1984年に「ロサンゼルス・ゲイ＆レズビアン映画祭」を共同主催し，1990年代にはパリ・アメリカンセンターの「ニュー・クィア・シネマフェスティバル」に参加。1994年，「パリ・ゲイ＆レズビアン映画祭」を共同設立し，2001-2002年度には会長を務めた。

前書き　私たちは革命だ！　あるいは補綴の力

＊1　Jack Halberstam（1961- ）　アメリカのジェンダーとクィアの理論家。ボヘミア系ユダヤ人。コロンビア大学英文学・比較文学部教授。同校の女性・ジェンダー・セクシュアリティ研究所所長。クィア，セックスとメディア，サブカルチャー，視覚文化，大衆映画，アニメーションなど，幅広い研究活動をおこなっている。『女性的な男らしさ（*Female Masculinity*）』（1998年）では，社会のなかで特定の男らしさが押しつけられ，別の対案的《オルタナティヴ》な男らしさが排除されていることを指摘し，社会や特に学問領域において女性がもつ男らしさが抑

圧・排除されていると主張した。また『失敗のクィア芸術（*The Queer Art of Failure*）』（2011年）では，ピクサーのアニメーション映画などのポピュラーカルチャーを例にとりつつ，失敗が資本主義や異性愛規範を批判する生産的な方法になりうると論じ，個人主義や順応主義に代わる選択肢を探っている。

＊2　この trans* はハルバースタムの用語で，彼の本のタイトルにもなっている。Jack Halberstam, *Trans*, A Quick and Quirky Account of Gender Variability*. Oakland: University of California Press, 2018.

＊3　*Les Guérillères*　1969年に出版されたウィティグの小説。1968年の革命的な空気のなかで書かれたこの作品は，一種のフェミニスト革命叙事詩であり，女性だけからなるコミュニティの生活様式をつぶさに描き，その儀礼や信仰や伝説などを描写している。出版当時フランスの文芸評論界からは無視されたが，ジェンダー・カテゴリーを超える「普遍化の試み」であるこのテクストは，今日ではフェミニズム領域の主要な文学作品とみなされている。邦訳『女ゲリラたち』（新しい世界の文学60）小佐井伸二訳，白水社，1973年。

＊4　butch はレズビアンで男役のことを指す。女役は femme（フェム）。

＊5　Michel Foucault（1926–1984）　フランスの哲学者。近代における知と権力との結託構造を，構造主義的な記号論と「声なき声」を文書の下に聴き取る独自の考古学的な手法で抉り出した。68年5月革命後に新設されたパリ大学ヴァンセンヌ校（現在のパリ第8大学）の哲学教授に就任し，左翼学生と共闘。またドゥルーズのような優秀な思想家や研究者を同校に招いた。1970年にコレージュ・ド・フランスの教授となるが，「刑務所調査集団」を組織するなど積極的に政治活動・社会運動にかかわり，1975年の『監獄の誕生』では，規律訓練型権力やパノプティコンといった権力支配のミクロ構造を明らかにし，従来の権力論を刷新した。その仕事は「生権力」や「生政治」といった概念へ発展し，同性愛を含む自己の生の規律（自己テクノロジー）を「生の美学」として主張した。その極地としてフーコーは『性の歴史』全4巻に取りかかるも，1984年にエイズで死去し，その企ては途絶した。

＊6　Gilles Deleuze（1825–1995）　フランスの哲学者。西洋の伝統的な形而上学の階層秩序体制や同一性主義を批判し，破断しながら横断的に接続する強度概念や差異概念を主張する。1968年頃よりフーコーと交友を深め，1969年パリ第8大学に着任。その頃に知り合った反体制精神分析家フェリックス・ガタリと1972年に共著で『アンチ・オイディプス』を出版。資本主義と精神分析による個の封じ込めのメカニズムを批判。さらにガタリと共同で1980年には『千のプラトー』を公刊し，「リゾーム」「器官なき身体」「ノマドロジー」「戦争機械」といった創造的な概念を提出した。もともと飲酒癖があり病弱であったが，晩年は肺病を患い人工肺で生存していた。1995年，自宅のアパルトマンの窓から投身自殺した。

＊7　Gayatri Chakravorty Spivak（1942- ）　インド出身の文化理論家。1961年にアメリカのコーネル大学に留学し，ポール・ド・マンに師事する。1976年にデリダの『グラマトロジーについて』の英訳とそれに付した序文で展開したデリダ論で一躍注目を集める。アメリカのさまざまな大学を歴任した後，1991年にコロンビア大学の教授となる。脱構築的な発想に依拠しつつ，マルクス主義，フェミニズム，ポストコロニアリズムが交差する地点から文化理論を展開する。また1986年以来，インドのベンガル地方の非識字者たちへの教育にも従事している。

＊8　スピヴァクの代表的な著作の一つ。イタリアの政治思想家アントニオ・グラムシ（1891-1937）の「サバルタン（従属者）」概念とデリダの脱構築概念とを応用しながら，インドの伝統的な体制とイギリスの植民地体制の両方において，声を奪われた女性たちの問題を取り上げ，「女性」なるものが語ることの（不）可能性を論じ，フェミニズム研究，ポストコロニアル研究に多大な影響を与えた。そのなかでスピヴァクは，フーコーとドゥルーズについて，彼らのような西洋の権力体制を批判し解体しようとする思考のなかにさえ，欧米的男性主体の自民族中心主義が（たとえ反転したかたちであっても）残存していると批判した。

＊9　アイデンティティ・ポリティクス（identity politics）とは，人種，民族，宗教，ジェンダー，性的指向，障害などのアイデンティティにもとづく集団の利害を主張する政治活動。フランスの左翼は1970年代以降，マルクス主義や社会民主主義の限界が明らかになるなかで，新たな主張としてアイデンティティ・ポリティクスを受け入れた。アファーマティヴ・アクション（積極的優遇措置）も，アイデンティティ・マイノリティにとっての社会的不公正を是正するためのアイデンティティ・ポリティクスの一つの方策である。

＊10　Judith Butler（1956- ）　アメリカの哲学者。現代のフェミニズム理論を代表する思想家。カリフォルニア大学バークレー校修辞学・比較文学科教授。『ジェンダー・トラブル』（1990年）でフーコーやデリダを用いて独自のフェミニズム理論を展開し，自然なものと思われている性差（セックス）は，男性中心の異性愛主義によって社会的・文化的に構築された生産物（ジェンダー）にすぎず，したがってフェミニズムは「女性」なるものの「本来性」や「本質」といったものを立てて政治や理論を展開してはならず，むしろそうしたセックスやジェンダーの分割や割り当ての社会権力メカニズムを批判し，他なる性の組み合わせや配分の可能性を発明すべきと主張し，1990年代以降のフェミニズム理論やクィア理論に大きな影響を与えた。

＊11　Donna Haraway（1944- ）　アメリカの哲学者，サイボーグ・フェミニズムの主導者。カリフォルニア大学サンタクルーズ校名誉教授。フェミニスト運動のなかで，ジュディス・バトラーと同じく，「女性」の本質主義だけでなく，

「フェミニズムの法学モデル」にも反対し，資本主義や覇権政治に独占された情報技術や生命工学，補綴技術を社会主義的な財として奪取し，とくにジェンダーやセクシュアリティの脱構築として活用するサイボーグ・フェミニズムを提唱した。そのサイバー工学的フェミニズムは，従来の本質主義／社会構築主義の二項対立を超え，ポストヒューマニズムやトランスヒューマニズムの思想潮流へも広がり，現代思想の多様な領域に刺激を与え続けている。邦訳に，『猿と女とサイボーグ——自然の再発明』高橋さきの訳，青土社，2000年（*Simians, Cyborgs and Women: the Reinvention of Nature*, Routledge, 1991）。

＊12 『2001年宇宙の旅』（1968年）は，イギリスのSF小説の大家アーサー・C. クラークとアメリカの映画監督スタンリー・キューブリックがアイディアを出しあい，クラークが小説を，キューブリックが映画を製作した。どちらもSF小説史・SF映画史に残る名作。太古から存在し人類を進化させた石板（モノリス）の謎を追って，宇宙の果てに向かう人類の運命を描いた作品。途中の宇宙船のなかで，船を司るコンピューターのHALが人間に対して反乱を起こす。

＊13 Stanley Kubrick（1928–1999） アメリカの映画監督。カメラマンから映画監督へ転身し，斬新でシャープな映像感覚と思想性や作家性を兼ねそなえた鋭い問題作を次々と発表した。代表作に，『博士の異常な愛情』（1964年），『機械じかけのオレンジ』（1971年），『シャイニング』（1980年），『フルメタル・ジャケット』（1987年）などがある。

＊14 「冗長性」とはコンピューター用語で，装置の一部が故障した際に，代わりに機能する代替能力を備えていること。コンピューター処理上の安全機能。

＊15 *Testo-Junkie*（2008年）はプレシアドの本。資本主義による性や生殖の商品化と動員が身体に刻み込んだジェンダーを解除する方法として，テストステロンの使用を描く。同時に，本書は，経口避妊薬，バイアグラ，ドーピング剤，テストステロン，エストロゲンなど，さまざまな薬品や生殖技術の政治史でもある。身体には喜びのための固有の可能性があるという考え，すなわちpotentia gaudendiというプレシアドのキー概念についても語られている。プレシアドはこのテクストで，「薬物ポルノグラフィー」という概念を打ち出した。

＊16 Gayle Rubin（1949– ） アメリカの文化人類学者。性とジェンダーの政治活動家および理論家として名高い。ミシガン大学の人類学と女性学の准教授。フェミニズム，SM，売春，小児愛，ポルノグラフィー，レズビアン文学を人類学的に研究し，特に都市の文脈に焦点をあてた性的サブカルチャーの歴史といった多様な主題について執筆している。ルービンは，「女性売買——性の「政治経済学」についてのノート（*The traffic in women: notes on the "political economy" of sex*）」（1975年）で「セックス／ジェンダー・システム（sex/gender system）」という用語を考案した。『セックスを考える（*Thinking Sex*）』（1984年）は，ゲイ－レズビアン研究，セクシュアリティ研究，クィア

理論の創始的なテクストの一つとして認知されている。

＊17　Sigmund Freud（1856–1939）　オーストリアの精神医学者にして，精神分析の創始者。1886年にパリでJ. M. シャルコーに師事し，ヒステリー研究に入ったのち，J. ブロイアー，W. フリースとの親交のなかから精神分析の基礎理論を生み出した。無意識や性的リビドーや心的装置といった概念によって，理性中心主義的な西洋思想の伝統に根底的な衝撃を与え，その理論は，精神医学の領域を超え，社会学や芸術学や現代思想に至るまで圧倒的な影響を及ぼしている。

＊18　Jacques Lacan（1901–1981）　フランスの精神分析家。「フロイトへ帰れ」を標語に1964年にパリ・フロイト派を創設。「鏡像段階」「想像界／象徴界／現実界」「無意識の言語的構造」など独創的な理論を案出し，精神分析を刷新する。その理論は20世紀後半の構造主義やポスト構造主義に大きな影響を与え，幅広い文化領域で応用され議論されている。

＊19　Claude Lévi-Strauss（1908–2009）　ベルギー生まれのフランスの人類学者。構造主義の提唱者。ソシュールやヤコブソンの言語構造論から着想を得て，人間社会における神話や親族の機能を構造的に分析する構造主義人類学を創出した。その影響力は人間や社会や文化にかかわるあらゆる領域に及んでいる。『親族の基本構造（*Les Structures élémentaires de la parenté*）』（1949年）では，婚姻を女性の交換システムとして分析した。

＊20　Sylvia Wynters（1928– ）　キューバ生まれのジャマイカの小説家，批評家。スタンフォード大学スペイン語学科名誉教授。自然科学，人文学，芸術と反植民地主義闘争とを組み合わせ，「人間の過剰表象」と彼女が呼ぶものを問題にする。その論述の範囲は，黒人研究，歴史学，経済学から，哲学，文学，映画まで，さらには神経科学や精神分析までと幅広い。

＊21　Kara Keeling　アメリカの人文学者。南カリフォルニア大学映画芸術批評研究学部およびアメリカ研究・エスニシティ学部の准教授。専門は，サード・シネマ，アフリカ系アメリカ人問題，フェミニズム映画，黒人解放理論など。

＊22　Herbert Marcuse（1898–1979）　アメリカの哲学者。カリフォルニア大学教授。ドイツ生まれのユダヤ人。社会民主党員としてドイツ革命に参加。フッサール，ハイデガーに学ぶが，ナチスの迫害を逃れてアメリカに亡命。マルクスの社会理論とフロイトの精神分析理論を融合させ，先進産業社会における管理社会を鋭く批判した。1960年代に市民運動や学生運動によって再発見され，運動の精神的・理論的支柱となる（「新左翼の父」とも呼ばれた）。産業消費社会は性的なもの（エロス）を絶えず挑発し，刺激と満足の連鎖のなかに人々を巻き込むが，そのことによって経済体制や政治体制に対する批判力や闘争力を奪い去り抑圧する。マルクーゼは，いわば体制に飼いならされた欲望を解放し，真の快楽を追求することが自由と理性のバランスの取れた社会を生み出すと説

き，性の解放を求めるヒッピー文化に影響を与えた。代表作は，『理性と革命（*Reason and Revolution*）』（1941年），『エロスと文明（*Eros and Civilization*）』（1951年），『一次元的人間（*One-Dimensional Man*）』（1964年）など。

＊23　この一文はプレシアドによるスペイン語版（2020年）の「序論」に見られる文章と同内容ではあるが（本書36頁参照），スペイン語とは多少異なる英訳になっている。プレシアドの指示で「序論」のみスペイン語版を底本とするように言われているので，ここの箇所の英訳と後出の「序論」のスペイン語の文言とでは若干異なる日本語訳とする。

『カウンターセックス宣言』エピグラフ

＊1　Georges Bataille（1897–1962）　フランスの思想家，小説家。国立図書館司書として働きながら，総合批評誌『クリティック』（1946年）を創刊し，死ぬまで編集に携わった。著作活動は，哲学，社会学，経済学，文化人類学，芸術論，小説，詩，時事批評・文芸批評，等々と多岐にわたるが，死とエロス，禁止と侵犯，蕩尽と贈与，聖なるものと世俗性とが循環する「普遍経済学」を構想し，一種の無神論的神秘思想を展開した。ヘーゲルとニーチェの哲学，モースの人類学，シュルレアリズム，精神分析などを独自の視点から吸収し，第二次大戦下で『無神学大全』三部作（『有罪者』『内的体験』『ニーチェについて』）にまとめた。ブランショとの親交も深く，またサドの再評価にも大きく貢献した。その思考と叙述のラディカルさによって，その後の構造主義やポスト構造主義にも深い影響を与え，フーコーから「20世紀最大の書き手」と評される。

『呪われた部分（*La part maudite*）』は，1949年に出版された，「普遍経済学」を主張・展開したバタイユの著書。キー概念は蕩尽であり，それは通常の意味での経済システム（単なる財の循環システム，生産／再生産システム）における，いわゆる消費（システムに回収され，システムの延命に寄与する消費）のことではなく，システムをはみ出し，意味や目的に回収されない（システムからみれば）「無益な」エネルギーの蕩尽のことであり，特異な生の燃焼のことを指す。バタイユによれば，その重要な現場こそが，死と表裏一体となった性やエロス，欲望と快楽，侵犯の局面であり，バタイユはこれをその両義性や残酷さまでも含めて肯定せよと主張する。『エロティシズムの歴史（*L'Histoire de l'érotisme*）』（1950–51年執筆，未完）は，この『呪われた部分』の第二巻である。

＊2　Natalie Clifford Barney（1876–1972）　アメリカ生まれのフランスの作家。レズビアンであることを公言し，その生涯にわたる女性遍歴によって有名。パリのセーヌ川左岸にあったバーネイのサロンは，60年以上ものあいだ世界中から作家や芸術家を集めたが，フランス文学の中心的な作家はもちろんのこと，アメリカやイギリスの「ロストジェネレーション」のモダニズム文学者たちも

含んでいた。男性ばかりであるアカデミー・フランセーズに対抗して「女性アカデミー（Académie des Femmes）」を結成し，女性作家を支援したが，同時にレミ・ド・グールモンやトルーマン・カポーティといった男性作家をも支持した。みずからの同性愛体験をもとにした小説『サッポーの田園詩（*Idylle Saphique*）』（1901年）はフランスでベストセラーになった。

『あるアマゾネスの思想』は，1920年出版のバーネイの本。彼女の本のなかでも最も政治的な作品。第一部「性的逆境，戦争およびフェミニズム」において，フェミニズムと平和主義を展開し，第二部「誤解，あるいはサッポーの訴訟」では，同性愛に関する歴史的文書を集め，彼女自身の注釈をつけている。第三部が『アマゾネスの新思考（*Nouvelles Pensées de l'Amazone*）』として1939年に出版された。

『カウンターセックス宣言』への新しい序論

＊1　Donatien Alphonse François de Sade（1740–1814）　フランスの作家，思想家。由緒ある貴族の家に生まれ軍人になるも，性的スキャンダル，男色，毒殺容疑，筆禍事件などで入獄と脱獄を繰り返し，1784年からバスティーユの「自由の塔」に収監される。この頃から囚人作家として活動するが，当局から危険視されシャラントン精神病院に移され，フランス革命を迎える。革命で解放されるも，反革命の容疑をかけられまたもや逮捕。出獄したものの，1797年に『新ジュスティーヌ』を出版し，公序良俗を乱すとしてさらに逮捕され，結局シャラントンで没した。生涯の三分の一以上を牢獄で過ごした。その作品は，極端なリベルタン思想，無神論，社会道徳や規範・権威への反逆精神，徹底した唯物論的な破壊のエロティシズムに貫かれており，19世紀近代までは検閲・弾圧・排除の対象だったが，20世紀に入り，アポリネール，ブルトン，バタイユ，ブランショ，クロソウスキーらによって，自由のラディカルな探究者として再評価され，20世紀後半の思想や文化に多大な影響を与えた。サディズムの命名元。

＊2　パリのFaubourg Saint-Antoineは昔から装飾家具作りで名高かった。

＊3　Iwan Bloch（1872–1922）　ドイツの皮膚科医，性病科医。フロイトに近しい精神分析医でもあった。マグヌス・ヒルシュフェルト（Magnus Hirschfeld）やアルベルト・オイレンブルク（Albert Eulenburg）とともに，「性科学」という概念を提唱したことでも知られる。紛失したと思われていたサドの『ソドム一二〇日』の手稿を発見し，Eugène Dührenというペンネームで1904年に出版した。1899年には，同じペンネームで，『マルキ・ド・サド――その生涯と作品』を書いている。

＊4　Walter Benjamin（1892–1940）　ドイツのユダヤ人批評家・思想家。ユダヤ神

秘思想とマルクス主義を融合させ，独自の芸術思想・社会思想を展開。アレゴリーを批評ツールとして用い，同時代の政治・社会・文化の権力メカニズムを領域横断的に分析し批判した。そのテクストはアクチュアリティと思想的な深さとを兼ねそなえ，政治・社会性と哲学・宗教性とのあいだを往還するダイナミズムをもつ。1933年にナチスに追われ，パリに亡命。さらに1940年パリ陥落時に，アメリカへ脱出すべくスペインに向かうが，国境線のピレネー山中で自殺したと言われている。あまりに時代に先駆けた発想と難解な文章のため同時代において理解されず不遇であったが，20世紀後半になり情報社会化が進展すると，『写真小史』（1931年），『複製技術時代の芸術作品』（1936年），『パサージュ論』（1927-1940年）などが，メディア論や表象文化論の先駆的な仕事として評価され，その思想的革命性が多大な影響を与えている。特に「アウラの凋落」という言葉が有名。

＊5 『ベンヤミン・コレクション2　エッセイの思想』（浅井健二郎編訳，ちくま学芸文庫，1996年）所収。

＊6 「湾岸戦争」（Gulf War）は，1990年8月のイラクのクウェート侵攻を機に始まった戦争。1991年1月から約40日間，イラク軍と米軍を中心とする多国籍軍とのあいだで戦われた。そのときのアメリカの大統領がG. H. W. ブッシュ。

＊7 正式名称はLesbian, Gay, Bisexual & Transgender Community Center. ニューヨークのLGBTQの人びとやコミュニティへの支援センターであり，LGBTQの人びとに，健康，アート，エンターテインメント，文化イベント，立ち直り・子育て・家族支援サービスなどを提供している。

＊8 New School for Social Research（NSSR）は，米国ニューヨーク市にあるニュースクール大学（The New School）に属する大学院（ニュースクール大学自体がNSSRから発展した機関であり，元はNSSR)。1919年にチャールズ・ビアード，ジョン・デューイといった進歩的な思想家や研究者たちによって設立された。黒人史，女性史，映画史などを初めてプログラムに取り入れるなど革新的な学校として知られた。イタリアでファシスト党，ドイツでナチス党が政権を獲った後は，両国から亡命する学者や思想家を受け入れる研究機関として機能し，「亡命大学」と呼ばれるようになる。この「亡命大学」で教えた代表者たちとしては，エーリッヒ・フロム，マックス・ヴェルトハイマー，アロン・ギュルヴィッチ，ハンナ・アーレント，レオ・シュトラウス，エヴェレット・ディーン・マーチン，ハンス・ヨナスらがいる。

＊9 Jacques Derrida（1930-2004）　アルジェリア生まれのフランスのユダヤ人哲学者。脱構築の提唱者。西洋の伝統的な思考体制のメカニズムを，現前の形而上学，ロゴス＝ファルス中心主義，存在－神－目的論として剔出し，その抑圧的・覇権主義的な傾向を鋭く批判する。知性／感性，現前／非現前，善／悪，自然／人為（技術），人間／動物，精神／身体，主観／客観，同一性／差異，

等々といった二項対立は，両項の差延関係，感染関係を無視した権力関係を構築するテクノロジーである。このテクノロジーが固定化し安定化しようとするヒエラルキーがはらむ暴力を抉り出し，閉じた循環から開かれた循環へと組み替える作業が脱構築であり，それはまた閉じたテクノロジーから開かれたテクノロジーへの変身でもある。デリダの思想は広大で，専門的な哲学から他者性の歓待論などの政治・倫理的な問い，技術論や芸術論，来たるべきデモクラシーや新たな啓蒙，生物・動物論まで多岐にわたる。

*10 Ágnes Heller（1929–2019） ハンガリーの哲学者。1960年代にブダペスト学派哲学フォーラムの中心メンバーとして活動。その後ニューヨークのニュースクール・フォー・ソーシャルリサーチで25年にわたり政治理論を教えた。

*11 Aurelius Augustinus（354–430） 古代キリスト教最大の教父。北アフリカのヒッポの司教（396年）。若い頃は放縦の生活を送り，懐疑主義やマニ教を信じていたが，プロティノス研究を経て改宗。その改宗への道のりを記した『告白』は古代自伝文学の最高傑作と言われる。『三位一体論』や『自由意志論』は，キリスト教哲学と正統教義の確立に大きく貢献し，『神の国』はキリスト教思想史上最初の歴史哲学と政治哲学を展開した。

*12 Eve Kosofsky Sedgwick（1950–2009） アメリカの文学研究者。専門は，ジェンダー論，クィア理論。邦訳に，『男同士の絆――イギリス文学とホモソーシャルな欲望』上原早苗・亀澤美由紀訳，名古屋大学出版会，2001年（*Between Men: English Literature and Male Homosocial Desire*, Columbia University Press, 1985），『クローゼットの認識論――セクシュアリティの二〇世紀』外岡尚美訳，青土社，1999年（*Epistemology of the Closet*, University of California Press, 1990, new ed., 2008）。

*13 Susan Sontag（1933–2004） アメリカのユダヤ系の批評家，哲学者，社会運動家。記号論や脱構築の理論を文芸批評や政治言説に適用し，理論と実践をつなぐ作業に秀でており，多様な領域や問題圏で議論を呼んだ。写真，文化，メディア，病気，エイズ，人権，左翼思想などについても幅広く執筆し，つねに社会的想像力の問題を問いただした。また，ベトナム戦争やサラエボ包囲戦など，紛争問題についても執筆や講演をし，現地に訪問する活動を積極的におこなっていた。同世代のなかで最も影響力のある批評家の一人。

*14 June Jordan（1936–2002） アメリカの黒人女流詩人，エッセイスト，活動家。ジェンダー，人種，移民とそれらをめぐる表象の問題について探究した。文章や詩にブラック・イングリッシュを多用し，それを独自の言語として，また黒人文化を表現するための重要な手段にしていた。2019年には，ニューヨークのストーンウォール国定公園のなかにある「全米LGBTQ名誉の壁」に殿堂入りした。

*15 Angela Davis（1944– ） アメリカの学者，作家，政治活動家。カリフォルニ

ア大学サンタクルーズ校名誉教授。階級，フェミニズム，人種，米国の刑務所制度の専門家。マルクス主義フェミニスト。アメリカ共産党の長年のメンバーであり，「民主主義と社会主義のための通信委員会（Committees of Correspondence for Democracy and Socialism: CCDS）」の創設メンバーでもある。フランクフルト大学留学で哲学を学んだ折，ヘルベルト・マルクーゼに師事し，共産主義に接近。フンボルト大学で博士号を取得し，アメリカに帰国後，共産党に入党し，第二波フェミニズム運動やベトナム戦争反対運動など，多くの活動に関わった。1970 年，デイヴィスの所有する銃がカリフォルニア州マリン郡の法廷の武装乗っ取りに使用され，デイヴィスは殺人共謀罪を含む三つの重罪で起訴され，1972 年にすべての容疑で無罪になるまで一年以上刑務所に拘留された。これをきっかけにして，彼女はフーコーと同様に近代独特の生と社会の管理装置としての刑務所の問題を追及し，1997 年には刑務所と産業複合体の廃止に取り組む組織「クリティカル・レジスタンス」を設立した。全米女性殿堂（National Women's Hall of Fame: NWHF）に名を連ね，2020 年の『タイム誌』の「世界で最も影響力のある 100 人」のリストにも選ばれている。

＊16　Audre Lorde（1934–1992）　カリブ系移民の子としてニューヨークで生まれたアメリカの作家，詩人，フェミニスト，公民権運動家。自身のことを「ブラック，レズビアン，母，闘士，詩人」と称し，人生を通して，人種主義，性別主義（セクシズム），年齢主義（エイジズム），異性愛中心主義，エリート主義，階級主義などにもとづく差別，抑圧と闘った。また自身がフェミニズム活動のなかで経験した白人フェミニズムの抱える問題点をも鋭く指摘し，ラディカル・フェミニストのメアリー・デイリーに厳しい公開書簡を送り，この論争を通して，インターセクショナリティの理解と発展に大きく寄与した。

＊17　Kate Bornstein（1948– ）　トランスジェンダーの作家，脚本家，パフォーマンス・アーティスト，ジェンダー理論家。1986 年に性別適合手術を受けたが，現在はノンバイナリーとして自認し，みずからを指す代名詞として「単数形の They」と「彼女 She」を使用している。邦訳に『隠されたジェンダー』筒井真樹子訳，新水社（*Gender Outlaw: On Men, Women, and the Rest of Us*, Routledge, 1995）。

＊18　原書には 1954 年とあるが，バンドンの第一回アジア・アフリカ会議の開催は 1955 年 4 月 18 日～24 日。アジア・アフリカ会議は，インドネシアのバンドンで開催された 29 カ国が参加した国際会議。東西冷戦の緊張激化と新興諸国間の紛争に直面して，反植民地主義，民族主権の擁護，平和共存，経済的・文化的協力関係の樹立を決議し，平和宣言を採択した。

＊19　Feminist pornography は，男女同権を目的に作られた映像のジャンル。女性がセクシュアリティ，平等，満足を通じて自由を追求することを推奨する目的で制作されている。アダルト・エンターテインメント産業に介入することで，

性的平等の自由と権利を求める。フェミニスト・ポルノは公正な方法で制作されることを目指しており，出演者には妥当な報酬と配慮と尊敬が払われる。従来の男性向けポルノにはない型にはまらない表現，美学，映像製作スタイルを通して，欲望，美，満足感，力の新しいアイディアの創出に挑戦する。2006年にトロントで創設された「フェミニスト・ポルノ・アワード」によってメディアや社会の注目を集め，2000年代に広がった。

＊20　Post pornographyは，単に女性のためのポルノにとどまらないセクシュアリティを描くことを目的とする。この流れはフェミニスト・ポルノと並んで，1980年代半ばにアメリカで，90年代前半にスペインで，クィア運動やトランスフェミニズム思潮のなかで生まれた。ポスト・ポルノという言葉を最初に提唱したのは，写真家のウィンク・ヴァン・ケンペン（Wink van Kempen）と，アメリカのアーティストで元セックスワーカーのアニー・スプリンクル（Annie Sprinkle）である。男性中心の男性のためのポルノグラフィーではなく，多様な性のためのポルノグラフィーであり，従来のポルノから排除された身体や行為を可視化し，すべての人の快楽の権利を主張し，ポルノがいかに芸術的表現，探求，解放のための道具になりうるかを示す。プレシアドはこのポスト・ポルノ論の代表者の一人でもある。

＊21　Minitel　フランスのビデオテックス通信システム（Teletel）の端末。1983年にフランス政府管轄下のフランス・テレコムによって電子電話サービスにもとづいて各家庭に配布された。情報検索，交通や宿泊の予約，ニュース，金融情報等々，そののちのインターネットにみられるようなサービスを提供していた。1996年にフランス・テレコムがインターネットサービスを開始し，翌年テレテルのインターネットへの発展的統合を打ち出したが，インターネットの先駆であるテレテル網の存在がかえってフランスのインターネットへの切り替えを抑制し，他国と比べてフランスのインターネットの発展が遅れた一因とも言われる。

＊22　「市民連帯契約」（PACs: Pacte Civil de Solidarité. 日本語では「民事連隊協約」と訳されることが多い）は，フランスで1999年11月15日に民法改正によって導入された，「異性あるいは同性の自然人たる二人の成人による共同生活を組織するために結ばれる契約」であり，要するに，性別に関係なく，二人のパートナーが共同生活を営むための契約である。契約の解消が婚姻よりも容易で制約が少ないが，所得の共同申告ができるなど，結婚と同等の優遇措置が受けられる。

＊23　2011年のエジプト革命の際に抗議運動の拠点となり，革命の象徴となった首都カイロの中心にある広場。

＊24　2011年5月15日にスペインのマドリッドで起こった広場占拠運動（「M15」は，5月15日の意味）。新自由主義的なグローバル資本主義の矛盾をヨーロッ

パのなかで最も深刻に被っていたスペインの民衆や労働者たち約5万人が，若者を中心にしてプエルタ・デル・ソル広場に集結し，広場を占拠，抗議活動をおこなった。この占拠運動は即座にスペイン全土に飛び火し，EU市場を揺るがし，グローバル市場体制に対する大きな異議申し立てとなった。

＊25　# MeTooは，2017年10月にSNS上に立ち上げられたセクハラ被害や性的虐待を告発するための運動。アメリカの映画プロデューサーであるハーヴェイ・ワインスティーン（Harvey Weinstein）の長年にわたるセクハラ行為の告発に端を発し，有名な女優アリッサ・ミラノがセクハラ被害を「私も」と投稿することを呼びかけたことから拡大。瞬時に世界規模の反響があり，大きな運動に発展した。#BalanceTonPorc（豚野郎を告発せよ）はそのフランス版の運動であり，ジャーナリストのサンドラ・ミュレール（Sandra Muller）が，セクハラ・性的虐待を訴えた訴訟で九割の女性がその後職を失う（したがって告訴が困難である）現実を鑑み，SNSによる告発の場を作り出した。フランスでは，その過激な内容やフェイクの可能性などを指摘されながらも，これまで声をあげたくても上げられなかった多くの被害者の声を救い上げ，また問題の深刻さや根深さ，構造上の問題などを広く社会に伝える運動の場として機能している。

＊26　María Galindo（1964– ）　心理学者，アナーキズム・フェミニスト，パフォーマー，ラジオ司会者，テレビ司会者。レズビアンを公言し，1992年にジュリエッタ・パレデスやモニカ・メンドーサらとともに，ボリビアで自由主義団体「ムヘレス・クレアンド（Mujeres Creando：「創造する女性たち」)」（あらゆる性アイデンティティを持つ女性の団体で，マチズモや同性愛嫌悪に立ち向かうことを目的としている）を設立した。メディアでの活動とともに，過激な芸術活動も展開し，先住民女性のサバルタンな実践と知識を，アナキズム，パンク，非白人フェミニズムの政治・文学的伝統と接続することを試みている。

＊27　英語版の「序論」では，ここに次のような注が付けられていた。「ジャン・ウリ（Jean Oury）やフェリックス・ガタリのような反体制的な臨床実践（これはシュエリー・ロルニク（Suely Rolnik）や他の人たちのプロジェクトで今日も続いている）は除外する」。

＊28　Carla Lonzi（1931–1982）　イタリアの芸術批評家，フェミニスト活動家。1970年に結成されたイタリアのフェミニスト集団「女性の反乱（Rivolta Femminile)」の共同創設者。イタリア・フェミニズムの最も重要なテクストの著者として知られ，その挑発的な文章やマニフェストは，従来の対話主義やマニフェスト形式の境界を押し広げた。

＊29　ロンツィの二冊の本『ヘーゲルに唾を吐こう』（1970年）と『クリトリス的女性とヴァギナ的女性』（1971年）が念頭にある。『ヘーゲルに唾を吐こう』は，イタリア・フェミニズムの代表的なテクストとされ，ヘーゲルの弁証法と「認識の理論」のなかに家父長制的性格を看取し，ヘーゲルによる女性の平等性の

主張を女性なるものの取り込み（止揚）として批判した。また『クリトリス的女性とヴァギナ的女性』は，フロイトとライヒの精神分析，デズモンド・モリスの古人類学，カーマ・スートラの分析などを通して，膣オーガズムの神話が，男性を補完する存在としての女性という家父長制モデルに仕えていると主張する。このモデルにおいては，男女の相補性は子作りの時には推奨されるとしても，快楽のための性行為の時には許されないと指摘した。この二冊の本は，女性のセクシュアリティと自己解放がフェミニストの議論の最前線に躍り出た時期に出版され，その議論に大きく貢献した。

＊30　Pierre-Félix Guattari（1930–1992）　フランスの哲学者，精神分析家。既存の精神分析学に反旗を翻し，開かれた精神分析を模索した。ジャン・ウリがパリ郊外に創ったラ・ボルド精神病院で斬新な治療を試みた。1956年のソ連のハンガリー侵攻を批判する反体制左翼でもあり，「68年5月」では学生を支持した。64年にはラカンが創設したパリ・フロイト学派に参加。「68年5月」の活動後，ドゥルーズと出会い，分裂症分析の概念などを提出し，『アンチ・オイディプス』（1972年）を共著で出版，注目を浴びる。その後『千のプラトー』（1980年）で再びドゥルーズと共同作業をおこない，「リゾーム」「ノマド」「カオスモス」「分子革命」「機械状無意識」「リトルネロ」「地図作成法」などの独特の概念で思想界に新風を吹き込んだ。医療闘争やエコロジー運動などとも連携し，政治と哲学，社会と精神分析をたえず緊張関係におき連動させる思想や活動を展開した。

＊31　ドゥルーズとガタリが1972年に共著で出版した本。「資本主義と分裂症」シリーズの第1巻。きわめて多数のレイヤーから織りなされたテクストであるが，フロイトのオイディプス・コンプレックス理論の再検討と批判が主軸の一つをなす。フロイトは，近代の理性的な人間観に対して，人間主体を欲望存在と考え，その欲望の抑圧のメカニズムを抉り出した点は評価に値するが，その反面，欲望をある種絶対化し，実体化してはいないかと問う（つまりデカルト的伝統につらなる超越論的主観性の，理性版ではないが欲望版である）。ドゥルーズとガタリは，欲望とはそれ自体で成立している実体ではなく，なにがしかの関係性のなかで形成され存在するものであると考え，その変容可能性（生成変化）を強調した。精神分析にさえ残存する本質主義や存在主義を乗り越え，個や主体や世界の可変性と横断性を主張した本書は，同時代の新左翼的な空気や変動する資本主義の背景のなかで，ポスト構造主義やポストモダンと呼称される潮流の代表作の一つとみなされ，一世を風靡した。

＊32　アメリカの性科学者ジョン・マネー（John Money）のこと。本書第3章を参照。

＊33　Glenn Gould（1932–1982）　カナダのピアニスト。バッハを始めとする古典音楽に即興性やテクノロジーを持ち込み，独自の現代的解釈で演奏し，若くし

て世界の音楽界に衝撃を与える。作品解釈に支障の多いコンサート形式に疑問を抱き，1964年以後は演奏会を拒否し，もっぱらスタジオでのレコーディング活動に専念。録音というメディアの可能性に着眼した演奏活動は，メディア論的にも注目される。

＊34 サバルタン（subeltern）とは，もともとは副官や次官のような階級・身分において下位にある存在のことを指したが，イタリアの思想家グラムシが彼の革命思想のなかで南イタリアの未組織貧農層を指す用語として用いた。この用語が歴史学や思想史において重要視されるようになったのは，1970年代から80年代にかけて，南アジア史の研究者たち（牽引者はラナジット・グハ（Ranajit Guha））がポストコロニアル研究に導入してからである。支配的な権力構造から，社会的，政治的，地理的に疎外された人々を指す。日本ではスピヴァクの『サバルタンは語ることができるか』（1998年）で有名。

＊35 フォード自動車会社の創業者H. フォードの経営思想。オートメーションを導入し，大量生産によってコストを下げ，高賃金によって大量消費を可能にする生産システム。

＊36 フロイトの精神分析の基本用語。もとはラテン語で「欲望」の意味。人間に生得的にそなわっている性的エネルギーとされ，これが阻害されるとさまざまな発達障害や神経症が生じるとする。ユングはさらに単なる性的エネルギーにとどまらず，生命そのもののエネルギーとする。

＊37 copyleftとはcopyright（著作権）をもじった用語・概念で，ソフトウェアや著作物を自由に配布・使用・改変してよいという思想あるいはその権利。著作権（copyright）とは逆に，著作物やプログラムで私的利益を得てはならないと考える。権利や利益の公私にわたる独占を前提とするcopyrightが「右翼（right)」だとすれば，共有財を主張する「左翼（left)」的な発想であるのでcopyleftと呼ばれる。

＊38 ダダイスム（Dadaïsme）は，1910年代から20年代の半ばまでヨーロッパとアメリカに起こった芸術思想・芸術運動。第一次世界大戦への幻滅から，近代の政治・社会・文化のあらゆる体制を否定し，ナンセンス，不合理，反ブルジョア的な抗議を表現した。その範囲は，小説，詩ばかりでなく，コラージュ，音詩，切り文字，彫刻など，視覚，文学，音響メディアの多岐にわたっている。反芸術を掲げ，そのアナキズム的な活動は，急進左翼や極左政治と政治的な親和性をもつ。あまりに攻撃や破壊に傾いていたためニヒリズムに陥り，運動としては長続きしなかったが，シュルレアリスム，ヌーヴォー・レアリスム，ポップアート，フルクサスなどに影響を残した。

＊39 Lorenza Böttner（1959–1994） チリ生まれの学際的なビジュアルアーティスト。男性から女性へのトランスジェンダーで，両腕のない障害者でもある。口と足で絵を描き，身体とジェンダーの正常化に疑問を投げかける作品を作る。

チリのプンタ・アレナスでドイツ系の両親のもとに生まれる（授かった名はエルンスト・ロレンツ・ベトナーという男性名）。8歳のとき，鳥を追いかけて登った電線に感電する事故に遭い，両腕を切断する。1973年に，良い医療とリハビリの環境を求めてドイツに移住するが，エルンストは義肢を拒否し，ロレンツァと名乗り，主に口と足を使って絵や彫刻を学ぶようになる。1984年にカッセル芸術学校を卒業後，口と足だけで絵を描き，彫刻し，写真，パフォーマンス，インスタレーションなど多方面で活躍。彼女自身を描いた作品では，腕のないミロのヴィーナスの彫刻を製作し，切断された身体の美しさと尊厳を表現。写真やドローイングではゲイやレズビアンの性的マイノリティ，また警察の暴力を受けるアフリカ系アメリカ人やヨーロッパの娼婦などの「サバルタン」的な存在を題材にした。トランスジェンダーで障害者という自分の身体のユニークな存在そのものによって，視覚やパフォーマンスだけではない，境界を越えたムーブメントを生み出すことができるベトナーは，プレシアドの思想と実践のたえざる着想源である。プレシアドはベトナーの芸術活動の本質を，「アイデンティティではなく移行」と評し，2018年以降，バルセロナのLa Virreina Centre de la Imatgeやシュトゥットガルトの Württembergischer Kunstverein といった場所でベトナーの作品を紹介するイベントを開催した。また，ベトナーは，その「反体制的なトランスジェンダーの身体」によって，「生きた政治的彫刻，彫刻的マニフェスト」となったとも述べている。1988年，バルセロナに移住。1992年には，バルセロナ夏季パラリンピックのマスコットのペトラを演じ，つま先で芸術機材を扱うパフォーマンスは世界に衝撃を与えた。1994年，HIV3型の合併症で死去。2016年にドイツ・カッセルで開かれた国際現代美術展「ドクメンタ」でも彼女の作品が公開され，プレシアドの紹介などもあって，近年急速にその評価が高まっている。

1　カウンターセックス社会

＊1　Robert Venturi (1925–2018)　アメリカの建築家。ポストモダン建築の先駆者。モダニズム建築を批判した主著『建築の多様性と対立性』(*Complexity and Contradiction in Architecture*, 1966) は，建築理論書として，ル・コルビュジエの『建築をめざして』(*Vers une architecture*, 1923) 以来の名著と言われ，広く思想や文化の言説にも影響を与えた。邦訳に『建築の多様性と対立性』伊藤公文訳，鹿島出版会 (SD選書)，1982年など。

＊2　Robert Venturi, Denise Scott Brown and Steven Izenour. *Learning from Las Vegas,* 1972 (Revised 1977), Cambridge MA: MIT Press.『ラスベガス』石井和紘・伊藤公文訳，鹿島出版会〈SD選書〉，1978年。

＊3　Multiplicity は本書の最重要概念であるが，集合論における「多」のことも指す。それぞれの単独的な個は，どれも絶対的な統一性をもつ存在（entity）ではなく，多数多様な力の線が貫き交錯して織り成されたテクスト（text＝織物）であり多数多様体である。

＊4　シス（cis）はシスジェンダー（あるいはシスセクシュアル）の略で，出生時に割り当てられた性別と性アイデンティティ（性自認）が一致し，それに従って生きるひとのこと。トランスジェンダーはその対立概念。

＊5　「代補（supplément）」（英語で言えば「サプリメント」）はデリダ哲学における最重要概念の一つ。たとえば言語（記号，テクスト，表現媒体，signifiant）は，通常なにか根源・起源にあるもの（実在的な物体であれ観念や意味であれ，とにかく signifié）を指す（記号＝意味する signifier）と考えられており，前者のシニフィアンが後者のシニフィエの「代わり」となり「補足する（補う）」ことによって「正常」な「意味作用 signification」が成立すると考えられている。しかしデリダによれば，シニフィエはシニフィアンに先立って独立的・自律的に，シニフィアンから純粋かつ自由に，起源に存在するものではなく，シニフィアンという一見代補物に思われるものから「翻って」遡及的に，「事後的」に想定＝創作されるものにすぎない。起源（オリジナル）とは，この代補の連鎖的な補足・追加運動から産出された一種の幻想であり，ノスタルジーである。この代補メカニズムは，表現媒体の分野ばかりでなく，超越論的な時間・空間の構造から，国家，民族，歴史，自己，意識（あるいは無意識），自然概念といった多様な領域においても見られる共通構造であり，デリダの「存在論」（デリダの場合は，存在論が幽在論・憑在論に変異するが）の基本メカニズムである。

＊6　急進的・分離的フェミニズム（radical separatist feminism）とは，1960年代後半から1970年代初めに起こった，いわゆる「第二波フェミニズム」の中核となった女性解放の思想・運動。あらゆる性関係（性差）や社会関係を家父長制の男性中心主義によって構築されたものとして捉え，性役割や性別分業，強制的異性愛，結婚や家族の制度，政治・経済・社会における女性差別，女性への暴力，等々を徹底的に非難・批判し，そうした男性支配社会の転覆や撲滅を強く主張する。性支配一元論を取り，男性を女性の抑圧者とみなし，男女の利害の分裂・敵対性を強調。男女の分離を前提とし（分離的フェミニズム），「女性」という性別や集団や文化の独自性を強調するあまり，逆転した女性中心主義や女性ユートピア主義と批判されることもある。

＊7　「偶発事の事例」と訳した case という語は，個別のケース，実例という意味だが，語源のラテン語 casus は「落ちてくるもの」「落下」という意味であり，それが「機会」，さらに「実際の例」という意味になる。

＊8　「反復可能性（iterability）」はデリダの用語。まったく同一のものが繰り返されることによって，異なる時空や異なるコンテクストへ移動し移植され，異な

る効力を発揮し，他なるもの（別もの）へ生成変化していくことを言う。同一性はこのたえざる異質化運動の結果《エフェクト》＝効果，一瞬の淀み・停滞・滞留状態にすぎない。反復の出来事とその時間性は，結果の集積としての数直線的な時間には収まらない「ずれ」「逸脱」の時間である。

＊9　本書でプレシアドは operation という単語に「手術」や「(軍事) 作戦」（象徴的な次元においてであれ，物理的な次元においてであれ）の意味を込めている。

＊10　たとえばラカンの $ (Sujet barré）に見られるような分裂主体の記載のことを念頭に置いている。

＊11　John Langshaw Austin (1911–1960)　イギリスの言語哲学者。オックスフォード大学教授。日常言語学派の代表者。発話行為（言語行為）についての先駆的な研究をおこない，ルートヴィヒ・ウィトゲンシュタインと並んでイギリスの言語哲学において重要な位置を占めた。従来の記述文・論理文中心（内容主義，メッセージ主義）の言語学を批判し，現実の言語使用のコンテクストや言語の振る舞い方（効果）を重視する語用論的な立場を主張。事実確認的言語使用よりも，宣言，命令，約束といった行為遂行的な言語使用をいっそう本質的な言語として，そのメカニズムを明らかにした。デリダはオースティンに残存する形而上学的な前提（コンテクストによる意味確定可能性や言語の正常性／異常性の分割など）を批判しつつも，遂行発話性《パフォーマティヴィティ》がもつ脱形而上学的な潜在力（脱構築力）を発掘し，その成果がバトラーに引き継がれている。

＊12　おそらく「可塑性（plasticity)」の概念は，プレシアドと同じくデリダの弟子であるフランスの哲学者カトリーヌ・マラブーの plasticité の概念に由来すると思われる。マラブーは，もともと脳科学で言われていた脳の可塑性の概念を，デリダの代補あるいはドゥルーズの生成変化の概念と結びつけて拡張し，存在一般の根本メカニズムとして主張した。プレシアドはそれをセクシュアリティにおけるトランスの問いに導入している。

＊13　F2Ms は females to males，M2Fs は males to females の略。

＊14　BDSM とは，人間の性的な嗜好のなかでも嗜虐的性向をひとまとめにして指す言葉。B = Bondage（緊縛），D = Discipline（調教），SM = Sadism & Masochism（サディズム & マゾヒズム）。

＊15　Ron Athey (1961–)　アメリカのボディアーティスト，エクストリームパフォーマンス・アーティスト。欲望，セクシュアリティ，トラウマ体験など挑発的なテーマを探求する。多くのパフォーマンスで，男らしさと宗教的図像における身体についての常識や先入観を打破するために SM の要素を用いている。

＊16　Annie Sprinkle (1954–)　アメリカのポルノ女優，元娼婦，ストリッパー，ポスト・ポルノ映画製作者，パフォーマンスアーティスト，性教育者，ケーブルテレビホスト，ポルノ雑誌編集者，著作家。博士号を取得した初めてのポルノスター（サンフランシスコの「人間のセクシュアリティ先端研究所」)。娼婦

とポルノスターから性教育者とアーティストになった女性として知られている。ポルノ映画『ディープ・インサイド・アニー・スプリンクル（*Deep Inside Annie Sprinkle*）』（1981年）によって，ポスト・ポルノ運動やレズビアン・ポルノの台頭に貢献した。セックスワークの根源性と社会問題性を明らかにし，性の抑圧と差別の政治的－経済的－社会的－文化的構造を浮き彫りにする仕事をしている。バイセクシュアルであり，2007年にカナダで長年のパートナー，ベス・スティーブンスと結婚し，二人でエコセクソロジー（またはセクセコロジー）を提唱している。邦訳に，『アニー・スプリンクルの愛のヴァイブレーション』大類信・白垣みどり訳，河出書房新社，1996年がある。

＊17　Elizabeth M. “Beth” Stephens（1960– ）　アメリカの映画製作者，芸術家，彫刻家，写真家。カリフォルニア大学サンタクルーズ校教授。アニー・スプリンクルと結婚し，エコセクシュアリズムを主導する。

＊18　Fakir Musafar，本名 Roland Loomis（1930–2018）　アメリカのパフォーマンスアーティスト。モダン・プリミティヴ運動の創始者の一人。みずからの身体を素材に，ピアス，入れ墨，宙づり，緊縛など，BDSMとフェティシズムの要素を用いて，実験的な身体芸術作品を作り上げた。先住民の身体改造の習慣に倣って，「現代原始人（Modern Primitives）」という概念を提出した。これは始源的な身体の欲求に非部族的な仕方で，つまり現代的な仕方で——テクノロジーも用いながら——応えようとする試みであった。

＊19　Zhang Huan（1965– ）　上海とニューヨークを拠点に活動する中国人アーティスト。画家として出発したのち，パフォーマンスアートに転身。主にパフォーマンス作品で知られているが，写真や彫刻も手がけている。彼のパフォーマンスアートはつねに自身の身体を使うもので，通常は裸で，ときにマゾヒスティックな行動をともなう。

＊20　José Pérez Ocaña（1947–1983）　アンダルシアのパフォーマー，アーティスト，アナーキスト活動家。スペイン移行期のフランコ独裁政権への抵抗の象徴であり，1970年代のバルセロナのカウンターカルチャーの中心的存在であった。パンク運動と政治的抗議活動とを連動させた彼の多彩なパフォーマンスや行動は，そののちの1980年代初頭に「クィア・アクティヴィズム」の名の下にまとめられ始める，性やジェンダーへの不服従の実践を先導した。絵画スタイルとしては，シャガール，モディリアーニ，マティスなどの影響を受けている。

＊21　Roberto Jacoby（1944– ）　アルゼンチンのアーティスト，社会学者。コンセプチュアル・アートとアルゼンチンの政治における社会活動で知られる。1968年の「68年の経験（Experiencias 68）」や「トゥクマン燃ゆ（Tucumán Arde）」への参加など，軍事政権下で芸術による解放可能性を探求する共同作業をおこなった。彼の芸術政治戦略は「喜びの戦略」と呼ぶものであり，喜びを促進することによって，大衆の中に蔓延している恐怖を人々が克服することを望んだ。

「〔……〕喜びの戦略は，恐怖の過剰に直接結びついていました。当時，こんなに楽しい音楽を踊ったり作ったりする人がいるのが，いかに素晴らしいかを最初に理解しました〔……〕。それは伝染するのだと気づいたのです〔……〕。私たちが恐怖に満ちた状況にいるとき，喜びはあなたを動かし続けますよね？」（“Interview with Roberto Jacoby”, *the Buenos Aires Review. 20*, November 2013）。この「喜びの戦略」のために，歌手のフェデリコ・モウラと協力して曲を書いたり，〈ウィルス〉という名のアルゼンチン・ロックバンドに協力したりした。

＊22 Hélio Oiticica（1937–1980） ブラジルの芸術家，映像パフォーマンスアーティスト，アナーキスト。ネオ・コンクリート主義運動（1959–61年）に参加。1960年代後半から70年代にかけては，鑑賞者が作品の中に身を置いたり，作品そのもの（布，プラスティック，マットなどからなる）を衣装のように身にまとって移動することができるような，のちに「環境芸術」と呼ばれる作品群『パランゴレス（*Parangolés*）』や『ペネトラーベイス（*Penetráveis*）』を製作した。なかでも最も影響力があったのは『トロピカーリア（*Tropicália*）』（1967年）で，これはその後のトロピカリズモ（Tropicalismo）運動を創出した。ゲイであることを公言し，そのことが作品にも反映されている。

＊23 Bob Flanagan（1952–1996） アメリカのパフォーマンスアーティスト，作家。嚢胞性線維症の難病と闘いながら，BDSMを用いたパフォーマンスや映像作品を残した。*Nailed*（1989年）では，ペニスと陰嚢を板に釘付けにし，ピーター・ポール＆マリー（Peter, Paul & Mary）の『天使のハンマー（*If I Had a Hammer*）』（1962年）を歌った。1992年にサンタモニカ美術館で展示された『訪れの時（*Visiting Hours*）』は，テクスト，ビデオ，ライブパフォーマンスを組み合わせて，病気とSMの交錯から生まれる挑発の歓喜を作品化した。ギャラリーの中央でフラナガンは病院のベッドに横たわり，展示期間中，博物館の訪問者と交流し，それを一つの芸術作品に仕上げた。ミュージック・ビデオにも出演し，ナイン・インチ・ネイルズの *Happiness in Slavery*（1992年），ダンジグの *It's Coming Down*（1993年），ゴッドフレッシュの *Crush My Soul*（1995年）などで，BDSMの実践を映像にしている。

2 カウンターセックスの反転実践

＊1 Tectonicsは，プレシアドも提示しているようにギリシア語のテクトン（tekton）に由来する語で，主に学術用語として，地球の地質構造を研究する「構造地質学」（有名な例はプレートの移動・変動の研究）のことを指すが，動物学で生体の構造を研究する「生体構造学」のことを，またもっとシンプルに

「建築術」を指すこともある。いずれにせよ，プレシアドはこの語でもって，何かを成立させる生成メカニズムとその変動（文字通り「地殻変動」）のダイナミズムのことを言わんとしている。続く文章のなかに，「場」「表面」「領土」「転移」「配置」「立地」といった地質的な言葉が出てくるのは，生の土壌を一種の地質構造として捉えているからである（私たちの身体は一種の地質・地層なのである）。こうした発想は，ドゥルーズ／ガタリの「地質学」に倣っていると思われる。また同時に，プレシアドは tekton に techne（技術）の意味をも絡ませている。訳語としては「造成術」としたが，その場合の「造成」とは，「宅地造成」と言うときのように，建築作業における土地や場所のニュアンスがあると捉えてほしい。

＊2　Minneapolis Walker Art Center はアメリカ合衆国のミネアポリス市にある近現代美術館。演劇・ダンス・音楽の公演や映画上映もおこなう総合的なアートセンター。世界の最先端芸術をリードする美術館のひとつ。

＊3　Forum des images はフランスのパリ一区（レ・アル地区）にある，1988 年に創設された映画をはじめとする映像芸術の文化施設（「ビデオテック（Vidéo-thèque)」の名で親しまれている）。レアな映画や映像作品ばかりでなく，ビデオゲーム，コミックス，ヴァーチャルリアリティなどの作品・商品も収集・収蔵している。また，映像教育や映像芸術に関するシンポジウムや研究会，最先端の映像芸術の上演もおこなっている。

＊4　Pierre Molinier (1900–1976)　フランスの写真家，画家，詩人。自分自身の身体を用いたエロティックな写真や絵画，また異性装（travestis）の肖像作品などをフォトモンタージュの手法で制作し，両性具有やとくに足へのフェティシズムを示す作品で知られる。アンドレ・ブルトンに絶賛され，シュルレアリズムの運動にもかかわった。その強烈なインパクトを与える作品群は，1970 年代の欧米のボディアートに強い影響を与えた。1976 年拳銃で自殺。

＊5　「茨の冠（crown of thorns)」は，キリストが十字架にかけられる前にかぶらされた冠。苦難の象徴。ちなみに thorn は隠語でペニスの意味もある。

＊6　Louise Brooks (1906–1985)　アメリカの女優，ダンサー。フラッパーとボブ・カットの時代のシンボル的存在。幼いころに性的暴行を受けており，レズビアンあるいはバイセクシャルの傾向があったと言われている。代表出演作は，1929 年の G. W. パープスト監督の『パンドラの箱』と『淪落の女の日記』，そして 1930 年のアウグスト・ジェニーナ監督の『ミス・ヨーロッパ』。黒のドレスに長い真珠のネックレスをつけた写真が有名。

＊7　ここで言う「翻訳（translation)」とは，その語源的な意味における trans-（超えて）＋ late（運ぶ，移す）と捉える必要がある（単に言語上の翻訳のことではない）。

＊8　デリダがみずからの脱構築的なエクリチュール論，テクスト論の総称として

用いた名。存在全般を一種の書き込みメカニズムの諸効果（grapho＝書くこと・刻むこと，gramme＝書かれたもの・刻印）とみなし，その構造を描いた学のことを，デリダは「グラマトロジー（grammatologie）」と呼んだ。初期の代表作『グラマトロジーについて（*De la grammatologie*）』（1967年）のタイトルでもある。しかしデリダが「グラマトロジー」の名を大々的に用いたのはこの本のみであり，その後この言葉は使われなくなった。

＊9　プレシアドの表現「反転－投資－着せ替え」の原語は，inversion-investment-investitureであり，-vest-という語根が利用されている。今日ではinvestmentは「投資」の意味が一般的だが，vestはラテン語で「衣服」のことであり，もともとは「衣装を着る・着せる」の意味だった。また歴史用語としては，中世の攻城戦で城や都市を包囲することも指す。さらに重要な点だが，精神分析用語として「（心的エネルギーの）備給」の意味でも使われる（精神分析でこの用語のもつ経済論的意味合いを想起されたい）。プレシアドはこれらのニュアンスすべてをvest系の語彙に込めていると思われるが，このような言葉の使い方をしたのは彼／彼女の師の一人でもあるデリダである。investitureもinvestmentと多く意味が重なるが，「着せる」の意味合いが強いようなので，「着せ替え」と訳出した。ここでプレシアドは性や身体をめぐる政治－経済－技術論を展開しており，その発想がinversion-investment-investitureという連合句に現れている。ちなみに「仕立てる」と訳出した動詞はdressだが，「服を着せる」と同時に「加工する，作り上げる」という意味にもなる。もともとはラテン語のdirectusに由来し，「まっすぐに立てる」を意味する。フランス語のdroit（「権利」「真っ直ぐ」「右」「右翼」等々）も同語源である。もちろん，この「まっすぐに立つ」にはファルスやディルドのコノテーションを見ることができるだろう。「自然」なものとして「付与」され，「お仕着せ」された性や身体の「衣装」を脱ぎ捨て，それを義体的に組み替え，新しく着替えなおすことは，新しい身体や性としてみずからを「立て直す」ことであり，新しい「主体」として「立つ」ことである。それが義体的主体としてのディルド主体である。それでもやはりまだ，また「立つ」のかという批判は可能で，そこにプレシアドが「男性」へトランスジェンダーした限界をみる向きもあるかもしれないが，どのジェンダーへトランスするかよりも，むしろトランスの永久運動（永遠可塑性，潜勢力）そのものに彼／彼女は賭けていると考えるほうが建設的な理解だろう。

3 理論

＊1 Andrea Dworkin（1946–2005） アメリカの哲学者，活動家，急進派フェミニストの代表者の一人。1960年代から平和運動やアナキズムに関わるが，左翼のなかにもひそむ女性への暴力に気づき，1970年代からラディカル・フェミニストとして活動する。ポルノや売春の暴力性を訴え，キャサリン・マッキノン（Catharine MacKinnon）とともに反ポルノグラフィー運動やデモをおこなった。女性の権利を守るためには，言論や表現の規制も当然という立場をとる。ドゥウォーキンにとって，合意によって成立した結婚もレイプと同じであり，結婚を合法化されたレイプと見る。その主張の過激さから，しばしば彼女のラディカル・フェミニズムに対しては，男性を悪魔化し，女性を犠牲者として図式化することによって性の制度や抑圧のメカニズムを単純化し，かえって問題の所在が不明瞭になり，問題解決の道を閉ざすという批判がなされる。

＊2 Danielle Charest（1951–2011） カナダのケベック州の作家，ラディカル・レズビアン運動の主要人物。パリの社会科学高等研究院で「犯罪小説におけるレズビアンとゲイのキャラクターの扱い方」で歴史のDEA（高等研究学位）を取得。その後，フォークシンガー，ペンキ塗り職人，ファストフードレストランの料理人，タクシー運転手，乗馬教師，フランス語教師など，さまざまな職を転々とするが，この経験が彼女の作品に生きている。ジェンダーや性暴力にかかわる小説を書いたり，少女に対する暴力のドキュメンタリー映画を共同監督したりした。1982年に，モントリオールで発行されている過激なレズビアン季刊誌『昨日のアマゾネス，今日のレズビアン（*Amazones d'Hier, Lesbiennes d'Aujourd'hui*）』を共同創刊した。

＊3 Del LaGrace Volcano（1951– ） アメリカの写真家，パフォーマンスアーティスト，インターセックス者でノンバイナリーの活動家。インターセックスとして生まれるが，女性として育てられる。37歳までは女性として生きたが，それ以降は男性と女性の両方として生きている。ジェンダー割り当てとその視覚表象に疑問を投げかけ，男女に分割できないインターセックスの身体がもつ多様な可能性を表現する作品を制作している。公共空間でのセックス，サド・マゾ的な行為，ドラッグやバー文化，障害者の身体などの写真によって，従来の「品行方正」なレズビアンやフェミニズムの言説・イメージを問いに付す新たな生のイメージを提示する。2002年には，ドラァグクイーンを題材にしたガブリエル・バウア監督のドキュメンタリー映画『ヴィーナス・ボーイズ（*Venus Boyz*）』に出演。2012年には，ニューヨークのレズリー・ローマン美術館で「キャリア半ばの回顧展」を開催した。

＊4 1991年に出版されたボルケーノの写真集。当事者の視点から作られた世界で初めてのレズビアンの性の写真集。出版後，主流メディアとレズビアン／ゲイ

メディアの両方で多くの論争と検閲を引き起こした。アメリカでは2週間の発禁処分を受け，カナダでは最も「不快な」写真の頁が本から切り取られた。イギリスでは大手の出版社から販売されたが，レズビアン系やゲイ系の書店は，リスクを冒すことができない，あるいはSMの内容に同意できないとして，販売を控える店もあった。今ではクィアの古典的な作品とみなされている。

＊5　Jennifer Lynne Saunders は17歳のときに二人の少女（当時15歳と17歳）を男性のふりをしてレイプしたと訴えられ，1991年9月18日にイギリスのドンカスター群裁判所で「女性に対する強制わいせつ罪」2件について，6年間の有罪判決を受けた。

＊6　Susie Bright（1958– ）　アメリカのフェミニスト，作家，ジャーナリスト，批評家，編集者，パフォーマー。セックスポジティヴ・フェミニストと呼ばれる初期の作家・活動家の一人。1970年代からさまざまな左翼運動，フェミニズム活動，公民権運動，反戦運動に参加し，アメリカの第三陣営トロツキストグループである「国際社会主義者」のメンバーだった。フェミニストのバイブレーター店の先駆けである「グッド・バイブレーションズ（Good Vibrations）」の初期スタッフの一人として，1981年から1986年まで店を運営した。「グッド・バイブレーションズ」の最初の通販カタログ（女性の視点から女性のために発行された世界初の大人のおもちゃカタログ）を書いたのも彼女である。「グッド・バイブレーションズ・エロティックビデオライブラリー」を設立し，当時入手可能なエロティック映画のフェミニスト・キュレーターを務めた。1984年から1991年にかけて，初の女性向けセックス雑誌『私たちの背後で（*On Our Backs*）』を共同創刊し，編集。そのなかでスージー・セキスパート（Susie Sexpert）の名でセックスアドバイス・コラムを開始する（このコラムを集めて1990年に『スージー・セキスパートのレズビアン・セックスワールド（*Susie Sexpert's lesbian sex world*）』として出版）。また1988年にモニカ・トロイト監督の映画『ヴァージン・マシーン（*Die Jungfrauenmaschine*）』に「スージー・セキスパート」として出演した。そのほか，レズビアンのエロティック写真集を出版したり，女性向けポルノ映画の製作や演劇の脚本なども手がけ，舞台では主演も演じている。また女性向けエロス叢書である『エロティカ（*Herotica*）』を創設したりと多彩な活動を旺盛に継続している。2013年に，みずからのセクシュアリティ研究の資料やコレクション（書籍から絵画・ビデオ，衣装やグッズに至るまで）をコーネル大学図書館に寄贈し，「ヒューマン・セクシュアリティ・コレクション」（アメリカのLGBT研究とポルノグラフィー研究の最重要コレクション）の一部となっている。2017年には「ヒューマニスト・フェミニスト賞」を受賞。

＊7　『アドヴォケート』（*The Advocate*）は，隔月で発行されている米国のLGBT向け全国誌。1967年にロサンゼルスのローカル情報誌として創刊され，現在

も発行されているゲイ雑誌のなかで最も古い雑誌。

＊8 『アウトルック』(*Outlook*) は1995年に創刊された，オハイオ州コロンバスを拠点としたゲイ向けの新聞。そののちLGBTのコミュニティと生活を支える支援企業へと発展し，「アウトルック・メディア」としてラジオやテレビなどの媒体へと活動を広げた。

＊9 『私たちの背後で』(*On Our Backs*) は，1984年にデビ・スンダール (Debi Sundahl) とマーナ・エラナ (Myrna Elana) によって創刊されたレズビアン雑誌。スージー・ブライトが1985年から6年間編集長を務める。1980年代に起こった，ポルノグラフィーの是非をめぐる「レズビアン・セックス戦争」において重要な役割を演じ，セックスポジティヴ・フェミニズムの論陣を張った。

＊10 Monika Treut (1954–) ドイツの映画監督，プロデューサー。クィア映画の先駆者。マールブルク大学に学び，1978年に「残酷な女――サド侯爵とレオポルト・フォン・ザッハー＝マゾッホの著作における女性のイメージ」についての博士論文を書いた。そのマゾッホの『毛皮を着たヴィーナス』に触発されて製作した『誘惑――残酷な女 (*Verführung: Die grausame Frau*)』(1985年。エルフィ・ミケシュ (Elfi Mikesch) と共同監督) で長編映画デビュー。1988年に『ヴァージン・マシーン (*Vergin Machine.* ドイツ語タイトル *Die Jungfrau-enmaschine*)』を製作し，SMや異常性愛の要素をふんだんに盛り込んだこの二作によって，性アイデンティティを鋭く問い直すクィア映画の創始者の一人となる。1980年代後半にはサンフランシスコとニューヨークを旅しながら，アニー・スプリンクルやヴェルナー・シュレーター (Werner Schroeter) と出会い，その刺激のなかからいくつかのドキュメンタリーを製作する。現在もさまざまな大学や教育機関でクィア映画の実践を伝えており，ドイツ映画アカデミー会員など，多くの映画関係機関や制度にかかわっている。

＊11 Sex-positive feminismは，性の解放を女性の自由の不可欠な要素であると考える，1980年代初頭に始まった思想や運動のこと。伝統的なフェミニズムは，ポルノグラフィーや性行為そのものを女性搾取の悪としか考えない傾向が強いが，それに対して，女性による女性のための性行為やポルノグラフィーを肯定し，男性中心的な性行為やポルノグラフィーに積極的に介入して女性の性解放を実現しようとする。1980年代の反ポルノグラフィー・フェミニストとの激しい論争は，しばしば「フェミニスト・セックス戦争」と呼ばれる。

＊12 パリ国際フェミニスト&レズビアン映画祭「レズビアンたちが映画を作る時」(Quand les lesbiennes se font du cinéma) は，1989年にフランス・パリで設立された女性だけの映画祭。レズビアン映画の振興とレズビアンの創造性を奨励する協会であるCineffable (「言葉にできない映画」という意味の造語) が主催している。Cineffableは，レズビアン映画の普及を目的とする会員数数千人のフランス最大のレズビアン組織の一つ。この協会が開催する「パリ国際

レズビアン&フェミニスト映画祭」はフランス最大のレズビアンのイベント。現在も毎年開催され，毎回50本以上の作品が公開されている。

＊13　Diane Marian Torr（1948-2017）　スコットランドのアーティスト，作家，教育者。男性のなりすましやドラァグキング，「一日だけ男（Man for a Day）」やパフォーマンスとしてのジェンダーワークショップで知られていた。晩年はグラスゴーに住み，グラスゴー美術学校の客員講師を務めた。1970年代後半にニューヨークに移動し活動を開始したトールは，ジェンダーとセクシュアリティに関する規範や認識に挑戦するパフォーマンスを生み出す中心的存在となり，1990年にニューヨークで始めたドラァグキング・ワークショップにより，アメリカ，ヨーロッパ，イスタンブール，ニューデリーにドラァグキング文化を確立する重要な存在となった。彼女のワークショップは，男らしさ，女らしさ，両性具有，ドラァグを演じる女性たちの1カ月に及ぶフェスティバルになることもあった。トールのパフォーマンスは，ダンス，フィルム（オリジナルやアーカイブ映像），インスタレーション，話し言葉，創作サウンドトラック，手品や秘密結社の合言葉など，多種多様な借用物を過激に融合させたハイブリッドなものであり，その豊かさは新世代の独立系アーティストたちに刺激を与え続けている。

＊14　Drag kingとは，男装した女性のこと。

＊15　Teresa de Lauretis（1938- ）　イタリアの学者，作家。カリフォルニア大学サンタクルーズ校の特別名誉教授。「クィア理論」という言葉の発案者。1985年にカリフォルニア大学サンタクルーズ校の意識史学科の教員になり，同僚にヘイドン・ホワイト，ダナ・ハラウェイ，フレドリック・ジェイムソン，アンジェラ・デイヴィスらがいた。専門の範囲は幅広く，記号論，精神分析，映画理論，文学理論，フェミニズム，レズビアニズム，クィア・スタディーズまで多岐にわたる。とくに彼女のクィア理論は，ジュディス・バトラーの著作と並んで，ジェンダー論争における重要な文献である。彼女は1990年2月のカリフォルニア大学の講義で「クィア理論」という言葉を初めて使ったが，それは1980年代後半にニューヨークの活動家グループが主張していたクィアという言葉を耳にし，とくにゲイ&レズビアン研究の常識を覆すために，挑発的に学術界に導入したものだった。しかし，クィアというこの言葉が，本来それが抵抗すべき相手だった支配体制や制度によって取り込まれていると考えた彼女は，わずか3年後には，この言葉を放棄した。フーコーに着想源を得ているラウレティスは，ジェンダーは「性のテクノロジー」であり，それは大衆文化をも含む多くの社会的技術によって生み出されると考える。フェミニズムの主体は，この多様な表象（社会の制度や規範や道徳からメディアやサブカルチャーまで含む）の網目の内と外との境界に立って，この二重の緊張，この分裂，この二重の視覚に自覚的である意識主体であるとされる。したがって，このフェミニ

ズム主体は精神分析における無意識という主題とは重ならない。その主体化はむしろ社会歴史的なジェンダー割り当て技術に抵抗・対抗する，他なるジェンダー・テクノロジーを発明する作業である。ラウレティスは，いわば自己決定の原則を打ち出すことで，レズビアンの欲望とその他者という，精神分析にとって新しい主題を浮き彫りにしたと言えよう。

＊16　Sheila McLaughlin（1950– ）　アメリカのレズビアン・フェミニスト映画監督，プロデューサー，脚本家，俳優，写真家。トロイトの『誘惑——残酷な女（*Seduction: The Cruel Woman*. ドイツ語タイトル *Verführung: Die grausame Frau*）』（1985年）にも出演している。

＊17　「認識論的切断（epistemological rupture）」とは，もとは科学的認識の成立や変化（発展）を説明するための科学哲学の概念であり，個々の認識の問いの立て方や問いの構造の断絶的な変化のことを指す。フランスの哲学者ガストン・バシュラールやルイ・アルチュセールによって展開されたが，今日では人文科学や社会科学において，時代や社会の問いの前提や立て方の変化・転換という広い意味で用いられる。

＊18　「ハンマーでもって哲学する」は，ニーチェの『偶像の黄昏』の副題にみられる言葉。

＊19　Julia Kristeva（1941– ）　ブルガリア出身のフランスの哲学者，文学理論家。パリ第7大学名誉教授。1966年にパリ高等研究院に留学し，構造主義や精神分析に触れつつ，前衛文芸誌『テル・ケル』に参加する（のちにその創刊者である小説家フィリップ・ソレルスと結婚）。構造主義，史的唯物論，精神分析などを融合させて，新たな記号理論セメイオティケーを構築し（『セメイオティケー——記号分析のための探究（*Semeiotikê. Recherches pour une sémanalyse*）』1969年），「発生的テクスト」や「インターテクスト性」といった概念を軸に，文学を始めとするさまざまな文化現象を分析する。また『詩的言語の革命（*La Révolution du langage poétique*）』（1974年）では，ラカンの現実界・想像界・象徴界の理論を転用し，「原記号態」（エディプス期以前の，母の身体と未分化な第一次ナルシシズムの段階）と「象徴記号態」（ラカンで言う象徴界。言語を獲得し，法＝父への従属が成立する段階）の区別を立て，両者の関係性を議論した。その議論のなかで，クリステヴァは，原記号態における母は，言語以前，象徴以前，法以前の存在として，主体を誘惑しつつ反発を引き起こす，objet（対象・客体）ではない abjet（おぞましきもの）であると言う。主体は「語る主体」となるために，この母的な abjet を攻撃対象とし，想像的父を自我理想として立て，それと同一化する。このように主体と abjet が原初的な言語へと止揚されるプロセスが原記号態であり，それを通してエディプス期が成立し，原社会化（他者への愛の原型）が生じるとされる。この記号発生＝主体形成論における「母なるもの」の重視は，クリステヴァのフェミニズム理論に

つながっていくが，そこにみられる女性的なものと母的なものとの関係や父＝法＝象徴へのステップボードとしての位置づけなど，精神分析理論がもつ家父長制的な面を払拭できていないと批判されることもある。

＊20　Marcel Duchamp（1887–1968）　20世紀を代表するフランスの芸術家。1955年にアメリカに帰化。既成品の便器や車輪や瓶乾燥機などをそのまま展覧会に出品し，日常と常識のコンテクストからオブジェを別のコンテクストへと分離・抽出・移植することによって，まったく別の意味・効果を生み出す「レディ・メイド」の手法で現代芸術に革命を起こし，芸術とは何かを問い直した。デュシャン本人が直接かかわったダダイズム，シュルレアリスムばかりでなく，コンセプチュアル・アート，ミニマル・アート，ボディ・アート，ポップ・アート，オプティカル・アート，キネティック・アートなど，他の多くの現代芸術運動の着想源となった。

＊21　Fernand Léger（1881–1955）　フランスの画家。キュビズム運動に参加し，幾何学的な構成を使ったダイナミックで曲線的な形式の作品を作り出した。彫刻，陶芸，イラストなども手がけ，その作風は「チュービズム（tubisme）」と言われることもある。

＊22　Constantin Brâncuşi（1876–1957）　ルーマニア出身の彫刻家。20世紀の抽象彫刻に大きな影響を与え，細部を省き本質だけを表現するミニマル・アートの先駆的作品を残した。

＊23　「コンセプチュアル・アート（Conceptual Art）」は，1960年代から強く見られるようになった芸術を問う芸術。作品の実現された物質性よりもその発想，コンセプトを重視し，様式上は，文字，記号，写真，映像，図像，パフォーマンスといった媒体を組み合わせるメディア・アートの側面をもつ。この流れの源泉にはデュシャンによる男性用便器を『泉』と名づけた「レディ・メイド」作品がある。プレシアドは，同じオブジェでもコンテクストやコンセプトが変わればその意味や効果が変わる（同じものがそのまま差異になる）という革命的存在様態を「コンセプチュアル」という形容詞に込めて，「コンセプチュアル・セックス」「コンセプチュアル・カウンターセックス」「コンセプチュアル同性愛」「コンセプチュアル・フェミニズム」という表現を使っている。

＊24　原語のdeferはふつうの英語では「遅らせる」の意であるが，ここではデリダ的な意味をもっていると考えて「差延する」と訳した。以下「差延する」という訳語はdeferにあてたものである。

＊25　Maurice Merleau-Ponty（1908–1961）　フランスの哲学者。後期フッサールの現象学を基礎にしつつ，ゲシュタルト心理学なども媒介にしながら，デカルト的な主客二元論を批判し，独自の知覚論，身体論を展開した。フランス・スピリチュアリズムの流れを汲みながら，精神と物質との融合を志向する彼の現象学的身体哲学は，のちのシモンドンやドゥルーズの哲学，アフォーダンス理

論などを先取りする思想として，今日再評価されている。

＊26　Rocco Siffredi（1964– ）　イタリアの元ポルノ男優，ポルノ映画監督・製作者。1300本以上のポルノ映画に出演している。

＊27　Jeff Stryker（1962– ）　バイセクシュアルやゲイを描いたアダルト映画に出演しているアメリカのポルノスター。

＊28　「カットアップ（cut-up）」とは，既存の録音や録画をカットし，断片を組み合わせて編集し，別の作品を作る手法，またそうして作られた作品のこと。

＊29　Jacques Donzelot（1943– ）　フランスの社会史家，都市社会学者。パリ第10大学政治社会学講師，都市観察・文書研究センターおよび社会政策研究センター所長。都市問題の研究においてフランスを代表する専門家の一人。「都市市民権」の概念を唱える。1999年から都市建設建築計画の科学顧問を務め，2008年からフランス大学出版（PUF）の『論争する都市（La ville en débat）』叢書を監修している。

＊30　フーコーは1984年，『性の歴史』研究の途中でエイズで死去した。

＊31　Simone de Beauvoir（1908–1986）　フランスの哲学者，作家，フェミニスト理論家・活動家。ジャン＝ポール・サルトルの思想と生涯における伴侶であるが，単独者としての個の自由や意志を尊重する思想から，伝統的な家族制度や結婚制度を批判し，結婚も子供をもつこともせず，互いの性的自由を認め合って生きた。『第二の性』（1949年）は女性解放思想，フェミニズム思想の草分けの書とされ，その冒頭の「女に生まれるのではない，女になるのだ」という言葉は有名。サルトルとともに『現代（*Les Temps modernes*）』誌を創刊・主筆し，同時代の政治・社会問題に積極的に「介入（アンガージュマン）」した。1970年代には，人工妊娠中絶の合法化を求める運動をはじめとする「女性解放運動（MLF）」に加わり，運動を牽引した。1954年にゴンクール賞，1975年にエルサレム賞，1978年にオーストリア国家賞を受賞。2008年，クリステヴァによって「女性の自由のためのシモーヌ・ド・ボーヴォワール賞」が設立され，毎年ボーヴォワール生誕日の1月9日に，女性の自由の擁護と促進のために世界的な貢献をした個人，団体，作品，活動等に与えられている。

＊32　George Canguilhem（1904–1995）　フランスの科学史家，科学哲学者。バシュラールに学び，その科学認識論を受け継いだ，1940年代から1960年代の代表的な研究者。バシュラールが数学，物理学，化学の認識論的研究をおこなったのを補完して，カンギレムは医学，生物学，心理学を主な対象とした。その仕事は，彼が博士論文を指導したフーコーやブルデューに受け継がれている。

＊33　「サモア」はサンフランシスコにあった，アメリカ初のレズビアン・フェミニストBDSM組織。1978年から1983年まで存続した。「サモワ」の名は，フランスの作家ポーリーヌ・レアージュ（Pauline Réage）が書いた『O嬢の物語』（1954年）の舞台の一つとなるサモワ＝シュル＝セーヌの地名から取られ

ている。共同創設者は，作家のパット・カリフィア，ゲイル・ルービン，その他16名だった。サモアは1983年に内部分裂し，ルービンは1984年に「アウトキャスト（Outcasts）」という別の組織を結成した。

＊34　「私を縛って（*Tie me up*）」は，本書の最後に言及されるペドロ・アルモドバル監督の1989年のブラック・ロマンティック・コメディ映画『アタメ（*¡Átame!*）』のタイトルである。

＊35　Theodore Rombouts（1597–1637）　フランドルの画家。カラヴァッジョの影響を受けたフランドル・カラヴァッジズムの代表的作家で，おもに活気に満ちた劇的な集まりを描いた絵や宗教的なテーマの作品で知られている。陽気な会合，カードプレーヤー，リュート奏者を描いた絵が多いが，そこにはいつも五感のモチーフが見られ，ここで言及されている『五感の寓意』がその代表作。

＊36　原書は「1637年」とあるが、「1632年」の誤りなので修正。

＊37　Vern L. Bullough（1928–2006）　アメリカの歴史家，性科学者。ニューヨーク州立大学バッファロー校名誉教授。性科学研究協会（Society for the Scientific Study of Sexuality）元会長。

＊38　Giovanni Benedetto Sinibaldi（生没年不明。17世紀後半）　イタリアの医師，作家。『ジェネアントロペイア（Geneanthropeia）』はシニバルディの著作で，1642年にローマで初版が発行され，1649年にフランクフルトで再版された。人間や動物の性と愛の問題を扱う試みであり，聖書を題材にした説教，神話，薬学理論，古典詩などが混在する独特の「医学書」である。媚薬の材料や調合法，性病の治療法も書かれている。この本の一部が，アイルランド系イギリス人の作家リチャード・ヘッド（Richard Head）によって，1658年に『ヴィーナスのキャビネットの鍵を開け，その秘密を明らかにする（*The cabinet of Venus unlocked, and her secrets laid open*）』と題する小冊子で，やや猥雑な風刺を加えて出版された。

＊39　*Onania: or, the heinous sin of self-pollution* は，自慰行為に関する小冊子。1725年にロンドンで印刷されたことが知られているが，初版は1712年から1716年頃と考えられている。作者は不明。1724年にボストンで再版され，当時のベストセラーになり，数万部が売れたとされる。『オナニア』は自慰行為を「恐ろしい結果」をともなう「凶悪な罪」として記述しており，サミュエル＝オーギュスト・ティソの『オナニズム』に大きな影響を与えた。

＊40　Samuel-Auguste Tissot（1728–1797）　スイスの医師。その著書『オナニズム』（1760年）で，オナニーの悪影響について述べた。ヨーロッパ中に臨床医として名声を博していた彼のこの本は，以後オナニー有害論の典拠として挙げられることになり，カントは『教育学』（1803年）で自慰の有害性を主張した。またルソーやヴォルテールも同様の主張をするなど，ティソのオナニー有害論は多大な影響を与えている。

＊41　ここでプレシアドが「文字どおり」と述べて使っている単語は，di-verted と per-verted であるが，ともに vert（回す，回転させる）を語根にしている。「逸らす，流用する」という動詞の divert は，語源的には「分離して（di-）回す（vert）」という意味であり，「堕落させる，悪用する」（ここから「倒錯させる」という意味も出てくる）という動詞 pervert は「……を完全に通過して＝破壊して（per-）回す（vert）」という意味である。プレシアドは di-verted と per-verted というふうにハイフンを入れて接頭辞と語根を分離することで，語源的なニュアンスを押し出して記述しており，それが「文字どおりに」と言われている（デリダ流に言えば「エクリチュール」においてである）。

＊42　原語の maneuver は「軍事作戦」「策略」という意味をもつと同時に，語源的には「手作業」という意味である点に注意。Maneuver は「手淫」なのかもしれない。

＊43　Vernon A. Rosario（1962– ）　アメリカの精神科医，医学史家。人間のセクシュアリティを研究する。トランスジェンダーとインターセックスの若者に焦点を当てた研究をしており，北米インターセックス協会の医療諮問委員会の議長を務めた。2003 年からは UCLA の臨床教育職に就き，現在は精神医学科の准臨床教授。

＊44　Benjamin Rush（1745–1813）　アメリカの医師，政治家。アメリカ合衆国建国の父の一人。ペンシルベニア大学医学部教授。ディキンソン大学を設立。ラッシュは大陸会議の代表であり，アメリカ独立宣言に署名。人道主義者として，奴隷解放，死刑廃止，婦人解放を訴えた。アメリカ最初の精神医学の教科書『精神の病気』（1812 年）を著し，アメリカの医学界に多大な貢献をした。

＊45　Edward Bliss Foote（1829–1906）　アメリカの医師，作家。避妊の提唱者。1858 年に『医学常識（*Medical Common Sense*）』を出版し，一般大衆のための性的健康に関して率直な論述をおこなった。その後，わいせつ文書，避妊薬，中絶薬，大人のおもちゃ等を取り締まるコムストック法（1873 年）の下で有罪判決を受け，本から避妊に関する部分を削除することを余儀なくされたが，その拡張版の *Plain Home Talk, Embracing Medical Common Sense*（1880）は，50 万部の大ベストセラーになった。

＊46　「動物磁気（animal magnetism）」は，催眠術（催眠療法）の創始者であるドイツの医師メスメル（1734–1815）の用語。彼の唱えるメスメリズムは，全宇宙は一種のエネルギー流体で満たされており（古代のエーテル思想の近代版），その流体が人間の神経系に働きかけ，収縮と膨張を繰り返しており，その流れが体内で阻害されると病気になると考えた（医師が患者に介入し，この流れを改善すれば治療になる）。この流体を「動物磁気」と呼ぶ。メスメルは 1778 年にパリに移って治療室を開設し，大いに評判を呼んだ。著書に『メスメリズム』（1814 年）。

＊47　Sylvester Graham（1794–1851）　アメリカの長老派教会の牧師，栄養学者，食事改革者。「菜食主義の父」とも呼ばれる。グラハムパン，グラハムクラッカーの発明者。禁酒運動から食餌療法，さらに菜食主義へと活動を広げ，牧師としての名声と熟練した燃えるような説教によって，愛国心，神学，食事，ライフスタイルにわたる禁欲主義を広めた。彼の活動は「グラハム主義」と呼ばれる一連の運動となり，ジョン・ハーヴェイ・ケロッグなどに大きな影響を与えた。1834 年に出版した著作『自己汚染について（*On Self-Pollution*）』で自慰行為の害悪を指弾し，子どもの自慰行為は生殖器官の未熟さのために健康にとって危険であると主張した。

＊48　John Harvey Kellogg（1852–1943）　アメリカのアドベンチスト教会派の医師，外科医。弟のウィル・キース・ケロッグ（Will Keith Kellogg）とケロッグ社を共同創設し，コーンフレークを開発。バトルクリーク療養所を約 60 年間運営し，菜食主義のセブンスデー・アドベンチスト派の医療思想を実践した。主な療法は，電気コイル治療，高圧電気風呂，乗馬療法，喫煙・飲酒・セックスの禁止，マスターベーションの禁止，子宮マッサージ治療，腸内洗浄，アークライトを利用した頭皮脱毛治療，マッサージベルト，紫外線ランプ歯科治療，熱気風呂，腰痛振動器具，等々多岐にわたる。

＊49　Michel de Certeau（1925–1986）　フランスのイエズス会司祭，哲学者，神学者，歴史家。1982 年に出版された『神秘的な寓話（*La Fable mystique*）』を代表作として，宗教史（特に 16–17 世紀の神秘主義）の研究や，歴史とその認識論，精神分析，現代における宗教の地位などに関する著作がある。

＊50　原語のフランス語の détournement は，「横領」や「流用」を意味するが，語源的には「逸脱（dé-）」した「回転・転回（tour）」のことである。次に出てくる英語の diversion（横流し）や perversion（倒錯）に含まれる vers という語根も，ラテン語の vert に当たり，vert もフランス語の tour と同じく「回転」の意味である。プレシアドはデリダにおける「回転（tour）」のモチーフを利用して，セックス革命（sexual revolution）を志向していると思われるが，revolution も一種の「回転・転回」である。

＊51　David Halperin（1952– ）　ジェンダー研究，クィア理論，批評理論，視覚文化論の研究者。同性愛を公言しており，同性愛差別に反対する多くの活動をおこなっている。プラトンにおける古代的同性愛についての著作，フーコーの伝記に関する批評的著作，またセジウィックを参考にしながら男性同士の愛の歴史の多層性を論じた著作などがある。

＊52　Ambroise Paré（1510–1590）　フランスの医者，「近代外科の父」と言われる。銃創の治療や止血法を改善。血管結紮法や義肢の着想も彼に負う。「我包帯し，神癒したもう（Je le pansai, Dieu le guérit）」という言葉で有名。整骨術に関する著書はオランダ語訳を経て華岡青洲の手に渡り，日本の外科医療にも多大

な影響を与えた。

＊53　Pierre Briquet（1796–1881）　フランスの医師，心理学者。医学アカデミー会員，レジオン・ドヌール受勲者。ヒステリーに関する完全かつ体系的な医学書を初めて書き，ヒステリー治療を進歩させたと言われる。

＊54　Rachel Pearl Maines（1950– ）　アメリカの技術史研究者。コーネル大学電気・コンピューター工学部の客員研究員。著書『オーガズムのテクノロジー（*The Technology of Orgasm*）』（1998年）はバイブレーターの歴史を描いた本で，アメリカ歴史学会のハーバート・ファイス賞を受賞。またターニャ・ウェクスラー（Tanya Wexler）監督の映画『ヒステリア（*Hysteria*）』（2011年）やサラ・ルール（Sarah Ruhl）の演劇『隣の部屋で（あるいはバイブレータープレイ）（*In the Next Room (or The Vibrator Play)*）』（2009年）にも着想を与えた。

＊55　Chattanoogaは19世紀に存在した高さ2メートル近いマッサージ機械。操作には2～3人の男性が必要。蒸気で動き，エンジンが隣りの小さな部屋にあり，2人の男が炉に石炭をかきこみ，蒸気の温度，圧力，チャタヌーガを駆動するのに必要な推力を監視していた。エンジン室に開いた穴から診察室に振動アームが伸びていて，医師がそれを操作し，患者に適切な性器マッサージを施していた。

＊56　「家庭化」の原語domesticationは，「家畜化・飼いならし」と訳してもよい。

＊57　「イク」と訳したこのcomeは，129頁の後ろから2行目の「来る」とかけられている。英語のcome（来る）は性的絶頂の（日本語で言えば）「イク」の意味をあわせもつ点が面白い。

＊58　Jules Amar（1879–1935）　フランスの科学者。特に戦傷者の機能回復や補綴製作の研究で有名。1916年には科学アカデミーに多関節アームの二つのモデルを発表し，多くの国で特許を取得した。1914年に出版した『人間モーター（*Le moteur humain*）』は各国で成功を収め，人間工学の最初の著作と言われる。また「労働の生理学的組織論（Traité d'organisation physiologique du travail）」（1917年）も，すぐに英語，ドイツ語，イタリア語に翻訳され，その理論はアメリカでも知られていた。1927年，人間の運動と障害者のリハビリテーションに関する研究の功績でレジオン・ドヌール勲章を授与される。

＊59　Sh! Women's Erotic Emporiumは，イギリスの女性向けセックスショップ。1992年にキャスリン・ホイル（Kathryn Hoyle）とソフィー・ウォルターズ（Sophie Walters）が開設。ロンドンのイーストエンドにあり，オンライン販売もおこなっている。この店の「ジェシカ・ラビット」バイブレーターは，アメリカの連続テレビドラマ『セックス・アンド・ザ・シティ（*Sex and the City*）』（1998–2004）にも登場し，知られている。教育ワークショップも運営し，国民保健省のサービストラストと協力して性的障害をもつ女性に大人のおもちゃを提供する活動をおこなっている。

*60　Michel A. Rosen (1942–)　アメリカのニューヨーク生まれの写真家。35年間コンピューターソフトウェアの開発者として働きながら，写真を撮る。1977年以来，サンフランシスコでエロティックな写真，性的志向性をもつ写真を創作。SM，性的肖像写真，ピアシングプレイといった「非スタンダードな貫通」と呼ぶ写真を追究し，陳腐なポルノを解体する実践に挑戦している。

*61　英語の synthetic には，もちろん「総合的な」（ここではむしろ「雑種的 hybrid」と言われている）という意味があるほかに，「同性愛者」という意味もある。synthetic は語源的には「合成的」の意である。

*62　ここで言われている Money は後で出てくる John Money のことであるが，もちろん「お金」とかけられており，「お金がセックスを作る」という意味にもとることができる。また Money Makes Sex というタイトルは「金がセックスする」という意味にもなる。

*63　「生成変化すること（becoming）」はドゥルーズの用語 devenir の英訳語。ここでは「生成変化」などと大仰に訳出したが（ドゥルーズ業界ではそのように日本語訳されている），become も devenir も日常的には「……になる」という意味である。プレシアドは随所で「女性になること（become Woman）」等，become..., becoming... という言い方を使う。この箇所を除いて基本的には「…になる」という訳語をあてたが，この語を見たときは，ドゥルーズの「生成変化」のニュアンスも背後にあることを念頭において読まれたい。

*64　原語の extract は「抽出する」「採取する」という意味であるが，ここでは「抽象化する（abstract）」というニュアンスもある。

*65　「分化をもたらす」と訳出した原語 differentiating は，「差別化する」という意味にもなる。

*66　assignment の訳語としては，「割り当て」「割り振り」「指定」などを文脈に合わせて使用するが，sign すなわち「記号」「署名」という語から形成されていることに注意。

*67　ここで「呼びかけ」と訳した原語 interpellation は，英語では議会で大臣に説明要求の質問をすることなどを指すが，フランス語やスペイン語では，警察による職務質問（お前は誰だ，ここで何をしている，といった身元同定の詰問）を意味する。スペイン生まれであり，フランス語でも物を書くプレシアドは，英単語に同形のスペイン語やフランス語の意味を込めて使うことがよくある。

*68　「記述的（descriptive）」とは，事態を客観的に，事態に忠実に描くという意味であり，「規定的（prescriptive）」とは，なんらかの事前的な決定がなされており，こうあるべきと最初から命令的に定められているあり方のことを言う。どちらの単語にも scribere（書く）というラテン語が含まれており，プレシアドがデリダのエクリチュール論の流れを汲んでいることが伺える。この後に出

てくる sign 系の用語群（assignment 等々）についても同様である。

＊69 「操作（operation）」には，例によって，「手術」や「軍事作戦」のニュアンスがある。

＊70 「自己反射的」の原語は self-reflective. もちろん「自己反省的」「内省的（自省的）」という意味でもある。ここには自己を認識・確立するのは他者（という反射鏡）を通してのみという思考があると考えられる。代表的な例だけを挙げれば，ヘーゲル弁証法の絶対知の運動がそうだし，ラカンの鏡像段階の議論も同様である。あるいはフーコーのパノプティコンの議論を思い出してもよい。あるいは社会学における近代の再帰構造（たとえばギデンズ）のことを，さらにはサイバネティクス論におけるフィードバック理論のことを考えてもよい。こうした自己反射論は西洋思想の一種のデフォルトと言ってよく，ときには個や社会の自律システムの特権性として主張されることにもなるが，これを広い意味での循環メカニズムの問題として捉えれば，問題は西洋思想の単なる宿痾ではすまないだろう。

＊71 この段落で，「割り当て（assignment）」「再割り当て（reassignment）」「指定（designation）」「デザインしなおす（redesign）」等々と sign 系の単語が乱舞していることに注意されたい。sign は，「記号」「象徴」「兆候」「症状」「刻印」「署名」等々と多義的であるが，とにかく何かを示すもの一般，痕跡一般のことであり，認知や記録・記憶や表現を可能にするもの（その意味で一種の「超越論的なもの」）のことである。これは自然的なものでも人間的なものでもなく，広い意味で技術的なもの，メカニカルなものである。

＊72 この「割り当て表（assignment table）」の table は「手術台（operating table）」の table でもある。手術台という肉体的介入の場は，同時に記号（sign）という非物資的なものの介入の場（生物学的であれ社会的であれ，とにかく何らかのカテゴリー表が適応される場）でもある。この「記号的（社会的・政治的・文化的）」なものと「身体的（物質的）」なものとの循環メカニズムが重要であり，そこに批判的かつ革命的に介入することが必要である。

＊73 Suzanne Kessler（1946– ） アメリカの社会心理学者。ハロルド・ガーフィンケル（Harold Garfinkel）のエスノメソドロジーとスタンレー・ミルグラム（Stanley Milgram）の社会心理学とを組み合わせ，ジェンダー研究に適用した。ウェンディ・マッケンナ（Wendy McKenna）との共著『ジェンダー――エスノメソドロジー的アプローチ（*An Ethnomethodological Approach*）』（1978 年）によって，ジェンダーとセックス研究へのエスノメソドロジー適用の先駆者となり，さらにケスラーはその研究を『インターセクシャルからのレッスン（*Lessons from the intersexed*）』（1998 年）で拡張した。ケスラーは，「ジェンダー」と「セックス」の区別は社会的に構築されたものであり，生物学的なマーカーとされるセックスが特権的であってはならないと主張し，ジェンダーの社

会構築主義の先駆けをなした。

＊74 John William Money (1921–2006) ニュージーランドの心理学者，性科学者。ジョンズ・ホプキンズ大学医学心理学科教授。生物学的性をセックス，文化的・社会的性をジェンダーとする区別を導入し，男女の性差は月経・妊娠・授乳のみであり，他に一般的に言われている性差は歴史的に割り当てられただけのものであり，明確な根拠がないとして批判。さらに性同一性概念の定義をおこない，性同一性は出生時は中性であり，生後18ヵ月までであれば性別は変更可能であるという説を唱えた。性自認，ジェンダーロール，性的指向，パラフィリア，ラブマップといった用語を定着させた。

＊75 Joan Hampson (1915–) and John Hampson (1889–1955) アメリカの心理学・精神医学の教授夫妻。ジョンズ・ホプキンズ大学でのマネーの同僚。マネーと共同論文を発表し，ジェンダー・プログラムの策定と普及に尽力した。そのプログラムはマネー・プログラムともハンプソン・プログラムとも呼ばれる。

＊76 Anke A. Ehrhardt (1940–) ドイツ出身のアメリカのジェンダー発達研究者。子供，青年，異性愛者の男女，同性愛者集団の性的リスク行動の決定要因，およびHIVおよびSTD感染を予防するための包括的なアプローチに関する幅広い研究をおこなった。ニューヨーク州立精神医学研究所とコロンビア大学HIV臨床行動研究センターの創設ディレクター。コロンビア大学医学心理学教授。ジョンズ・ホプキンズ大学でジョン・マネーの指導の下，ジェンダーと性的発達を研究し，マネーと1972年に『男と女，少年と少女――成熟の概念からみたジェンダー・アイデンティティ（*Man & Woman, Boy & Girl: Gender Identity from Conception to Maturity*）』を出版した。この時期エアハルトは特にインターセックスの子供たちとその両親を相手にして臨床心理学の実践をおこなった。

＊77 Milton Diamond (1934–) アメリカの性科学者。ハワイ大学マノア校の解剖学・生殖生物学の名誉教授。ハワイ大学「性と社会の環太平洋センター（Pacific Center for Sex and Society）」を主宰。ジェンダー・アイデンティティの起源・形成についての研究で有名。ジョン・マネーと長い間確執があり，1965年の「人間の性的行動の発生に関する批判的評価（A Critical Evaluation of the Ontogeny of Human Sexual Behavior）」のなかでマネーを強く批判。とくにマネーの監督の下で性転換させられ少女として育てられた少年ディヴィッド・ライマーの失敗例を追及した。ダイアモンドは，インフォームド・コンセントなしにインターセックスの乳児に手術をしないこと，乳児が最もよく適応できる性別に割り当てること，インターセックスの人々同士が出会い付き合うことを支援することによって，恥やスティグマ，秘密主義に陥らないようにすることを推奨し，インターセックスを障害としてではなく，性の発達の違いとして考えるべきと主張した。

＊78　Cheryl Chase（1956– ）　本名 Bo Lauren。アメリカのインターセックス活動家，北米インターセックス協会の創設者。インターセックスとして生まれる。1990 年代にボー・ローランとシェリル・チェイスの二つの名前を使い始め，1995 年にボニー・サリバンからボー・ローランに法律上の名前も変えた。MIT 卒業後，日本語を学び，広島大学の客員研究員として来日している。東京のコンピューターソフトウェア会社を共同創業し，翻訳の仕事も手がけた。アメリカに戻ると，インターセックス活動家として活動し始め，さまざまな機関や機会に，インターセックスの社会性や，特に早期の生殖器手術がはらむ困難について問題を提起している。

＊79　prescription は，医学用語としては「(薬の) 処方箋」のことであるが，語源的には「前もって（pre-）書き込む（scribere)」ことであり，事前にある規定，ある定め，ある型を刷り込む命令である。

＊80　デカルトの『省察』に出てくる有名な議論。真に確実なものに到達するためにすべてを疑う方法的懐疑（誇張的懐疑）を遂行するデカルトは，その途上で，最も確実とふつう考えられている数学的真理をも疑い，絶対に確実と思われる数学的真理でさえ，神が悪意をもってそれ以外には思考できないように人間を作ったとしたらどうかという議論を展開する（たとえば，本当は１＋１＝３が真理なのに，人間は１＋１＝２が真理であるとしか考えられないように神によってプログラムされているのではないかという疑い)。このように人間が必然的に誤る（しかもそのことに気がつかない）ように悪意をもって人間を作る神が悪霊もしくは欺く神である。

＊81　Paul Virilio（1932–2018）　フランスの思想家，都市計画家。スピードとパワーに関する先端テクノロジーの問題について「速度学（Dromology)」を展開し，建築，芸術，都市，軍事など，多様な分野を論じた。

＊82　ハラウェイは hu-man とハイフンを入れて書くことによって，伝統的な人間概念が男（man）概念に立脚することを強調している。

＊83　Jean-François Lyotard（1924–1998）　フランスの哲学者。パリ第８大学哲学科名誉教授。メルロ＝ポンティの現象学の影響下で出発したが，マルクス主義の反スターリン・グループの雑誌『社会主義か野蛮か（*Socialisme ou barbarie*)』に参加し，アルジェリア解放運動に身を投じた。初期の大作『ディスクール，フィギュール（*Discours, Figure*)』（1971 年）において，芸術を無意識のフィギュールとみなし，一種の性的エネルギーがディスクール（言語次元）を壊乱し解体する力として提示。この考えを『リビドー経済（*Économie libidinale*)』（1974 年）で発展させ，世界や現実のすべてを「リビドー身体」として考察し，そのメカニズムを詳述した。伝統的な保守主義はもちろんのこと，既存のマルクス主義と精神分析をも批判的に乗り越えようとしたこの議論は，ドゥルーズ／ガタリの「器官なき身体」や「リゾーム」，「ノマディズム」といったアイデ

ィアを誘導した。また『ポストモダンの条件（*La Condition postmoderne*）』（1979年）では，情報化社会，消費社会という知の条件の変容を考察し，主体，国民国家，進歩，富といった近代の「大きな物語」が凋落し，コンピューターのデータネットワークによる拡散と同化吸収の二重化が進行するポストモダン社会の到来を予言し，「ポストモダン」という言葉を世界に広めた。

＊84 「預ける」の原語はdepositであるが，depositには「卵を産みつける」「射精する」という意味もある。

＊85 詩（poem, poetry, poesy）の語源であるギリシア語のpoiesis（動詞形poiein）は「製作」という意味である。

＊86 Barbara Ehrenreich（1941- ） アメリカの作家，政治活動家。1980年代から1990年代初頭にかけて最も影響力をもったアメリカ民主社会主義者。リード大学で物理学，ロックフェラー大学で細胞免疫学を学び博士号を取得したのち，ジャーナリストに転向。女性の健康問題や労働問題についてさまざまな機関や組織で取り組み，発言や執筆をおこなった。ニューヨーク大学で准教授，ミズーリ大学コロンビア校とサンガモン州立大学で客員教授，カリフォルニア大学バークレー校のジャーナリズム大学院の教授などを歴任。2004年の大統領選挙ではジョン・ケリーを，2008年にはバラク・オバマを支持した。2000年代には，女性の生殖権や女性医療の問題（自身の乳癌経験もふまえ）などでも積極に発言し，女性の社会条件の改善に貢献した。

＊87 Gena Corea アメリカの作家，ジャーナリスト。医療業界における女性の扱いを分析したフェミニスト・ノンフィクションを多数発表している。産科，婦人科，新しい生殖技術の分野における女性への暴力を暴露し，抗議している。邦訳書として『マザー・マシン――知られざる生殖技術の実態』斎藤千香子訳，作品社，1993年（Gena Corea, *The Mother Machine: Reproductive Technologies from Artificial Insemination to Artificial Wombs*, Harper & Row, 1985）がある。

＊88 Adrienne Rich（1929-2012） アメリカのユダヤ系女性詩人，女性解放運動家。形而上学的な詩から出発したが，1960年代以後，女性解放運動に加わり，作品の主題も，ベトナム戦争，人種問題，女性解放に変わった。少女時代に兄弟から受けた性的虐待を描いた詩は衝撃的で，女性論の「強制的異性愛とレズビアン存在」のなかで，「レズビアン連続体」「強制的異性愛」という概念を示し，フェミニズム批評に影響を与えた（『血，パン，詩』所収）。邦訳に『嘘，秘密，沈黙。アドリエンヌ・リッチ女性論 1966-1978』大島かおり訳，晶文社，1989年。『血，パン，詩。アドリエンヌ・リッチ女性論 1979-1985』大島かおり訳，晶文社，1989年。『女から生まれる』高橋茅香子訳，晶文社，1990年。『アドリエンヌ・リッチ詩集』白石かずこ・渡部桃子訳，思潮社，1993年がある。

＊89 Mary Daly（1928-2010） アメリカのラディカル・フェミニストの哲学者，フェミニズム神学者。1967年から1999年まで，イエズス会が運営するボスト

ン大学で教える。『教会と第二の性（*The Church and the Second Sex*）』（1968年）でカトリック教会の家父長制と性差別を批判し，フェミニズム神学を切り拓いた。1973年の『父なる神を超えて——女性解放の哲学に向けて（*Beyond God the Father: Toward a Philosophy of Women's Liberation*）』では，家父長的な神概念を超えて，生成しつづけるBeging（存在運動）としての神概念を主張し，一種のキリスト教的フェミニズムを展開した。1980年代に入ると，彼女の理論は女性を神格化・本質化し，物質的，文化的な差異を看過し，「白人フェミニストの人種主義」であると批判されるようになった。トランスセックスについても，『ガイン／エコロジー——ラディカル・フェミニズムのメタ倫理学（*Gyn/Ecology: The Metaethics of Radical Feminism*）』（1976年）で，トランスジェンダー女性のことを「フランケンシュタイン現象」と呼び，否定的に扱っている。邦訳に，『教会と第二の性』岩田澄江訳，未來社，1981年。

＊90　Linda Gordon（1940-）　アメリカの歴史家，フェミニスト。マサチューセッツ大学ボストン校，ウィスコンシン大学マディソン校で教え，現在ニューヨーク大学教授。1970年代からアメリカにおけるジェンダーや家族の問題に関する社会政策の歴史を研究し，1976年の『女性の身体，女性の権利（*Woman's Body, Woman's Right*）』でアメリカの避妊政策の歴史をフェミニズムの立場から批判的に解明した。また『自分自身の生を生きる英雄たち（*Heroes of Their Own Lives*）』（1988年）では，家庭内暴力（児童虐待，配偶者暴力，性的虐待を含む）に政治や社会がどのように対応したかについての歴史研究をおこない，アメリカ歴史協会のジョーン・ケリー賞を受賞した。クリントン政権時代には，「女性に対する暴力に関する全国諮問委員会」に参加した。

＊91　Evelyn Fox Keller（1936-）　アメリカの物理学者，科学哲学者，フェミニズム作家。マサチューセッツ工科大学の歴史と科学哲学の名誉教授。初期は物理学と生物学の交差を研究していたが，その後，現代生物学の歴史と哲学，そしてジェンダーと科学との関係性を追究した。科学における認識主体と客体の関係性を男性と女性の関係性と重ね合わせ，科学の男性中心主義を描出し，歴史学，哲学，社会科学のあいだに科学のジェンダー論を確立し，その後のフェミニズム理論に貢献した。邦訳に，メアリー・ジャコーバス，サリー・シャトルワース，エヴリン・フォックス・ケラー共編著『ボディー・ポリティクス——女と科学言説』田間泰子・山本祥子・美馬達哉共訳，世界思想社，2003年がある。

＊92　C. Jacob Hale　カリフォルニア大学ノースリッジ校哲学科教授。セックスとジェンダー研究センターを主宰し，クィア研究プログラムの諮問委員会のメンバー。初めは分析形而上学，数学哲学，科学哲学を研究していたが，その後学際的なトランスジェンダー研究に取り組む。現在は，ロサンゼルス地域の1950年代から1990年代のトランス史，テキストと写真によるトランスジェン

ダーの自己構成の研究をおこなっている。

＊93　Karel Čapek（1890–1938）　チェコの小説家，劇作家。機械技術文明と人間の生活・社会・文化との関係に関心をもち，劇『R.U.R.』（1920年）で「ロボット」という言葉を発明した。多彩な書き物を残すが，彼のモチーフを集約した傑作としてはSF長編作品『山椒魚戦争』（1936年）がある。

＊94　「触媒し解きほぐす」と訳した語はcatalyzeである。この語は触媒作用によって刺激を与え，変化を促し，新しい物質を生み出すことを言わんとする。もとになる近代ラテン語のcatalysisは「分解」や「融解」を意味するが，語源であるギリシア語の語形成ではkata- ＋ lyeinであり，kata-は「下へ」「反して」「完全に」，lyeinは「解く」「緩める」という意味である。

＊95　Julien Offray de La Mettrie（1709–1751）　フランスの唯物論哲学者，医者。デカルトの動物機械論を人間にも適用し，『人間機械論（*L'homme-machine*）』（1747年）を著す。すべての心的現象や精神的現象は神経系の物質的変化に還元できると主張した。徳も自己愛にすぎず，人生の目的は感覚的快楽であり，無神論が幸福の条件であるとした。

＊96　Albertus Magnus（1200頃–1280）　ドイツのスコラ哲学者，神学者，自然科学者。その博識さゆえに「全科博士（Doctor Universalis)」と呼ばれる。新プラトン主義にアリストテレス哲学を取り入れ，哲学と神学，理性と信仰の融和をはかる。一大百科全書の観を呈する彼の仕事は，弟子のトマス・アクィナスに受け継がれスコラ哲学の完成の礎となる。またドイツ神秘主義の源流でもある。アリストテレスの経験主義にもとづき，錬金術の検証と実践をおこなったことでも有名。アルベルトゥス・マグヌスはオートマトンの下僕を作ったが，弟子のトマス・アクィナスが壊したという逸話が残っている（典拠は不明）。

＊97　Fritz Lang（1890–1976）　オーストリア生まれのドイツの映画監督。表現主義的な映画で第二次大戦前のドイツを代表する監督となる。ユダヤ人でありながら才能を評価され，ナチス・ドイツの宣伝省映画局長の就任要請を受けるが，これを嫌って1934年にフランスへ亡命。アメリカへ渡り，活躍した。『メトロポリス』（1927年）はSF映画の先駆的作品。片眼鏡がトレードマーク。

＊98　Marie-Louise Robertsはアメリカの歴史学者で，ウィスコンシン大学教授，Roxanne Panchasiはカナダのサイモン・フレイザー大学の歴史学准教授。

＊99　アメリカの神経医学の父と言われるサイラス・ウィアー・ミッチェル（Silas Weir Mitchell 1829–1914）が報告した，いわゆる幻肢症。ミッチェルは南北戦争の戦傷者が手足を失った後も，切断した手足が付着している感覚をもつことを発見し，「幻肢（phantom limb)」と名づけた。

＊100　Marshall McLuhan（1911–1980）　カナダの英文学者，メディア論者。「メディア論の父」とも呼ばれる。もとはイギリス中世・ルネサンス文学の研究者だったが，1950年代以降，メディアと人間，社会・文化との関係を文明史的

な独自の視点から考察し注目を浴びる。伝統的なメッセージ（内容）中心主義的な視点ではなく，メディアの形式自体が人間にもたらす影響を分析し，「メディアがメッセージである」という発想を打ち出し，またメディアとは人間の能力（身体）の拡張であるという汎メディア論的な思想を作り出した。通信・メディアネットワークが神経系のように地球全体にはりめぐらされ，地球は一つの脳のようになり，そこから地球意識・地球精神が誕生するという「グローバル・ヴィレッジ」のアイディアなど，今日のインターネット社会やポスト・ヒューマン論を予見した主張も多い。著書に，『機械の花嫁（*The Mechanical Bride: Folklore of Industrial Man*）』（1951 年。『機械の花嫁』井坂学訳，『マクルーハン著作集 1』所収，竹内書店，1968 年／新装版 1991 年），『グーテンベルグの銀河系（*Gutenberg Galaxy: The Making Typographic Man*）』（1962 年。『グーテンベルクの銀河系――活字人間の形成』森常治訳，みすず書房，1986 年），『メディア論（*Understanding Media: The Extensions of Man*）』（1964 年。『メディア論――人間の拡張の諸相』栗原裕・河本仲聖訳，みすず書房，1987 年）など。

＊101　Georges Teyssot（1946-　）　フランスの建築家，建築史・建築理論家。イタリアのヴェネチア大学建築学部（現ヴェネチア大学 IUAV）で建築を学んだ。同大学およびプリンストン大学（米国）で建築史と建築理論を教え，カナダのラヴァル大学教授，チューリッヒのスイス連邦工科大学（スイス）の教授を歴任。

＊102　Norbert Weiner（1894–1964）　アメリカの数学者。サイバネティクスの提唱者。ブラウン運動の数理モデルとして，複雑な確率過程を記述するウィーナー過程を構築したのち，動物の調節機構と通信の制御機構とを統合的に記述する「サイバネティクス理論」を提唱し，『サイバネティクス――動物と機械における制御と通信（*Cybernetics: Or Control and Communication in the Animal and the Machine*）』（1948 年）として出版。学会や社会に大きなインパクトを与えた。いわゆる「サイボーグ（Cyborg）」は，ウィーナーの「サイバネティクス（Cybernetics）」から作られた（cybernetic + organism）。翻訳に，『サイバネティックス――動物と機械における制御と通信』池原止戈夫・彌永昌吉・室賀 三郎・戸田巌訳，岩波書店（岩波文庫），2011 年。

4　カウンターセックス読解練習

＊1　Greta Garbo（1905–1990）　スウェーデン生まれのアメリカの映画女優。ハリウッドのサイレント映画期ならびにトーキー映画初期の伝説的スター。『肉体と悪魔』（1926 年），『アンナ・カレーニナ』（1935 年），『椿姫』（1936 年），『ニノチカ』（1939 年）などに主演。神秘的な美しさで銀幕の女王と称された。36 歳で引退。ドゥルーズ自身の長く伸びた爪とガルボのサングラスの話は，

『記号と事件』のなかの「口さがない批評家への手紙」でドゥルーズが触れている。

＊2 René Schérer (1922–) フランスの哲学者，パリ第8大学名誉教授。兄はヌーヴェル・ヴァーグを代表する映画監督エリック・ロメール（本名 Jean-Marie Maurice Schérer)。初期にはフッサールやハイデガーの現象学や存在論を研究していたが，1967年にシャルル・フーリエ（Charles Fourier）の『愛の新世界（*Le nouveau monde amoureux*)』に触れフーリエ研究に入り，「68年5月」の学生たちの革命運動のなかに，情念と欲望の解放にユートピアを求めるフーリエの思想との共鳴現象を見た。このシェレルの思想は，のちにドゥルーズのノマド概念と結びつけられて，『歓待のユートピア（*Zeus hospitalier. Éloge de l'hospitalité*)』（1993年）や『ノマドのユートピア（*Utopies nomades. En attendant 2002*)』（1998年）の歓待思想に結実してゆくことになる。1969年には，五月革命の精神を受け継ぎ，すべての人に開かれた大学を目指して設立されたパリ大学ヴァンセンヌ校（現パリ第8大学）に，ミシェル・フーコー，ジル・ドゥルーズ，フランソワ・シャトレ，ジャン＝フランソワ・リオタール，ジャック・ランシエールらとともに参加する。また，1971年には，自身の教え子であり同性愛のパートナーでもあるギィ・オカンゲムらとフランスにおけるLGBT運動の端緒ともなる「同性愛革命行動戦線（FHAR)」を結成した。

＊3 Tony Duvert (1945–2008) フランスの小説家。小児性愛，同性愛，家族批判などを主題・題材として作品を書く。1973年に小説『幻想の風景（*Paysage de Fantaisie*)』でメディシス賞受賞。同性愛者であり，小児性愛を公言し，作品の中で大人と子供のあいだの性愛を提唱・擁護し，読書界や一般社会に，性的自由とその限界に関する議論を引き起こした。

＊4 Guy Hocquenghem (1946–1988) フランスの作家，哲学者，クィア理論家。パリ第8大学（ヴァンセンヌ校）のフーコーが創設した哲学科で，ルネ・シェレル，ジル・ドゥルーズ，フランソワ・シャトレらとともに講師を務め，また日刊紙『リベラシオン』のスタッフ・ライターでもあった。15歳のとき，アンリ四世高校で哲学教師だったルネ・シェレルと出会い，同性愛関係に入る。「68年5月」の学生反乱に参加し共産党で活動するが，後に同性愛を理由に除名される。1971年にはレズビアンやフェミニストの活動家によって結成された「同性愛革命行動戦線（Front Homosexuel d'Action Révolutionnaire: FHAR)の指導的メンバーとなる。彼にとって，この活動は，一般社会における性的少数者の抑圧・排除の問題だけでなく，左翼のなかにも巣くう女性蔑視や同性愛嫌悪を糾弾し，社会闘争のなかに同性愛者の闘いを位置づける新たな革命闘争の創出でもあった。1972年には，ドゥルーズ／ガタリが『アンチ・オイディプス』で展開した欲望生産理論にもとづき，『同性愛的欲望（*Le Désir homosexuel*)』を出版し，フロイトとラカンの精神分析理論を同性愛の立場か

ら批判。また，資本主義とセクシュアリティの関係，欲望のダイナミズム，ゲイの集団的アイデンティティがもつ政治力についても論じた。これは今日クィア哲学の創始的テクストの一つとみなされている。1974年の本『牧神たちの五月の後（*L'Après-mai des faunes*）』にはドゥルーズが序文を寄せた。1979年には，映画作家のリオネル・スーカズ（Lionel Soukaz）とともに，ゲイの歴史についてのドキュメンタリー映画『ラース・デップ！（*Race d'Ep!*）』を脚本・製作。この映画はフランスで公開された同性愛の歴史に関する初の映画であり，とくに当時否認されていた第二次世界大戦中の同性愛者の強制収容の問題を掘り起こした点で価値がある。1988年エイズによる合併症で41歳で死去。

＊5　Michel Cressole（1948–1995）　フランスのジャーナリスト，エッセイスト，同性愛活動家。エイズで死去。1970年代には同性愛革命行動戦線に参加。1978年，『リベラシオン』紙に入社し，死ぬまでジャーナリストとして活動する（テレビ評論やファッション評論なども担当していた）。また，ルイ・スコレッキ（Louis Skorecki）の映画シリーズ『映画狂たち（*Les Cinéphiles*）』（1988年）やリオネル・スーカズの『ママン・ク・マン（*Maman que man*）』（1982年）に出演したりもした。ドゥルーズに関する著作『ドゥルーズ（*Deleuze*）』（Éditions Universitaires, 1973）がある。

＊6　Ian Buchanan（1969– ）　オーストラリアの研究者。ミシェル・ド・セルトー，ジル・ドゥルーズ，フレデリック・ジェイムソンに関する著作がある。

＊7　ラ・ボルド診療所（Clinique de La Borde）は，フランスのロワール＝エ＝シェール県のクール・シュヴェルニー（Cour-Cheverny）の町の近郊に，1951年にラカン派の精神分析医ジャン・ウリ（Jean Oury）が開院した精神病院。それまでの閉じた精神病院やカウンセリング治療のあり方を根本から見直し，治療や介護のプラグラムや実践，病院自体の運営に，できるかぎり患者たち自身が参加するという革新的な方式が取られている。1950年代の半ばからフェリックス・ガタリが参加し，ウリとともにラ・ボルドの責任者として診療と病院組織に変革をもたらし，さまざまな斬新な治療実践をおこなった。その成果はドゥルーズとの共著『アンチ・オイディプス』に活かされている。ガタリの最後の地も，このラ・ボルド診療所だった。

＊8　David Hume（1711–1776）　スコットランドの哲学者。ロック，バークリーと展開したイギリス経験論を徹底化し，生得観念を否定し，因果法則をも習慣の産物とし，実体主義的な（形而上学的な）世界観を否定。穏健ながらも懐疑主義・相対主義的な哲学を確立し，カントに大きな影響を与えた。歴史哲学，政治思想，経済思想においても優れた仕事を残し，道徳や教育の面でも啓蒙思想家として名高い。ドゥルーズ初期のモノグラフィーの最初の単著はヒューム論『経験論と主体性――ヒュームにおける人間的自然についての試論（*Empirisme et subjectivité. Essai sur la nature humaine selon Hume*）』（1953年）であった

（邦訳『経験論と主体性』木田元・財津理訳，河出書房新社，2000年』)。

＊9 Henry Miller（1891–1980） アメリカの小説家。ニューヨークやパリの放浪生活のなかで，既存の文学形式を打破し，人物研究，社会批判，哲学，意識の流れ，露骨な性表現，シュルレアリスムの自由連想，神秘主義など，多様な要素を融合させた新しいタイプの半自伝的小説を生み出した。代表作に，『北回帰線』（1934年），『黒い春』（1936年），『南回帰線』（1939年），『バラ色の十字架』三部作があるが，そのほとんどが大胆な性描写のためアメリカでは1961年まで発禁処分を受けた。しかしその後のビート・ジェネレーションなどの若い作家たちに多大な影響を与えた。また，水彩画家としても才能があり，絵画論も書いている。

＊10 たとえば『千のプラトー』の第六章「一九四七年十一月二八日——いかにして器官なき身体を獲得するか」のなかで言及されている。邦訳『千のプラトー』上，河出文庫，339頁。

＊11 Marcel Proust（1871–1922） フランスの作家。ジェイムズ・ジョイス，フランツ・カフカと並んで20世紀を代表する作家と言われる。9歳から患っていた喘息の悪化と最愛の母の死によって，1905年からは社会と絶縁し，コルク張りの一室に引きこもって，畢生の大作『失われた時を求めて』を死ぬまで執筆した。この作品は，近代小説のように，筋だった登場人物の行動やプロットを描くのではなく，人物の意識の流れやその深層を無意識のレベルにまで掘り下げて描き，単線的ではない複雑な意識の多層的かつ断片的な存在様相を浮き彫りにし，現象学，精神分析，シュルレアリズムにも通じる内容をもつ。有名なマドレーヌのシーンのように，物語の時間軸が断片化・多重化したり，終わりのない長い文章の連続によって語りの筋や人称代名詞や指示代名詞が曖昧になったりと，その錯綜した複雑な構成は，第二次大戦後のサルトルやカミュの実存主義文学やヌーヴォー・ロマンに大きな影響を与えた。

＊12 プルーストの『失われた時を求めて』に登場する人物。シャルリュス男爵（Palamède de Guermantes, baron de Charlus）。ゲルマント公爵の弟。パリ社交界の花形で，深く洗練された教養を持つ貴族だが，尊大で無礼な態度を見せる。反ドレフュス派であり，反ユダヤ思想の持主。実は男性同性愛者。フランスへの愛国心がなく，第一次世界大戦の最中でも倒錯的な性の快楽を求めている。また少年愛好者，マゾヒスト的な部分もあわせ持っている。

＊13 『千のプラトー（*Mille Plateaux*）』は1980年出版のドゥルーズとガタリの共著，『アンチ・オイディプス』（1972年）の続編にして「資本主義と分裂症」の第2巻。リゾーム，リトロネロ，機械状アレンジメント，地図作成術，マイナー性，生成変化，動物化など，独創的な諸概念を創出し，その後の現代思想をリードした。

＊14 daisy（ひな菊）は，もちろん，お尻の穴（アヌス）をイメージさせ，俗語

ではホモセクシュアル男性のことを指すが，語源的には「太陽の眼」という意味である。バタイユの『太陽肛門』やエイシーのパフォーマンス作品との連想がはたらいていると思われる。

＊15　Edmond Huguet（1863–1948）　フランスの言語学者。パリ大学文学部教授。

＊16　Alain Rey（1928–2020）　辞書編纂で著名なフランスの言語学者。長年にわたりロベール社の編集長を務め『ロベール・フランス語辞典』（1964 年），『プティ・ロベール・フランス語辞典』（1967 年）など多くのフランス語辞典を刊行する。ここで触れられている『フランス語歴史辞典（*Dictionnaire historique de la langue française*）』（1992 年）の編纂者である。

＊17　リビア北西部，チュニジアとアルジェリアの国境に近いオアシス町。古くからサハラ隊商路の要地であり，皮革，敷物，かご細工の産地として栄えた。

＊18　Pierre Guiraud（1912–1983）　フランスの言語学者。ニース大学教授。『意味論——ことばの意味』佐藤信夫訳，白水社（文庫クセジュ），1958 年，『記号学——意味作用とコミュニケイション』佐藤信夫訳，白水社（文庫クセジュ），1972 年，など邦訳多数。

＊19　Jean-Luc Godard（1930– ）　フランス系スイス人の映画監督，「ヌーヴェル・ヴァーグ」の代表者。独創的なカメラワークや大胆な編集技法によって映像表現の世界に革命をもたらした。映画史へのオマージュや言及，引用を頻繁に用い，断片化と移植の連鎖，物質性と形式性のハイブリッド効果を生み出し，それが彼独自の実存思想やマルクス主義哲学とも連動し，ある種の脱構築的な映像を作り出した。

＊20　Johann Wolfgang von Goethe（1749–1832）　ドイツの詩人，劇作家，小説家，自然科学者（色彩論，形態学，生物学，地質学，自然哲学，汎神論），政治家，法律家。ドイツを代表する文豪であり，知情意の綜合と調和によるその普遍的人間性は，豊かな才能が健康，教育，環境，運に恵まれ，努力に支えられて開花した近代教養主義の理想像とされる。

＊21　Giles Jacob（1686–1744）　イギリスの法律家，著述家。独立したばかりのアメリカ合衆国で最も普及した法律辞典を書いたが，つねに詩や文学に関心を持っており，いくつか劇や詩を書いた（しかし，まったく評価されなかった）。1718 年に『両性具有論（*Tractatus de hermaphroditis*）』を出版し，インターセックスの人々の法的地位について論じた。

＊22　原書では「1817 年」となっているが，「1718 年」の誤り。

＊23　マレー地方産アカテツ科オオバアカテツ族の常緑高木から取れる樹脂を乾燥させたゴム様物質。絶縁体，歯科充塡剤，ゴルフボールなどに用いられる。

＊24　Joan Corominas（1905–1997）　カタルーニャ語，スペイン語，その他のロマンス諸語の研究に重要な貢献をした言語学者。プレシアドが参照しているのは，*Diccionario crítico etimológico de la lengua Castellana*（1954–1957 年）全 4 巻で

ある。

＊25 Anna Eleanor Roosevelt (1884–1962) アメリカ合衆国第32代大統領フランクリン・ルーズベルトの妻，ファーストレディ，アメリカ国連代表，婦人運動家，文筆家。政治家の夫を支えると同時に，人権問題に関するさまざまな社会活動にかかわり，国連人権委員会会長として『国連人権宣言』(1948年) の起草で大きな役割をはたした。歴史上，最も活動的なファーストレディとして知られ，リベラルな立場から人権擁護の象徴として光り輝く存在だった。夫婦関係においてもリベラルで，夫が自分の秘書や他の女性と不倫関係にあっても容認し，また自分も夫の側近と不倫関係を結び，それを夫と認め合っていたと言われる。また，長年にわたり強い友情で結ばれていた女性記者ロレーナ・ヒコックとの関係は，同性愛であったのではないかと言われている。

＊26 アマゾン族は，ギリシア神話で女性だけからなる民族。戦いと狩りを好み，矢を射る邪魔にならないように右の乳房を切り取ったという（アマゾンとは「乳房なし」という意味）。

＊27 Charles Ormond Eames Jr. (1907–1978) and Ray-Bernice Alexandra Kaiser Eames (1912–1988) アメリカの工業デザイナーの夫婦。イームズ・オフィスを設立し，積層合板やプラスチック，金属といった素材を用いて，20世紀における工業製品のデザインに大きな影響を与える作品を残した。またグラフィックデザイン，美術，映画，写真の分野でも活躍した。彼らのデザインで最も知られているものに，イームズ・ラウンジチェアとイームズ・ダイニングチェアがある。一枚の合板から家具を作るという新しい発想の源には，第二次大戦時の物資とその戦後の調達を見据えた経済的・機能的・美的な戦略があり，実際に戦争で負傷した兵士のための脚の副木を開発し，その技術を家具製作に活かした。

＊28 マリリン・モンローもエルヴィス・プレスリーも，アメリカの1950年代を代表するセックス・シンボルであるが，モンローは睡眠薬の過剰摂取で死亡し，またその美貌のためにいくつかの美容整形をしていたことが知られている（シリコン注射による豊胸手術を受け，その感染症に苦しんでいたと言われている）。プレスリーもストレスによる過食症治療に睡眠薬を過剰に用いていたと言われ，またゲイだったという説もあるが，プレスリーは男性像のアイコンとしてドラァグキングたちによく演じられ（他にはマイケル・ジャクソンやティム・マグロウらがよく演じられる），ジェンダー・アートパフォーマンスでも素材にされる（アメリカのエルヴィス・ハーセルヴィス (Elvis Herselvis) が有名）。

＊29 mainlinedには，麻薬を静脈注射するという意味もある。

＊30 Richard Milhous Nixon (1913–1994) アメリカ合衆国第37代大統領（1969–1974年在任）。ベトナム戦争泥沼化によってアメリカの国際覇権が弱まるなか，

現実主義的な政策を掲げて，共産主義との協調外交を図り，ベトナム戦争を終結させるも，国内経済の回復の失敗，国際経済においてはドルの金兌換制度廃止により変動為替制への移行を促進，いわゆる「ニクソンショック」を招き，また人種政策の後退，福祉政策の弱体化，言論抑圧の強化によって国内対立を助長した（80年代に全面化するネオ・リベラリズムとネオ・コンサバティズムの土壌）。1974年に「ウォーターゲート事件」で失脚し，アメリカ史上初の辞職した大統領となった。プレシアドが皮肉を言っているのは，ソビエトとの緊張緩和のこと。

＊31　英語のfemmeはレズビアンの「女性役（ネコ）」。

＊32　Joan Nestle（1940- ）　アメリカの作家，編集者。LGBTに関する作品を対象としたアメリカの文学賞「ラムダ文学賞」最優秀レズビアン・フィクション賞を受賞（1994年）。「レズビアン歴史資料館（Lesbian Herstory Archives）」（1974年）の共同設立者。1950年代後半から，ニューヨークの労働者階級やブッチとフェムのバー文化に触れており，1960年代半ばには公民権運動や有権者登録運動に参加。1970年代後半から小説を書き始めるが，ブッチとフェムの関係に焦点をあてた彼女の小説は80年代フェミニズムの「セックス戦争」において論争の的になった。

＊33　Daniel Paul Schreber（1842–1911）　ドイツの法学者。自伝的著作『ある神経病者の回顧録』（*Denkwürdigkeiten eines Nervenkranken*, Leipzig, 1903）で知られており（『シュレーバー回想録』の名で有名），この著書のなかで描かれた彼の妄想は，フロイトにパラノイア症例の素材を提供した。

＊34　未来主義あるいは未来派（futurismo）とは，20世紀初頭にイタリアでおこった芸術運動。1909年詩人マリネッティがフランスの『フィガロ』紙に「未来主義宣言」を発表したところから始まる。第一次世界大戦前のブルジョワ資本主義の矛盾と労働者階級の反抗，植民地拡張政策と国粋主義の蔓延といったイタリアの不安に満ちた社会情勢のなかで，伝統文化や懐古趣味に対立し，急速に進歩しつつあった機械技術を積極的に芸術に取り入れて，まったく新しい美学を打ち立てようとした。「機関銃の弾丸のように疾走する自動車は，サモトラケのニケよりも美しい」（マリネッティ「未来主義宣言」）。このテクノロジーと芸術の融合，すなわちテクノロジーの芸術化あるいは芸術のテクノロジー化の思想は，既成のジャンルの枠を超えて広がり，建築，音楽などを筆頭に，詩，小説，写真，映画，舞台芸術などあらゆる領域にわたり，一種の総合芸術運動の観を呈した（細分化され分裂した諸分野のテクノロジーによる統一）。しかし，未来主義は，機械文明に対するオプティミズム，テクノロジーの力による救済を礼賛する傾向をもち，1913年の「未来主義政治綱領」（マリネッティ）からファシズムと結びついてゆき，結局は全体主義を肯定する結果に終わった。

＊35 Bibi Andersson (1935–2019) スウェーデンの女優。イングマール・ベルイマン監督作品に数多く出演，スウェーデンを代表する世界的女優。

＊36 Pamela Anderson (1967–) カナダ出身のモデル，女優。『プレイボーイ (*PLAYBOY*)』誌などのグラビア誌で人気を博し，その後ロサンゼルスに移住し，豊胸手術を受け，シチュエーション・コメディに出演。アニマルライツ系のベジタリアンであり，化粧品会社の動物実験反対・毛皮反対などの動物保護活動を積極的におこなっている。「動物の倫理的扱いを求める人々の会 (PETA)」の支持者である（ポール・マッカトニーやブリジット・バルドーらも支持者）。

＊37 Pedro Almodovar (1949–) 現代スペインを代表する映画監督・脚本家・映画プロデューサー。同性愛者であると公言している。『オール・アバウト・マイ・マザー』（1999 年）でアカデミー外国語映画賞をはじめ多数の賞を受賞。続く『トーク・トゥ・ハー（*Hable con ella* (*Talk to Her*)）』（2002 年）で，非英語映画としては『男と女』（1966 年）以来となるアカデミー脚本賞を受賞し，スペインを代表する映画監督となる。『オール・アバウト・マイ・マザー』『トーク・トゥ・ハー』，そして続く『ボルベール〈帰郷〉(*Volver*)』（2006 年）は「女性賛歌三部作」と称される。欲望，情熱，家族，アイデンティティといったテーマを取り上げ，メロドラマのなかにも，不遜なユーモア，大胆な色彩，光沢のある装飾，ポップカルチャーからの引用などを織り交ぜながら，複雑な物語を展開する。多数の世界的な映画賞を獲得し，フランスのレジオン・ドヌール勲章（1997 年），スペイン文化省芸術部門のゴールドメダル（1999 年）を授与され，2001 年にはアメリカ芸術科学アカデミーの外国人名誉会員に選出。2009 年にハーバード大学から，2016 年にオックスフォード大学から名誉博士号を授与されている。

＊38 『オール・アバウト・マイ・マザー』に登場する，明るいトランスジェンダーのセックスワーカー。

＊39 James Dean (1931–1955) アメリカの俳優。自身の孤独と苦悩に満ちた生い立ちを背景に，鬼気迫る迫真の演技で名声を得たが，デビューからわずか半年後に自動車事故で 24 歳の若さでこの世を去った伝説的俳優。『エデンの東』（1955 年）では孤独にもがき苦しむ一匹狼の若者を，『ジャイアント』（1956 年）では社会に幻滅し行き場を失った不機嫌な牧場主を強烈な個性によって見事に演じ切った。最も有名な映画『理由なき反抗』（1955 年）のタイトルにも表れているように，彼は同時代の若者たちの幻滅と社会的疎外感を代弁する文化的象徴であった。きわめて短い活動期間ながら（またそれゆえに），強烈なインパクトを与えて流星のように飛び去った彼の存在は，映画俳優やロックンローラー，ティーンエイジャーのライフスタイル，カウンターカルチャーに多大な影響を与え，60 年代の若者たちの反抗・反乱の時代を準備した。

著者による注

＊1　モニク・ウィティグのフェミニズムおよびレズビアニズムの論文集。1992年に *The Straight Mind* として英語で出版され，2001年にフランス語が出版された。自然なものとみなされた男女二元論や異性愛が政治的・社会的・科学的な権力構造によって作り出されるメカニズムを唯物論の立場から徹底的に解明し，批判した。1979年9月にニューヨーク大学で開催された「第二の性30周年記念会議」で発表された「人は女に生まれない」もここに収録されており，レズビアンにとってボーヴォワールのフェミニズムの政治ヴィジョンがもつ意味を考察し，「女」という言葉・概念が男性によって，男性優位的に定義されているという理由で，「レズビアンは女ではない」と主張。さらにレズビアンを逃亡奴隷にたとえて，レズビアンの性的・政治的独立性を強調した。本書は，ジュディス・バトラーをはじめとするフェミニスト哲学者，そしてクィア運動に大きな影響を与えた。

＊2　ウィティグが1976年にフランスを離れ，アメリカのアリゾナに移住したことを指している。

謝　辞

＊1　Le Zooは，フランスで最も活発なクィア理論家・活動家であるマリー＝エレーヌ／サム・ブルシエ（Marie-Hélène/Sam Bourcier：MHB/Sam）が1996年に立ち上げたクィア活動の団体。パリのゲイ&レズビアン・センターで一連のセミナーを開始し，アメリカのクィア理論とアクティヴィズムをフランスに導入した。またMHB/Samは，バトラーの『ジェンダー・トラブル』をフランスに紹介することを通して，フーコーの読みなおしとモニク・ウィティグの思想の再発見をおこなった。とくにフランスでも無視されていたウィティグを世に知らしめた功績は大きい。

＊2　Toys in Babelandは，1993年創業のセックスショップ（2005年にBabelandと店名を変更）。オンラインストアと四つの小売店（シアトル，ブルックリン，マンハッタンに二店）を持つ。店名は，ライオット・ガールバンドの「ベイブズ・イン・トイランド（Babes in Toyland）」と，1934年のローレル&ハーディ（Laurel and Hardy）の映画タイトル *Babes in Toyland* の語音転換に由来する。2017年にライバルショップの「グッドヴァイブレーション」に買収された。

＊3　Fefa Vila（1968-）　スペインの社会学者，作家。性政治や反体制的文化実践に関する創作，研究，インディペンデント・キュレーションをおこなっている。1993年にマドリッドにレズビアン集団LSDを創設し，「ラディカル・ゲイ（La Radical Gai）」とともに1990年代のスペインにおけるクィア運動の理論と実践

をリードした。その目的は，差別や自己規制による「痛み」を「政治力」や「喜び」に変換することであり，政治や連帯を別の仕方で思考し，別の政治言語を発明し，そのことによって芸術を再定義し，他なる芸術を発明することであった。

＊4　フェファ・ヴィラが作ったレズビアン組織であるが，LSDはいろいろな意味の略である。lesbianas sin duda（疑いなきレズビアンたち），lesbianas se difunden（隔たったレズビアンたち），lesbianas sexo diferente（異なる性のレズビアンたち），lesbianas sin destino（宿命をもたないレズビアンたち），lesbianas sospechosas de delirio（妄想の嫌疑をかけられたレズビアンたち），lesbianas sin dios（神なきレズビアンたち），lesbianas son divinas（レズビアンたちは神である），等々。もちろん，ドラッグのLSDでもある。

＊5　Guillaume Dustan（1965–2005）　本名William Baranès。フランスの作家，編集者，上級公務員。同性愛の公言者。行政裁判所参事官を務めながら，自伝的な文学作品を執筆し，おもに同性愛の諸問題を取り上げた。1990年にみずからがHIV陽性者であることを知る。小説『私の部屋で（*Dans ma chambre*）』（1998年）において，1990年代半ばのパリのゲイが抱える困難とロマンスを見事な自伝として描き，脚光を浴びた。バラン社（Éditions Balland）でフランスで初めてのLGBTの叢書となる«Le Rayon gay»（「ゲイ売り場＝ゲイ光線」）を創設・編集し，1999年にイヴ・エンスラー（Eve Ensler）の『ヴァギナたちの独り言（*The Vagina Monologues*）』（さまざまな女性がみずからの女性器について語る芝居）を出版した。同年に『ニコラ・バージュ（*Nicolas Page*）』でフロール賞を受賞，2001年に「サド賞」の審査員になる。2005年，抗HIV薬と抗うつ薬の副作用を抑えるための薬の過剰摂取により死亡。39歳だった。モンパルナス墓地の彼の墓碑銘にはこう書かれている。「僕はいつもあらゆる存在のためにあった（«J'ai toujours été pour tout être»)」。プレシアドの『テスト・ジャンキー――セックス，ドラッグ，生政治（*Testo Junkie: sexe, drogue et biopolitique*）』（2008年）はデュスタン（Dustan）へのオマージュである。

＊6　LUMA Foudationは，2004年に設立されたスイスのチューリッヒを拠点とする非営利団体。アート，写真，出版，ドキュメンタリー，マルチメディアの分野の独立系アーティストたちや先駆的芸術活動を支援する。フランスのアルル（LUMA Arles）に，建築家フランク・ゲーリー設計の実験的な文化複合施設「パルク・デ・アトリエ（Parc des Ateliers）」を建設し，人権や環境問題，教育や社会問題などラディカルな政治意識と先端芸術活動を結びつける展覧会・催し物・研究会などをおこなっている。国際的なキュレーターや芸術家や研究者らが「コアグループ」を形成し，さまざまな活動の企画を主導しているが，2019年からはプレシアドもその一員に加わった。

《叢書・ウニベルシタス　1149》
カウンターセックス宣言

2022年9月5日　初版第1刷発行

ポール・B. プレシアド
藤本一勇 訳
発行所　一般財団法人　法政大学出版局
〒102-0071 東京都千代田区富士見 2-17-1
電話 03(5214)5540 振替 00160-6-95814
組版: HUP　印刷: 三和印刷　製本: 積信堂

Printed in Japan

ISBN978-4-588-01149-8

著　者

ポール・B. プレシアド（Paul B. Preciado）

1970年生まれ。スペインのブルゴス出身の哲学者。トランス・クィア活動家，キュレーター。ニューヨークのニュースクール・フォー・ソーシャルリサーチでジャック・デリダとアグネス・ヘラーに師事した後，プリンストン大学建築学科で博士号を取得。早くからトランスを自覚していたが，30代半ばからテストステロンを用い，外科手術をともなわない「緩やかなトランス」を開始。2015年に出生時に与えられたBeatrizの女性名でなくPaulを名のるようになり，2016年には戸籍上の性も「男性」に変更したが，ノンバイナリーなトランスの立場をとる。フーコー，ドゥルーズ，デリダの思想をハラウェイのサイボーグ・フェミニズムと接続し，現代の先端テクノロジー状況（先端生殖医療，サイボーグ技術，遺伝子工学，コンピューター技術，メディア技術，新薬理学，等々）におけるセクシュアリティをめぐる生政治・生権力の問題を，トランスジェンダー，クィアの立場から鋭く論じる。ニューヨーク大学やプリンストン大学の招聘教授を務めたほか，バルセロナ現代美術館，ソフィア王妃芸術センター，LUMA Arlesのキュレーターを務め，前衛的な性芸術や性文化の創造・普及の現場でも活躍している。主要著作には本書のほか，以下がある。*Testo junkie : sexe, drogue et biopolitique*（Grasset, 2008）. *Pornotopia : an essay on Playboy's architecture and biopolitics*（Zone Books, 2014）. *Un appartement sur Uranus : Chroniques de la traversée*（Grasset, 2019）. *Je suis un monstre qui vous parle : Rapport pour une académie de psychanalystes*（Grasset, 2020）.

訳　者

藤本一勇（ふじもと・かずいさ）

1966年生まれ。早稲田大学文学学術院教授。現代哲学，表象・メディア論専攻。著書に『情報のマテリアリズム』（NTT出版），『外国語学』（岩波書店），『批判感覚の再生』（白澤社），共著に『現代思想入門』（PHP研究所），訳書にデリダ『散種』（共訳，法政大学出版局），同『プシュケーⅠ・Ⅱ』『哲学のナショナリズム』，デリダ／ルディネスコ『来たるべき世界のために』，デリダ／ハーバーマス『テロルの時代と哲学の使命』（以上，岩波書店），ラクー=ラバルト『歴史の詩学』，バディウ『存在と出来事』『哲学の条件』（以上，藤原書店）ほか。